KROPOTKIN

표트르 크로포트킨 평전

KROPOTKIN

표트르 크로포트킨 평전

모든 권력에 반대한 창조인 아나키스트

박홍규 지음

틈새의시간

'지배자 없음'을 뜻하는 아나키의 세상을 만들자고 하는 아나키즘은 "권력 있으면 자유 없다"는 한마디로 요약된다. 이 말은 1921년 크로포트킨(Peter Kropotkin, 1842~1921)의 장례에 사용되었던 검정색 만장(挽章)에 쓰였던 만사(挽詞)다. 평생 권력 없는 자유를 추구한 크로포트킨의 만장에 꼭 맞는 말이다. 어떤 권력도 가져본 적 없었던 그는 모든 권력에 반대하고 평생 오로지 자유만을 추구했다. 이러한 크로포트킨의 만장은 죽은 이의 관직을 비롯하여 여러 가지 출세 자리, 권력을 중심으로 하여 그것을 뒷받침하는 학력이나 경력 등에 대한 칭송과 혈연·지연·학연 등 온갖 연줄 같은 것을 적는 한국식의 친권력 만장 따위와는 정반대인 반권력 만장이었다.

깃발이야 한순간 나부끼다 없어져서 다행이지만, 그래도

아나키즘의 상징이 장례의 만장 같은 검정이라는 점에 나는 항상 불만이다. 우리를 지배하는 지배자 없이 우리 모두 자유롭게 자치하며 자연 속에 살려고 하는 아나키즘은 검정처럼 죽음이나 어둠이나 끝, 파괴나 폭력이나 거부, 부정이나 허무나 절망, 흐림이나 닫힘이나 막힘이 아니라, 삶과 빛과 시작, 창조와 평화와 수용, 긍정과 충만과 희망, 밝음과 맑음과 열림의 사상이라고 생각하기 때문이다. 무엇보다도 파괴가 아니라 창조이기 때문이다. 아나키즘은 창조다.

따라서 아나키즘에는 검정이 아니라 푸르름이 어울린다. 그런 푸르른 아나키즘을 대표하는 아나키스트가 크로포트킨이다. 푸르른 하늘, 푸르른 강, 푸르른 들판, 그리고 푸르른 희망의 아나키즘! 나는 지금 그런 푸르름 속에서 이 책을 쓰고 있다. 푸르른 하늘 아래 푸르른 햇살을 받으며, 푸르른 들판에서 푸르른 바람을 맞으며 이 책을 쓴다. 세상을 푸르게 하고, 사람들에게 푸르름을 보여주기 위해. 이 추악한 황사의 세상에서, 이 더러운 코로나 병균의 세계에서. 죽은 지 올해 꼭 백년이 지난 크로포트킨의 혼백을 불러 전염병을 쫓아내는 푸닥거리라도 하는 심정으로.

내가 푸르름의 사람으로 보는 크로포트킨은 19세기 러시아 출신의 지리학자이자 아나키스트 운동가, 철학자라고 위키 백과는 그를 소개하지만, 영어판 위키피디아에서는 아나키스트, 사회주의자, 혁명가, 경제학자, 사회학자, 역사가, 정치학자, 지리학자, 아나르코 코뮤니즘을 옹호한 철학자, 행동가, 에세이스트, 조사가, 작가라고 한다. 이렇게 다양한 분야의 직업—행동가나 조사가라는 직업은 우리에게 생경하지만—을 가진 사람이 세상엔 그리 많지 않다. 그러나 크로포트킨의 경우엔 생물학자나 지질학자, 또는 과학자를 더해야 한다. 그의 저서 중에서 가장 유명한 『상호협력*Mutual Aid, a Factor of Evolution*』(1902)은 진화의 원리에는 생존경쟁만이 아니라 상호협력이라는 측면도 있다고 주장한 생물학책이기 때문이다. 크로포트킨은 직접 탐험과 항행을 통해 연구한 지리학이나 지질학을 비롯하여 과학 전반에 조예가 깊었다. 그야말로 과학자 아나키스트였다. 아나키스트라고 하면 폭력주의자나 공상가 정도로 생각하는 사람들에게는 충격적인 이야기일지 모른다. 그러나 의외로 과학자 중에 아나키스트가 많다. 물론 아나키스트가 아닌 과학자는 더 많다. 하지만 크로포트킨은 과학만능주의에 젖은 과학자는 아니다.

크로포트킨은 르네상스적 인간, 또는 전인적 인간이라고 할 수 있다. 박식가니 만능인이라고 할 수도 있지만 그런 표현보다는 창조적 인간, 즉 '창조인'이라고 부르는 것이 더 적절하다. 소위 전공이니 전문이라고 하는 하나의 영역에서 주어진 매뉴얼에 따라 기계적으로 사는 전문가 바보가 아니라, 학문의 경계를 넘어 실험정신과 도전정신으로 끊임없이 통합적이고 연계적인 사유를 하면서 새로운 가치를 만들어내고 새로운 사회를 추구한 창조의 인간이다.

아나키즘이란 부당한 권력이나 권위를 거부하고 주체적이고 자율적인 삶을 살자는 것이므로 스스로 창조하는 정신을 무엇보다도 강조한다. 이런 면에서 크로포트킨은 아나키스트 창조인으로서 우리의 모범이다. 모든 창조인이 아나키스트인 것도 아니고, 모든 아나키스트가 창조인일 수도 없지만 크로포트킨은 그 둘을 겸한 사람이다. 그런데 크로포트킨은 그 창조력을 자신의 것이 아니라 민중의 것이라고 했다. 그는 평생 소수의 지배계급과는 거리를 두고 인민의 한 사람으로 살았다. 그 점에서 그는 진정한 아나키스트다. 젊어서 한때 장교로 복무했지만 역시 인민의 일원으로 살았고, 제대 후에는 죽을 때까지 어떤 권력의 자리에도 오르지 않았다.

크로포트킨 말고도 그런 르네상스적 창조인 아나키스트가 우리나라에도 있다. 바로 신채호(申采浩, 1880~1936)이다. 그는 독립운동가이자 아나키스트고 혁명가이며 언론인이자 역사학자이며 소설가다. 일각에서는 그의 독립운동과 달리 아나키즘을 일시적 일탈로 치부하지만, 나는 오히려 독립운동을 아나키즘의 일환으로 본다. 제국이라는 부당한 권력에 대한 가장 강력한 저항이 독립운동이기 때문이다. 독립운동은 식민지 아나키즘의 제일 과제다. 크로포트킨에게도 차르 치하의 러시아 민중을 해방하는 것이 그의 아나키즘운동에서 최우선 과제였다. 그래서 신채호를 비롯한 많은 독립운동가가 크로포트킨을 존경하고 그의 사상과 행동을 따랐다. 그런 점에서 나는—신채호를 비롯한 독립운동가들을 좋아하듯이—크로포트킨을 좋아한다.

크로포트킨 같은 르네상스적이고 창조적인 푸르른 젊은이들이 더욱 많아져서 앞이 보이지도 않을 만큼 검게 물든 이 세상을 푸르르게 만들기 바란다. 그의 상호협력이라는 길 찾기에 뜻을 같이하여 이 책을 출판하는 '틈새의시간'에 진심으로 감사한다. '틈새의시간'과 함께 19세기의 푸르른 아나키스트 크로포트킨을 바라보아 우리의 들판은 더욱 푸르르다.

2021년 9월

박홍규

1. 외국어 표기

크로포트킨을 '크로폿킨'이나 '끄로뽀뜨낀'으로 표기하기도 하지만 이 책에서는 러시아어 발음에 따라 '크로포트킨'으로 표기한다. 기타 러시아 이름도 마찬가지다.

2. 인용 표시

⑴ 크로포트킨의 저술

들판 ― 크로포트킨, 하기락 옮김, 『전원, 공장, 작업장』, 형설출판사, 1983. 번역서에서는 Field를 전원으로 번역하지만 나는 들판으로 번역한다.

러시아 ― 크로포트킨, 문석우 옮김, 『러시아문학 오디세이』, 작가와비평, 2011. 이 책의 원저명은 『러시아문학의 이상과 현실』이다. 원저명으로 표시하는 경우 그렇게 표기한다.

빵 — 크로포트킨, 이상률 옮김,『빵의 쟁취』, 이책, 2016.

상호 — 크로포트킨, 김영범 옮김,『만물은 서로 돕는다: 크로포트킨의 상호부조론』, 르네상스, 2005. 이 책의 원저명인 'Mutual Aid'는 종래『상호부조론』으로 번역됐다. 부조란 '도와줌'이라는 뜻이지만, 우리말에서는 부조금이라는 말이 일반적으로 사용되는 탓인지, '경쟁'에 반대되는 '협력'이라는 전반적이고 적극적인 행위의 의미가 좀 무시되는 측면이 있어서 나는『상호협력』으로 번역한다. 가령 경쟁사회나 경쟁교육에 반대되는 말을 부조사회나 부조교육이라고 하기는 어색하지만, 협력사회나 협력교육이라고 하면 사용하는 데 크게 불편함이 없다.

아나키즘 — 크로포트킨, 백용식 옮김,『아나키즘』, 개신, 2009. 이 책은 크로포트킨의 다음 강연 다섯 편을 번역한 것이다. 즉『아나키의 철학과 이상』『국가-역사에서 국가의 역할』『정의와 도덕』『아나키즘의 도덕적 기초』『아나키즘과 공산주의』이다.

자서전 — 크로포트킨, 김유곤 옮김,『크로포트킨 자서전』, 우물이있는집, 2003. 이 책의 원저명은『어느 혁명가의 회상Memoirs of a Revolutionist』이나 편의상『자서전』이라고 한다. 그러나 크로포트킨이 굳이『자서전』이라고 하지 않고

『어느 혁명가의 회상』이라고 한 점은 주의할 필요가 있다. 즉 그는 일반적인 자서전을 쓴 것이 아니라 자신이 혁명가가 된 길을 보여주어 독자들을 그런 혁명가의 길로 안내하고자 이 책을 쓴 것이다.

청년 ― 크로포트킨, 홍세화 옮김, 『청년에게 고함』, 낮은산, 2014. 이 책은 『청년에게 호소함』(성영심 옮김, 1993)으로 번역된 바 있다. 'Appeal'을 권위적인 '고함'보다 '호소'로 번역하는 편이 낫다고 생각해 번역명을 표기하는 경우 '청년에게 호소함'이라고 하되, 인용은 홍세화 옮김으로 한다.

Act ― *Act For Yourselves*, Freedom Press, 1988(초판은 1887).

Essential ― Emile Capouya와 Keitha Tompkins 편역, *The Essential Kropotkin*, Liveright, 1975. 이 책은 크로포트킨이 쓴 일곱 편의 논문과 다섯 편 저술의 선집인데, 특히 *Modern Science and Anarchism*과 *Law and Authority*를 이 책에서 인용한다. 앞의 글은 『현대과학과 아나키즘』(이을규 옮김, 찬문각, 1973) 등으로 번역된 바 있다.

Words ― *Words of Rebel*, Blackrose Books, 1992(초판은 1885).

Russian ― *Russian Literature Ideals and Realities*, Blackrose Books, 1991(초판은 1905).

(2) 일반서

리들리 — 메트 리들리, 신좌섭 옮김, 『이타적 유전자』, 사이언
   스북스, 2001.

세르주 — 빅토르 세르주, 정병선 옮김, 『한 혁명가의 회고록』,
   오월의봄, 2014.

알피 — 알피 콘, 이영노 옮김, 『경쟁에 반대한다』, 산눈출판
   사, 2009.

애브리치 — 폴 애브리치, 하승우 옮김, 『아나키스트의 초상』,
   갈무리, 2004

Brian — Brian Morris, *Kropotkin: The Politics of Community*,
   Humanity Books, 2004.

Miller — Martin Miller, *Kropotkin*, University of Chicago Press,
   1976.

Woodcock — George Woodcock & Ivan Avakumović, *Peter
   Kropotkin: From Prince to Rebel*, Black Rose Books, 1990.

편집자 일러두기

인명은 처음 인용될 때 영어 인명과 생몰연대를 병기했다.

본문에 등장하는 저작물의 경우, 크로포트킨의 저작에만 원

제를 영어로 병기했다.

본문에 소개된 기타 저작물은 책 끝에 지은이와 원제를 병기하여 정리했다('더 읽어볼 만한 책들' 참조).

단행본은 겹낫표(『 』), 단편·논문·문서·소설·시는 홑낫표(「 」), 신문·미술작품·영화·노래 등은 홑꺾쇠표(〈 〉), 잡지나 정기 간행물은 겹꺾쇠표(《 》)로 표기했다.

차례

1장　왜, 지금, 크로포트킨인가?　017

톨스토이의 마지막 편지 ● 세르주의 크로포트킨 ● 아나키즘은 민중의 창조물이다 ● 과학적 아나키스트 크로포트킨 ● 러시아인 크로포트킨 ● 귀족 크로포트킨 ● 크로포트킨『자서전』과 『평전』● 크로포트킨은 한반도에 어떻게 소개되었을까 ● 이 책을 쓰는 이유 ●『러시아문학의 이상과 현실』● 러시아문학의 특징 ● 조국(祖國)전쟁과 데카브리스트

2장　소년 사관생도 크로포트킨 1842~1862　071

모스크바의 크로포트킨 ● 19세기 러시아 귀족들의 삶은 어떠했을까 ● 출생, 그리고 이별 ● 가정교사에게 교육을 받다 ● 중학교 시절 ● 소년사관학교 시절 ● 새로운 지식인들이 등장하다 ● 니콜라이 체르니솁스키 ● 농노제 폐지

1장

왜,
지금, 크로포트킨인가?

톨스토이의 마지막 편지

〈톨스토이의 마지막 인생〉(2009)이라는 영화가 있다. 영화의 원작은 톨스토이의 소설 『마지막 정거장』이다. 톨스토이(Lev Nikolayevich Tolstoy, 1828~1910)가 1910년 가족과의 갈등에 지쳐 그의 위대한 소설들(기독교로 개종하기 전에 집필하고 아내가 출판한)의 달갑지 않은 수입으로 운영되는 부유한 영지에서 살면서 기독교적 빈곤을 추구하는 자기 삶의 모순을 견디지 못하여 기차로 가출한다는 내용이다. 가출 직전에 그는 아내에게 이렇게 썼다.

내가 떠나면 당신은 괴롭겠지요. 유감스럽지만 내가 달리 할 수 없다는 점을 이해하고 믿으십시오. (…) 나는 지금까지 살아온 이 사치스러운 조건에서 더는 살 수 없으며, 또래 노인들이 흔히 하는 일을 하고 있습니다. 즉 내 삶의 마지막을 평화와 고독 속에서 살기 위해 이 세속생활을 떠나는 것입니다.

그러나 톨스토이의 마지막 여정은 짧고 불행했다. 한 달도 채 되지 않아 겨울이 다가온 데다가 기차를 여러 번 갈아 타면서 오랜 추위에 지친 그는 폐렴에 걸려 아스타포보(Astapovo) 기차역에 있는 역장의 집에서 82세의 나이로 사망했다. 직접 글을 쓰는 것조차 힘에 겨웠기에 1910년 11월 1일, 다른 사람에게 마지막 편지를 받아쓰게 했다. 기독교적 비폭력에 대한 자신의 견해를 공유하지 않는 아들과 딸에게 톨스토이는 마지막으로 이렇게 조언한다.

너희들이 다윈주의, 진화론, 생존투쟁에 대해 갖는 견해는 너희들에게 삶의 의미를 설명하지 않을 것이며, 너희들의 행동에 대한 지침을 제공하지 않을 것이다. 삶의 의미와 중요성에 대한 설명이 없는 삶, 그리고 그것에서 비롯된 변함

없는 안내가 없으면 불쌍한 존재다. 나는 너희들을 사랑하기 때문에 내 죽음 직전에 그것을 말하는 것이다.

말년에 기독교 비폭력의 현자였던 톨스토이는 죽기 1년 전, 1909년 후반에 종교, 세대, 인종을 초월하여, 남아프리카에 정착한 인도인들의 권리를 위해 고군분투하는 젊은 모한다스 간디(Mohandas Gandhi, 1869~1948)에게 다음과 같이 썼다.

하느님은 트란스발에 있는 우리의 사랑하는 형제들과 동역자들을 도우십니다. 가혹한 것에 대한 부드러운 싸움, 교만과 폭력에 대한 온유와 사랑의 투쟁이 여기에서도 해마다 점점 더 느껴지고 있습니다.

톨스토이의 불평은 1859년 다윈(Charles Darwin, 1809~1882)[1]의 『종의 기원』[2]이 출판된 이후 지금까지 다윈에 대한 모든 기소 중 가장 상식적인 것이다. 그는 다윈주의가 자연에서의 성공은 (다윈 자신의 모토를 인용하여) 생존투쟁이나 적자생존과 같은 유혈 전투에서의 승리로만 측정될 수 있다고 주장함으로써 도덕성을 훼손한다고 고발한다. 톨스토이가 간디에게 쓴 것처럼 우리가 '온유와 사랑'이 '오만과 폭력'에 승리하기를 바란다면, 톨스토이가 자녀들에게 마지막으로 간청한 것처럼 자연의 길에 대한 다윈의 견해를 거부해야 한다.

톨스토이가 다윈을 비판하기 전 1902년에 크로포트킨이 쓴 『상호협력』을 읽었는지는 알 수 없다. 당시 톨스토이는 러시아만이 아니라 서양의 여러 언어로 쓴 책들을 자유롭게 읽었기 때문에 크로포트킨의 책도 읽었을 수 있다. 게다가 1906~1907년에 이미 열두 권으로 된 방대한 『크로포트킨 전집』이 상트페테르부르크에서 간행되었다.

그러나 톨스토이가 다윈을 비판적으로 본 것은 1880년 전후에 기독교로 개종한 후였기 때문에 크로포트킨의 영향을 받았다고는 할 수 없다. 도리어 톨스토이가 1880년에 쓴 『고백』을 읽고 크로포트킨이 다윈에 대해 회의하게 되었다고 볼 수도 있다. 그런데 톨스토이는 초기에는 다윈의 이론을 지지하다가 참회를 계기로 다윈의 이론이 부도덕을 정당화하는 데 사용되고 있으며, 윤리 체계의 기초가 될 수 없다고 확신하게 되었다는 것을 주목해야 한다. 반면 무신론자인 크로포트킨은 시베리아 탐험과 과학적 연구를 통해 다윈을 비판하는 점에서 톨스토이와 다르다. 뒤에서 『상호협력』은 크로포트킨의 주저로 이 책에서도 상세히 언급되고 아울러 그가 비판한 다윈이나 그 제자들의 견해에 대해서도 살펴볼 것이다.

세르주의 크로포트킨

자신을 퍼스널리스트[3]라고 부른 빅토르 세르주(Victor Serge, 1890~1947)는 『한 혁명가의 회고록』의 서두를 자신이 열다섯 살에 읽었던 어떤 팸플릿에 대한 추억으로 시작한다.

그 아나키스트는 한창 공부 중일 젊은이들에게 이렇게 물었다. "무엇이 되고 싶은가? 그 정의상 불의일 뿐인 부자들의 법을 적용하는 법률가? 부자들을 보살피고, 슬럼의 폐병 환자들에게는 좋은 음식과 신선한 공기와 휴식을 처방하는 의사? 땅 부자들이 안락하게 살 수 있도록 집을 지어주는 건축가? 주위를 살펴보라. 그리고 당신의 양심을 들여다보라. 당신의 의무와 책임이 그런 것들과는 달라야 함을 모르겠는가? 피착취자들과 연대하고, 도저히 용인할 수 없는 이 체제를 때려 부수는 일에 동참하는 것은 어떤가?”(세르주 44-45)

‘그 아나키스트’란 크로포트킨이고, 그의 물음은 『청년에게 호소함*An Appeal to the Young*』이라는 팸플릿에 나온다. 망명객 크로포트킨이 1880년에 법률가, 의사, 건축가 등 모든 직업이 부자를 위해서만 기능하는 점을 철저히 비판하고 세상을 바꾸는 일에 동참하라고 권하는 이 책을 세르주는 출판된 지 25년 뒤인 1905년, 15세 청춘에 읽는다. 그리고 평생 어떤 개인적 욕망도 없이 오로지 인간의 존엄성을 무시하는 모든 비인간적 세력에 적극적으로 맞서 싸우고, 인간을 해방하는 모든 투쟁에 참가한다. 얇은 책 한 권이 한 사람의 인생을 완전히 바꾼 것이다.

세르주의 아버지는 망명 지식인이었다. 차르 치하 러시아에서 장교직을 버리고 혁명에 뛰어들었다가 추방된 터였다. 그 같은 배경 아래 러시아가 아닌 브뤼셀에서 태어나 자란 세르주는 크로포트킨의 팸플릿을 읽고 학교 따위 거들떠보지 않

초현실주의자 볼프강 팔렌과 빅토르 세르주(1944년경 멕시코).

은 채 세상을 바꾸는 아나키즘 운동에 동참한다. "이 주장이 내게는 계시였다. 크로포트킨을 거부하는 사람들을 범죄자라고 생각"(세르주 44)한 그는 평생 다양한 노동을 하면서 1947년 세상을 떠날 때까지 가난한 혁명가로 살았다. 7개국의 혁명에 동참했고, 10년간 감옥살이를 했다. 세르주는 "읽은 지 30년이 지나도록 그 책의 메시지는 내 마음속에 선명하게 남아 있었다"라고 고백했다.

1919년 혁명이 터지자 러시아로 갔던 세르주는 1921년 2월에 크로포트킨이 사망하자 그의 장례식에 참석한다. 크로포트킨보다 48세나 어린 세르주는 친할아버지의 죽음을 맞은 것처럼 슬퍼했다. 사실 세르주는 크로포트킨이 아직 생존해 있을 무렵 러시아에 있었다. 그러나 크로포트킨을 직접 만나는 것만큼은 극구 피했다. 아나키스트에서 코뮤니스트로 변한 그가 공산당에 반대했던 크로포트킨과 대화하는 것을 고통스럽게 여긴 탓이다. 그러나 세르주는 "아나키스트 그룹이 동지라며 받아준 유일한 공산당원이었다."(세르주 243) 세르주는 내가 인정하는 유일한 코뮤니스트이기도 하다. 혁명을 무조건 비민주적이라거나 폭력적이고 비도덕적이라고 비난하는 편견에 맞서면서 민중이 주도한 민주혁명을 파괴한 권위주의를 비판했다는 점에서 그는 크로포트킨의 적자로서 러시아혁명의 진실을 알려주기 때문이다.

장례식 사정은 여의치 않았다. 아나키즘의 상징인 흑기(黑旗) 사용과 연설 허락을 둘러싼 협상이 지루하게 오간 끝에야 비로소 장례식이 치러졌다. 크로포트킨의 장례식에 참석하도록 단 하루 가석방된 러시아 아나키스트 아론 바론(Aron Baron, 1891~1937)은 볼셰비키 정권을 '새로운 폭정'이라고 가차 없이 성토하는 연설을 하고 감옥으로 되돌아갔는데 그 뒤로는 죽었는지 살았는지 아무런 소식이 없었다. 크로포트킨의 죽음과 함께 러시아 아나키즘도 막을 내린다. 그 뒤 세르주는 스탈린과 싸우다가 소련 공산당에서 쫓겨나 시베리아에서 3년간 유형 생활을 하고 석방된 뒤 프랑스에서 살다가 멕시코에서 쓸쓸히 죽는다. 그가 1930년에 쓴 『러시아혁명의 진실』은 크로포트킨의 눈으로 본 러시아혁명의 진실을 전해준 유일한 책이라고 해도 과언이 아니다.

세르주가 쓴 『한 혁명가의 회고록』도 크로포트킨의 『한 혁명가의 회고록Memoirs of a Revolutionist』을 그대로 따온 것이듯 세르주의 삶은 크로포트킨과 비슷하다. 세르주가 이상을 좇는 영원한 방랑자라고 불린 점도 크로포트킨과 같다. 그들은 평생 진실을 추구하고 특권에 맞서 싸우고 사회정의와 인간의 존엄성을 추구했다는 점에서 동지다. 가난한 노동자, 투사, 지식인, 망명객이었고 국제주의자이자 낙관론자였다는 점도 공통점이다. 혁명을 위해 싸우고 오랜 세월 투옥되었으며, 그러면서도 수십 권의 책을 쓴 점도 같다. 그러나 무엇보다도 노동자와 농민을 비롯한 보통사람이 역사의 창조자라고 생각하고 그들을 위한 투쟁에 뛰어들었다는 점이 가장 분명한 공통점이다.

지금 내가 쓰는 이 책을, 또는 크로포트킨의 책을 15세의 젊은이가 읽고 세르주처럼 살아가는 일이 생기길 기대한다. 자신의 야망을 채우기 위해서가 아니라 진정으로 민중을 섬

기기 위해 살아가고자 하는 청년이 있기를 바라지만, 내 경험에 의하면 지금 한국에서 그렇게 살기란 쉽지 않다. 이 책을 쓰는 동안에 생긴 일을 하나 소개하면 쉽게 이해할 것이다. 2020년 11월 21일 서울시교육청의 노동인권교육 포럼에서, 어느 학부모가 자기는 자녀를 사업가로 키우려고 하니 그런 교육은 필요 없다고 했다는 신문 보도에 나는 정말 놀랐다. 사회주의 운동은커녕 노동운동도 아니고, 학교에서 노동인권교육을 시키는 것도 한국에서는 터부이니 세르주 같은 젊은이가 쉽게 나올 리 없다. 사업가라고 해도 자신이 고용할 노동자의 인권에 대해 모른다면 사업을 제대로 할 수 없다는 것이 한국에서는 아직도 상식이 아니다. 그래서 노동현장에서는 아직도 노동자를 인간으로 보지 않아 생기는 비인간적 만행이 끝없이 이어지고 있다.

그러나 가슴이 뜨거운 15세의 순수한 젊은이라면 굳이 이런 책들을 읽지 않아도 세르주처럼 고민할 것이다. 그런 젊은이가 한 사람이라도 있기를 바라면서 나는 이 책을 쓴다. 100년 전만 해도, 우리에게는 신채호 같은 젊은이가 있지 않았던가! 그런 젊은이가 있어야 세상이 조금이라도 좋아지지 않겠는가?

아나키즘은 민중의 창조물이다

앞의 머리말에서 말한 "지배자가 없이 우리 모두 자유롭게 자치하며 자연 속에서 살려고 하는" 아나키즘을 흔히들 웃기는 공상이나 공리공담이라고 한다. 가수 존 레논(John Lennon, 1940~1980)이 〈이매진〉에서 노래한 국가, 자본, 종교 없는 세상이 상상 속의 꿈이듯이 그런 내용을 갖는 아나키즘을 현실에서는 있을 수 없는 꿈이라 하는 것이다. 그러나 크로포트킨은 아나키즘이 비과학적인 공상이 아니라 과학적인 진실이라고 주장한다. 크로포트킨을 과학적 아나키스트라고 하는 배경인데, 이는 그의 대표작인 『상호협력』이 『종의 기원』에서 찰스 다윈이 설명한 생존경쟁에 대한 수정 또는 보완으로 주장된 것을 보면 알 수 있다. 우선 크로포트킨의 과학적 아나키즘의 윤곽을 살펴보자.

이를 살펴볼 수 있는 글은 크로포트킨이 1900년에 뉴욕에서 러시아어로 발간한 『현대과학과 아나키즘*Modern Science and Anarchism*』이라는 47페이지짜리 팸플릿[4]이다. 한글판은 이을규가 번역한 것이 1973년, 하기락이 번역한 것이 1993년에 각각 나왔는데 번역에 문제가 많아서 이 책에서는 다시 번역하지 않을 수 없다. 내가 이 책에서 가장 놀란 점은, 그 처음에 나오는 민중의 창조성을 언급한 부분이다. 그는 인간 사회 내부의 사상과 행동에는 두 가지 조류가 있다고 하면서 그 하나가 인민의 창조적 정신에 의해 만들어진 아나키즘이라고 했다. 그리고는 이것을 민중을 지배한 소수의 권위와 구별한다.

아나키즘은 분명히 첫째 경향인 인민 자신의 창조적이고 건설적인 힘을 대표한다. 그들은 권력을 추구하는 소수로부터 자신들을 지키기 위해 관습법 제도를 발전시키려고 했다. 현대의 과학과 기술에 근거한 인민의 창조력과 건설적 활동에 의해, 지금 아나키즘은 사회의 자유로운 진화를 보장할 제도를 발전시키기 위해 노력한다. 그러므로 이런 점에서 아나키스트와 국가주의자는 언제나 대립했다(*Essentials* 58).

크로포트킨에 의하면 고대 그리스나 기독교 초기부터 아나키즘이 대두했다. "그리스로 시작되는 모든 시대에는 권력을 완전히 배제하고 그 자리에 다른 권력을 세우려고 하지 않는 개인과 집단행동이 있었다. 민중의 통제될 수 없는 창조적 천재가 새로운 요구에 따라서 이러한 제도를 다시 개조하기 위해 개인과 민중의 주권을 선언하고, 민중적 제도를 낯설고 유해한 권력으로부터 해방하려고 했다."(*Essentials* 58-59) 그러나 이러한 그리스 아나키즘은 우리가 그리스 사상으로 아는 소크라테스나 플라톤과는 무관하다. 도리어 철인 독재를 주장한 그들과는 반대되는 것이었다. 소크라테스나 플라톤은 아테네 민주주의가 아니라 스파르타 군국주의를 지지했기 때문[5]이다.

크로포트킨에 의하면 "아우구스투스(Imperator Caesar divi filius Augustus, 기원전63~기원후14) 지배하의 유대에서 시작된 로마법, 로마 정부, 로마 도덕(아니 부도덕)에 대항한 기독교운동에는 분명히 본질적으로 아나키즘적인 요소가 존재"(*Essentials* 59)했다. 바로 예수 그리스도와 초기 기독교다. 그러나 그 뒤에 유대교회와 로마제국을 모방한 교회운동으로 타락하면서 기독교의 아나키즘적인 요소는 없어졌고, 기독교회에 로마 정부 형태가 더해지면서 기독교는 국가권력, 노예제, 억압의 지주가 되었다. 이러한 변화의 패턴은 16세기 종교개혁기에도 반복되었고, 그 뒤로 모든 개혁운동에서 반복되었다.

지금 우리는 민중사(民衆史)라는 것을 역사의 상식으로 알고 있지만 19세기는커녕 얼마 전까지만 해도 그것을 잘 몰랐다는 점을 떠올리면 100년도 훨씬 전에 크로포트킨이 민중사를 제창했다는 것이 놀랍기만 하다. 게다가 지금 우리가 민중사라고 하는 것 역시 정치사나 생활사 정도에 그치는 반면 크로포트킨은 사회운동은 물론이고 사상이나 종교나 학문의 역사에까지 그런 관점을 적용했으니, 더욱더 놀라울 따름이다. 그런 점에서 그는 위대한 역사가이기도 하다.

과학적 아나키스트 크로포트킨

크로포트킨은 17~19세기에 과학자들이 중세의 스콜라철학이나 형이상학을 완전히 포기하고 과학적 방법인 연역법과 귀납법으로 새로운 과학을 수립했는데, 아나키즘은 그 속에서 나왔다고 본다. 동시에 칸트, 헤겔, 셸링 등의 형이상학도, 로마법학이나 교회법학이나 국가법학도, 그가 형이상학적 경제학이라고 보는 마르크스주의도 과학적이지 않다는 이유로 거부한다. 자신의 사회주의를 과학적 사회주의라고 하면서 로버트 오언(Robert Owen, 1771~1858) 등을 공상적 사회주의라고 비난한 마르크스(Karl Marx, 1818~1883)를 도리어 과학적이지 않다고 보았을 뿐 아니라 독일철학이나 법학도 비판한 것이다.

18세기 말의 프랑스혁명이 얼마 가지 않아 반동에 의해 좌절됐음을 우리는 역사를 통해 알고 있다. 그러한 좌절을 되풀이하지 않으려면 국가를 폐지해야 한다고 주장한 것이 아나키즘이다. 국가가 폐지되어야 세상이 좋아진다는 것이다. 그러나 크로포트킨이 비과학적이라고 본 칸트, 헤겔, 셸링 등의 형이상학, 로마법학이나 교회법학이나 국가법학, 그가 형이상학적 경제학이라고 보았던 마르크스주의는 크로포트킨의 사후 지금까지도 성행하고 있고, 도리어 크로포트킨을 비롯한 아나키스트들은 철저히 무시되었다.

크로포트킨은 아나키즘을 과학이라고 주장했다. 그 기본은 다윈의 진화론, 18세기 계몽철학, 유토피아 사회주의였다. 계몽철학은 모든 지식을 하나의 전체적인 자연체계로 파악하고자 한 점에서 자연과학이었다. 크로포트킨도 모든 자연현상을 포괄하는 종합철학의 일부로 인간의 사회생활, 즉 경제·정치·도덕의 문제를 분석하고, 자연과 마찬가지로 사회의 현상에도 법칙성과 보편적인 인과관계가 있다는 점을 인정했다. 바로 이런 점에서 그는 독창적이었다. 이 같은 관점은 바쿠닌(Michael Bakunin, 1814~1876)이 "보편적인 인과성이란 세계를 만들고 있는 자연이다"라고 말한 것과 같다. 이에 따르면 인류가 자연법칙을 따를 때 비로소 미래의 조화로운 사회에 도달한다.

아나키즘은 인간의 사회생활과 경제, 정치, 도덕의 문제를 포괄하는 모든 자연현상의 기계적 설명 위에 근거한 하나의 세계관이다. 그 연구방법은 정확한 자연과학의 방법이고, 그것이 과학적이려면 그로부터의 모든 결론이, 모든 과학적 명제를 검증해야 하는 방법으로 검증되어야 한다. 그 목표는 자연계의 모든 현상, 따라서 당연히 사회생활도 포함하는 현상의 일반화를 포섭하는 종합철학의 수립이다 (*Essentials* 60).

그러나 나는 아나키스트라는 자들이 크로포트킨을 '과학적'이라고 숭배하는 것을 믿지 않는다. 도대체 아나키즘에 숭배란 있을 수 없다. 크로포트킨에 대한 숭배도, 과학에 대한 숭배도 있을 수 없다. 특히 나는 그가 과학만능주의자인 것처럼 부각되는 점에 비판적이다.

크로포트킨의 대표작인 『상호협력』은 많은 사람이 말하듯이 '위대한' 책임이 틀림없다. 그러나 그가 생물학 차원에서 진화의 원리로서의 생존경쟁과 달리 상호협력이라는 새로운 법칙을 발견한 것은 아니다. 그는 생존경쟁이 진화의 원리라는 다윈의 주장을 수긍하면서도 다윈이 그것만을 전부라고 보지 않았고 상호협력도 또 하나의 원리라는 것을 인정했다고 본다. 다만 다윈이 생존경쟁보다는 소극적으로 주장한 상호협력을 강조했고, 특히 다윈의 제자인 헉슬리(Thomas Huxley, 1825~1895)[6]가 생존경쟁을 인간 역사의 유일한 법칙으로 본 것을 비판했다. 사실 인생살이나 세상살이가 경쟁과 협조라는 양면을 갖는다는 것은 평범한 상식이 아닌가? 게다가 19세기 말에도 동물이나 인간에게 경쟁과 함께 협조가 중요하다는 것은 상식이었다. 『상호협력』은 이 같은 상식을 뒷받침하는 방대한 자료의 수집일 뿐이다.

물론 『상호협력』이 한국에서 '세계를 뒤흔든 선언' 시리즈의 하나로 소개되는 것을 부정할 필요는 없다. 그러나 이것이 크로포트킨 아나키즘의 전부가 아니라는 점을 강조하고 싶다. 그의 자치코뮤니즘[7]이나 국가법과 형벌을 거부하는 자율주의, 농업사회주의, 통합교육사상, 윤리적 자연주의, 비폭력주의 등의 여러 측면이 실은 더 강조되어야 할 그의 '푸르른' 아나키즘이기 때문이다.

러시아인 크로포트킨

크로포트킨은 러시아에서 귀족으로 태어나 러시아에서 죽었다. 그러나 79년의 긴 생애 중 35세부터 74세까지 40년간 망명객으로 외국에서 살았다. 대표작인 『상호협력』의 현대판이라고 할 수도 있는 『이타적 유전자』를 쓴 매트 리들리(Matt Ridley, 1958~)는 자신의 책을 크로포트킨의 시베리아 탈출 이야기로 시작하면서 여러 사람의 도움을 받아 성공한 그 탈출과 『상호협력』을 관련짓지만, 크로포트킨 자신은 그 한순간의 사건을 저술의 계기라고 말한 적이 없다. 그러나 1902년에 그 책을 쓰기까지 약 30년이라는 오랜 세월을 망명객으로서 살면서 그가 언제나 많은 사람의 도움을 받은 것은 사실이다.

크로포트킨은 생애의 반만을 러시아에서 살았지만, 그는 명실공히 러시아 사람이다. 『상호협력』을 비롯하여 그의 책 대부분을 망명지에서 썼고 내용도 러시아에 대한 것은 아니었지만, 역설적으로는 반유럽적인, 즉 러시아적인 책이라고 할 수 있다. 단적으로 말하자면, 서구문명에 대한 반발에서 나온 것이다. 그는 로마제국은 물론 그리스 도시국가의 민주주의적 전통도 인정하지 않았다. 그 역사의 현대판인 르네상스 이후의 유럽 자본주의는 물론 자유주의나 민주주의에 대해서도 가치를 인정하지 않았다. 그래서 『상호협력』에는 그리스 로마나 현대 유럽 이야기가 거의 나오지 않거나 혹 나온다 해도 부정적으로 묘사된다. 크로포트킨의 이러한 반서양주의는 앞에서 말한 그의 서양 중심 과학주의와 상당히 모순되는 것처럼 보이기도 한다. 그런 의미에서는 크로포트킨과 달리 근대주의나 과학주의를 주장하기는커녕 원시주의나 농촌주의를 지향한 바쿠닌이나 톨스토이가 훨씬 더 러시아적이다.

크로포트킨의 후배인 러시아 아나키스트 사상가 니콜라이 베르자예프(Nikolai Berdyaev, 1874~1948)는 아나키즘을 러시아 지주 귀족계급의 최고 창작품[8]이라고 했다. 귀족 출신이었던 그는 아나키즘을 러시아적 산물이라고도 보았다. 러시아 민족은 국가주의와 아나키즘이라는 양극단을 공유하고 독재 군주제도를 옹호하는 데 국가주의는 물론 아나키즘까지 이용했다는 것이다. 근대나 과학을 부정하는 바쿠닌이나 톨스토이와 달리 크로포트킨의 아나키즘은 근대와 과학을 긍정하지만 세 사람 모두 러시아 귀족 출신의 아나키스트였다는 점은 공통된다.

크로포트킨에게는 이처럼 묘한 모순이 있다. 물론 그는 과학주의를 표방하되 그 과학자들과는 전혀 다르다. 그들은 대부분 아나키스트이기는커녕 크로포트킨이 가장 멸시한 자본주의자이고 국가주의자였다. 게다가 그들의 과학이라는 것이 크로포트킨의 아나키즘을 증명해준 것도 아니다. 기껏해야 다윈을 인정한 정도이고 그것도 부분적으로 인정한 정도에 불과했다.

여하튼 과학발전에 의한 기술진보가 아나키즘 사회를 초래할 것으로 본 크로포트킨의 예상은 빗나갔다. 20세기 중반의 루이스 멈퍼드(Lewis Mumford, 1895~1990)는 기술진보가 아나키적 이상사회를 구현하기는커녕 인류 절멸의 악몽을 초래한다는 것을 알았다. 그 점에서는 도리어 기술을 혐오한 19세기의 윌리엄 모리스(William Morris, 1834~1896)가 옳았다. 모리스와 알았던 크로포트킨은 그런 모리스를 못마땅해했다.

솔직히 말해 나는 모리스의 편에 선다. 이러한 과학의 문제는
이 책의 뒤에서도 계속 논의될 것이다.

솔직히 말해 나는 모리스의 편에 선다. 이러한 과학의 문제는
이 책의 뒤에서도 계속 논의될 것이다.

귀족 크로포트킨

내가 크로포트킨의 책을 처음 읽은 것은 약 40년 전이었다. 그 사이 크로포트킨의 책은 내 서재를 떠난 적이 없다. 그러나 나는 그동안 여러 사람의 평전을 썼으면서도 그의 평전을 쓸 생각을 하지는 않았다. 여러 가지 저항감 때문이었다. 가령 그가 귀족 출신으로서 엄청난 혜택을 받았기에 특별한 생각을 한다는 것이 영 마음에 들지 않았다. 귀족 출신임을 크로포트킨이 선택한 것이 아니라 운명으로 주어진 것이니 그를 탓할 수는 없겠으나, 그가 자신이 누린 것을 보편적이라고 말하는 경우엔 저항감이 생겼다. 예를 들어 『자서전』에 자신이 어린 시절에 가정교사에게 배운 이야기가 나오는데, 그는 이를 '지금은 불행히도 없어진 훌륭한 관습'이라고 한다(자서전 122). 그러나 귀족시대에 특별한 귀족 자제만이 누린 그것을 과연 그렇게 말할 수 있을까? 설령 자신의 가정교사를 아무리 좋아했다고 해도 그 제도까지 칭송한다는 건 인간해방을 주장한 아나키스트의 태도라고 보기 어렵다. 이는 양반 중에도 훌륭한 사람이 있지만 그렇다고 해서 양반제도를 '지금은 불행히도 없어진 훌륭한 관습'이라고 할 수 없는 것과 마찬가지다.

이런 예는 수없이 많다. 가령 그 사상의 핵심인 상호협력이라는 것도 풍족한 귀족 집안에서 태어나 아무런 부족도 없이, 돈 걱정도 없이, 여러 하인의 시중을 받으면서 평생을 살았던 마음씨 좋고 머리 좋은 부잣집 막내아들이 '지금은 불행히도 없어진 훌륭한 관습'이라고 하는 이야기처럼 들리기도 했다. 우리나라 아나키스트들이 대부분 양반집 출신이듯 크로포트킨이 귀족 출신인 것이 어쩌면 당연한 듯 생각되면서도 나는 그것이 못내 싫었다. 크로포트킨의 민중 사랑이라는 것도 내게는 그런 부잣집 막내아들의 아량에서 빚어진 것으로 보인 적이 있다. 정작 민중으로 태어나 자란 사람에게는 그런 낭만적이고 환상적인 민중상이 있을 수 없고, 그렇게 말하는 경

우란 필히 정치적인 선전이거나 정치적 동원을 위한 거짓이게
마련이다.

크로포트킨이 『상호협력』을 쓰게 된 동기는 헉슬리가 '생
존이란 투쟁이다'라고 한 데 있다. 헉슬리는 경쟁 속에서 자수
성가한 능력 위주의 성취가인 반면 크로포트킨은 귀족으로
태어나 조국에서 추방된 사람이었다. 즉 "헉슬리는 자신의 성
공이 자신이 적자임을 입증하듯이 크로포트킨의 몰락은 그
가 적자가 아님을 입증한다고 생각했다."(리들리 349) 그러나
헉슬리가 자신을 성공한 사람이라고 한 것에 대한 평가는 차
치하더라도, 크로포트킨을 조국 추방을 이유로 '몰락'이니 '적
자가 아님'이라느니 하면서 폄훼해도 좋은지는 의문이다.

여하튼 헉슬리의 능력주의에서 비롯된 우생학은 비슷한
출신인 마르크스, 엥겔스, 레닌, 그리고 히틀러에게로 이어졌
다. 크로포트킨의 상호협력설은 나치를 정당화한다는 비판을
받기도 했는데, 이는 마치 일제하나 유신독재하의 화합이나
통일 철학이 그 전체주의를 정당화하는 데 이용된 경우와 비
슷하다. 원효가 내세운 '원만히 융합하여 모두 통한다'는 원융
회통도 그렇게 이용되지 않았던가? 그러나 적어도 나치가 크
로포트킨에 의거한 적은 없다.

사실 러시아 아나키스트는 대부분 귀족 출신이었다. 크로

포트킨만이 아니라 그 앞의 바쿠닌이나 톨스토이도 귀족 출신이었다. 물론 이들이 귀족 출신이라는 이유로 그들의 사상까지 비판할 수는 없다. 문제는 귀족 출신이라는 점에 있는 게 아니라 '그런 출신인데 이런 생각을 했다고?' 하는 이상한 편견에 있다. 예를 들어 그의 『상호협력』을 '귀족 출신이기에' 쓴 책이라고 볼 수는 없어도 귀족으로 살면서 갖게 된 생각에 근거한 것이라고 볼 수 있다는 점에서 문제라는 것이다. 더욱이 그것이 전체주의적이라면 문제라는 것이다. 크로포트킨이 중세를 상호협력사회로 과도하게 이상화한 것도 바로 그 점에서 문제일 수 있다.

더 큰 문제는 따로 있다. 크로포트킨에 의하면 사회개혁문제를 제기할 수 있는 것은 오로지 노동자계급 사이에 상호협력과 자주성의 요소가 충분히 발달했을 때인데, 인간에게 본질적으로 상호협력의 요소가 있다고 해도 그것이 언제 어디서나 충분히 발휘되는 것은 아니기 때문이다. 그렇다면 상호협력과 자주성은 언제 어떻게 발휘될까? 이에 대한 크로포트킨의 설명은 충분하지 않다.

하지만 몇몇 단점에도 불구하고 나는 그의 사상을 전체적으로 재조명하고 재검토할 필요가 있다고 본다. 그래서 오랫동안 망설여온 끝에 이 책을 썼다. 제목에서 밝혔다시피 이 책

은 크로포트킨 평전이다. 전기가 아니라 평전이다. 이 둘은 분
명히 구별되지 않고 있으나 나는 전기는 생애를 서술하는 것
이지만 평전은 생애를 비평하는 것이라고 구분한다. 나는 분
명히 비평적인 입장에 설 것이다.

크로포트킨 『자서전』과 『평전』

내가 쓰는 『크로포트킨 평전』은 크로포트킨에 대한 최초의
책은 아니다. 그의 생애는 두 번이나 번역된 그의 『한 혁명가
의 회고』(1899, 이하 이 책은 '자서전'으로 인용)로 상당 부분 소
개됐다. 그것은 아우구스티누스의 『참회록』(398), 루소의 『고백
록』(1788), 괴테의 『시와 진실』(1833), 안데르센의 『내 생애의 이
야기』와 함께 세계 5대 자서전 중 하나라고 하는 말들이 있는
데, 누가 한 이야기인지도 알 수 없고, '세계 5대'라는 점에 대
해서도 믿음이 가지 않는다. 그 다섯 권 말고도 감동을 주는
자서전은 얼마든지 있다. 가령 톨스토이의 『고백』도 있고, 간

디의 『자서전』도 있으며, 러셀의 『자서전』도 있다. 여하튼 정치인이나 장사꾼 등이 제 자랑을 위해 쓴 자서전 말고, 정직하게 자기 인생을 기록한 자서전이라면 모두 나름의 가치가 있을 것이다.

크로포트킨 자서전의 우리말 번역은 1985년에 박교인이 작업한 『어느 혁명가의 초상』과 2003년에 김유곤이 번역한 『크로포트킨 자서전』 두 종이 있는데, 왜 원저의 제목을 다 바꾸었는지 이해하기 어렵다. 원저는 1899년 단행본으로 나왔으니 각각 86년, 104년 만에 우리말로 번역된 셈이다. 그중 박교인의 번역서는 크로포트킨의 『현대과학과 아나키즘』과 함께 판금되었다가 1987년에 해금되었다. 1985년은 전두환이 지배한 군사독재 세상이었다. 그 시절에 크로포트킨이 호출된 이유는 그런 혁명가의 출현을 대망한 탓이었는지 모르지만, 당시는 2년 만에 해금하게 될 책을 판금했을 정도로 끔찍한 시대이기도 했다.

『자서전』은 본래 1897년부터 미국 잡지 ≪어틀랜틱 먼스리≫에 연재된 글을 모은 것이다. 그 글을 연재할 때 크로포트킨은 55세였다. 그런데 『자서전』의 내용은 그 10년 정도 이전인 1886년, 즉 45세 정도까지의 삶에 그치고 있다. 그 후 그는 79세가 된 1921년까지 살았다. 따라서 『자서전』에서는 그의 후반 34년의 삶을 볼 수 없다. 게다가 1899년에 주로 서유럽 사람들을 대상으로 쓴『자서전』이 지금 우리에게 그의 사상을 이해하게 해주는 반드시 유일한 근거일 수는 없다. 특히 30세 전후로 아나키스트가 되기 이전의 전반부를 다룬 부분은 러시아 최고 귀족의 자제로 살아온 화려한 청소년 시절의 이야기로서 아나키스트 크로포트킨을 이해하는 데엔 그다지 도움이 되지 않는다. 어쩌면 '최고 귀족'에서 아나키스트로의 변신이라고 하는 대중적 관심을 끌기 위한 것은 아니었는지 의문이 들기도 한다.

여하튼 크로포트킨의 삶을 온전히 이해하려면 달리 평전이 필요하다. 그래서 쓰는 이 평전은 당연히 그가『자서전』에서 다루지 않은 부분까지를 포함한다. 특히 1917년 러시아로 돌아온 뒤의 만년에 주목한다. 그동안 이 부분이 소련 당국에 의해 비밀에 부쳐졌기 때문이다. 동시에 이 평전에서는 그의 청소년 시절 이야기를『자서전』에 비해 대폭 줄였다.

그러나 내가 이 평전을 쓰는 이유는 단순히 그런『자서전』의 공백을 메우기 위해서만이 아니다. 또는『자서전』번역에 문제가 많아서도, 수많은 인명과 지명, 사건명 등에 대한 주석이 전혀 없어서도 아니다. 자서전은 어디까지나 자서전이다. 내가 나에 대해서 쓰는 책일 뿐이다. 그런 자서전은 여러 가지 이유로 쓰인다. 아마도 크로포트킨은 자신과 같은 아나키스트가 많아지기를 기대하며 그 책을 썼으리라. 따라서 그런 측면에 초점을 맞추었으리라. 그러니 『자서전』만 보아서는 그의 사상을 충분히 알 수 없고 그가 살았던 세계도 제대로 알기 어렵다. 이 평전은 그의 삶을 사상과 세계에 연결시키려고 하는 시도이므로 『자서전』에서 참조한 바는 지극히 부분적이다. 만일 『자서전』으로 충분했다면 나는 이 책을 쓰지 않았으리라. 그러나 『자서전』은 앞에서 말했듯이 세계 5대 자서전에 속한다는 이야기가 있을 정도로 좋은 책이니 독자들에게 읽어보기를 권유한다.

크로포트킨은
한반도에 어떻게 소개되었을까

크로포트킨은 19세기 말 그가 생존 당시부터 세계적으로 유명했고 일본에서도 1880년대부터 소개되기 시작했으며 한반도에는 그 얼마 뒤에 소개됐을 것이다. 바로 그가 『자서전』 끝에서 말한 시기다. 일본어로는 1905년부터 『자서전』의 일부를 비롯하여 그의 많은 글이 번역되었는데, 특히 1920년부터 적극적으로 소개됐고 1924년에는 『자서전』이 완역되었다. 1927년에는 『상호협력』 등이 번역됐고, 1928년에는 12권으로 된 『크로포트킨 전집』이 나왔으며, 그 뒤에도 새로운 번역과 소개가 이어졌다. 당시 일본의 번역열은 대단했지만, 크로포트킨 사후 7년 만에 그의 전집이 간행되었다는 것은 놀라운 일이라고밖에 볼 수 없다.

한반도 사람들이 언제부터 크로포트킨의 글이나 그에 대한 글을 읽었는지 정확하게 알 수는 없으나, 적어도 20세기에 들어 일본에 유학한 학생들 중에는 그를 알았고 그의 책을 일본어로 읽은 사람이 많았을 것이다. 1920년대부터는 한글로 그를 소개한 글도 상당수 나왔다. 한글로 쓰인 최초의 아나키즘 관련 글은 《학지광》 1915년 2월호에 실린 나경석의 「저급의 생존욕」이었다. 나경석(羅景錫, 1890~1959)은 나혜석(羅蕙錫, 1896~1948)의 오빠로 독립운동에 투신하기도 했으나 아나키스트는 아니었다.

당시 일본이나 한반도에서 크로포트킨이 인기를 끈 이유는 무엇보다도 그곳들이 농업지역이고 전제정치가 행해진 곳인 탓이다. 그러나 크로포트킨 사상만 인기가 있었던 것은 아니다. 19세기 러시아 문화도 마찬가지로 관심의 대상이었다. 특히 19세기 후반 러시아에서 자본주의를 비판하고, 농본주의적 급진 사상을 가지고 농민을 주체로 한 혁명적 계급인 나로드니키(Narodniki)의 브나로드(vnarod) 운동을 비롯하여 아나키즘은 평등주의적 민주주의와 함께 농지 접수 및 농민에 대한 균등분배를 강력하게 요구했기에 인기를 끌 수밖에 없었다. 게다가 학대당하는 농민들을 위해 시골에 흩어져서 일해야 한다는 것은 일제하 계몽주의의 최대 과제였다. 이광수의 『흙』이나 심훈의 『상록수』 같은 농촌계몽 소설이 그 대표적인 작품들이다.

물론 그 계몽이 지극히 지식주의적인 것에 그쳤다 해도 그것 역시 브나로드나 아나키즘의 일부였다. 아나키즘이 양반 자제들에게 인기를 끈 이유는 『예기禮記』 '예운(禮運)' 편에서 말한 자산 평등의 대동(大同)사회라는 공통점 때문이기도 했다. 크로포트킨은 "평등 없이 정의 없고 정의 없이 모럴 없다"고 했다.

그러나 한반도에서는 아나키즘이 대부분 지극히 단순한 정치적 '구호'로 그쳤다. 적어도 크로포트킨을 '연구'한 사람은 없었다. 그나마 1945년 이후 크로포트킨과 아나키즘은 남한은 물론 북한과도 거의 무관한 것이 됐다. 일부 번역과 소개가 있었지만 20세기 초엽 수준에 불과했다. 일본의 경우 각종 사상전집에 크로포트킨과 아나키즘이 한 권으로 반드시 포함되었던 데 비해 일본 책을 모방한 듯한 한국에서는 아나키스트는 반드시 제외되었다. 사실 아나키즘은 공산주의에 반대하는 것이어서 반공 노선과 반드시 상치되는 것이 아니었음에도 그러했다.

나는 이를 학계나 예술계나 언론계를 비롯한 한국의 독특한 권력주의 내지 국가주의 탓으로 본다. 우리는 대개 현실에서 권력이나 국가에 대한 회의란 있을 수 없다고 여겼는데, 이러한 전통이 진정한 의미의 학문과 예술을 이해하지 못하게 방해했다. 학문이나 예술이 권력을 지향한다는 것 자체가 학문과 예술에서는 있을 수 없는 일이기 때문이다. 굳이 아나키즘이 아니어도 그렇다. 학문이나 예술이 권력을 사랑한다는 게 과연 가능할까? 마찬가지 의미에서 호국불교라는 불교나 권력 지향적인 유교는 물론 권력과 유착된 기독교가 어떻게 종교일 수 있겠는가? 그런 불교, 유교, 기독교가 현실에 존재하는 풍토에서는 아나키즘이 뿌리내리기 어렵다.

지금 한국인은 대부분 크로포트킨을 모른다. 그러나 인문과학이나 사회과학은 물론 자연과학의 차원에서 그만큼 인류에게 영향을 준 사람도 드물다. 크로포트킨은 아나키즘이나 사회주의뿐만 아니라 지리학, 생물학(진화론), 프랑스혁명사, 러시아문학사 등 여러 방면에 충격을 주었고 엄청난 호응을 받았다. 한국에서도 아나키즘은 크로포트킨주의와 동의어였다. 특히 1920년대에는 그가 쓴 『청년에게 호소함*An Appeal to the Young*』(1880)이 청년들은 물론 많은 사람에게 감동을 주었다. 앞에서 보았듯이 세르주를 비롯하여 많은 사회주의자나 작가들, 시인들이 그 책을 읽고 아나키스트나 사회주의자가 되었다. 일제강점기에도 박열, 홍명희, 임화가 그러했고, 해방 후에는 신동엽 등이 그 책의 감동을 글로 남겼다. 나아가 크로포트킨의 삶과 사상은 신채호를 비롯한 많은 아나키스트들에게 지표가 되었다.

이 책을 쓰는 이유

최근 아나키즘이 한국에 조금씩 소개되어왔으나, 그 완성자라고 할 수 있는 크로포트킨의 평전 하나 한국인이 쓴 책이 없었다는 것(당연히 그 정도로 뿌리가 얕을 수밖에 없다고 해도)이 이 책을 쓰게 된 직접적인 동기다. 나는 크로포트킨을 비롯한 아나키즘을 본격적으로 연구하기 위한 준비로 이 책을 쓴다. 가령 그의 역사관이 우리 역사에도 적용될 수 있는 것일지를 검토하기 위한 준비로 이 책을 쓴다. 그래서 신채호를 비롯한 우리 선배들의 크로포트킨 내지 아나키즘 수용을 검토할 필요가 있다.

크로포트킨과 마찬가지로 오랫동안 망명 생활을 한 신채호는 1923년 '의열단 선언'이라고 하는 「조선혁명선언」을 썼는데 그것은 아나키스트들의 민족해방운동론이기도 했다. 신채호는 그 전부터 크로포트킨의 영향을 받은 아나키스트였다. 그러나 종래 신채호는 주로 민족주의자로만 알려졌고 아나키스트라는 점은 무시되었다. 그 자신이 민족주의자에서 아나키스트로 바뀐 것을 당연히 중시해야 함에도 불구하고 그 점을 일탈이나 실수로 보는 견해도 있었다. 그러나 그가 아나키즘을 선택한 것은 그것이야말로 민족해방에 가장 긴요한 사상이자 민족해방을 이룬 뒤에는 반드시 범세계적으로 달성해야 할 이상이라고 믿었기 때문이다.

의열단은 1919년 11월 만주 길림성(吉林省)에서 김원봉(金元鳳, 1898~1958) 등 한국독립운동자 13명이 조직한 독립운동단체다. 김원봉과 김구(金九, 1876~1949)는 물과 기름처럼 달랐으나 서로의 존재를 인정하고 존중하면서 독립운동을 이끌어나갔다. 김구는 아름다운 나라를 꿈꾸었지만, 박정희나 김일성은 쌀밥에 고깃국을 꿈꾸었고, 적어도 남한에서는 그 꿈이 이루어진 듯하다. 박정희 집권 이후 반세기 동안 우리는 경제라는 말만 듣고 살았다. 한때 일본인을 조롱한 말이었던 '이코노믹 애니멀'이 바로 우리의 이름이 됐다. 그 말에 부끄러워하기는커녕 누구나 자랑스러워하게 됐다. 쌀밥에 고깃국을 아무리 좋아해도 그렇지, 그것을 위해 우리는 모든 것을 바치는 광신자가 됐다. 그 경제를 위해 우리는 자유도, 자치도, 자연도 모두 희생했다. 간단히 말하면 물질을 위해 정신을 악마에게 팔았다.

남북한 모두 유례없이 강력한 중앙집권국가를 만들어 유례없이 천박한 근본주의적 자본주의와 공산주의를 신봉하면서 철저히 획일적인 사고와 생활, 신앙과 교육, 도시와 지역 등을 낳았다. 그래서 남북한은 그 정신이나 사회의 구조가 지극히 유사하다. 획일적인 아파트와 자동차용 대로의 도시도 지극히 유사하다. 그러니 어쩌면 통일도 대단히 쉽고 통일이 돼도 별로 문제가 없을지 모른다. 우리가 옛날부터 그러했는지, 원래는 그렇지 않았는데 최근에 그렇게 바뀐 것인지는 알 수 없으나, 바뀐 것이라고 해도 그리 크게 바뀐 것은 아닌 듯하다. 심지어 석학으로 추앙받는 어느 철학자는 남북한이 모두 유교를 믿기에, 즉 유교자본주의와 유교공산주의를 믿기에 통일이 손쉽다고도 했다지만 의문이다.

지난 반세기 이상 우리는 통일을 외치면서도 통일을 이루지 못했다. 과도한 군사비 지출로 경제에 악영향을 끼친 측면도 무시할 수 없지만 무엇보다 가슴 아픈 점은 6·25전쟁과 반세기나 만나지 못한 이산가족의 존재다. 다른 민족 사이에서도 일어나기 힘든 비극을 같은 민족끼리 태연스럽게 자행했다. 남북한 정치가는 물론, 지식인은 물론, 한반도에 사는 사람들 모두 반성해야 한다. 무엇을 반성해야 하는가? 무엇이 우리의 문제인가? 언제나 유일해야 하는 강력한 권력을 둘러싼 투쟁이 문제다.

대체 그것은 언제부터 이 땅에서 시작됐을까? 양반이니 상놈이니 하는 계급을 만들고 그 양반들이 끝없는 권력투쟁을 벌여온 것을 우리는 역사라고 받들었다. 자본가니 노동자의 계급투쟁이니 하는 것도 마찬가지 아닌가? 모두 미친 짓이 아닌가? 답은 의외로 간단하다. 미치지 않기 위해서는 정신을 차려야 한다. 물질과 경제를 악마에게 돌려주어야 한다. 그것이 예수와 부처, 공자와 마호메트의 가르침이었다. 그 밖에 인류의 스승이라는 사람들이 다 그렇게 가르쳤다. 크로포트킨도 그중 한 사람이었다. 신채호는 석가, 공자, 예수, 마르크스와 함께 크로포트킨을 인류의 5대 사상가의 한 사람으로 들었다. 그러면서 그는 크로포트킨만 믿었다.

『러시아문학의 이상과 현실』

나는 이 책에서 크로포트킨의 생애와 사상을 시대순으로 다룰 것이지만 그 전에 크로포트킨의 책 중에서 그다지 중시되지 않았던 『러시아문학의 이상과 현실』을 언급하고 싶다. 그 책이 회자되지 않는 이유로 '아나키스트인 크로포트킨의 아나키즘을 보여주는 책이 아니'라는 점을 들 수 있으리라. 그러나 나의 생각은 다르다. 비록 크로포트킨의 아나키즘을 직접적으로 보여주지는 않지만, 그의 체취와 분위기만큼은 가장 잘 느끼게 해준다. 그래서 나는 그 책을 좋아하고, 그 책 이야기로 글을 시작해야겠다고 마음먹었다. 또 한편으로는 그의 삶을 보기 전에 러시아에 대한 이해가 필요하다고 생각했기 때문이다. 한 나라를 이해하는 좋은 방법으로 문학작품 읽기만 한 것 또한 없지 않은가?

크로포트킨이 1901년 미국을 방문했을 때도 그러했다. 당시의 유럽이나 미국에서는 정치·사회 문제가 문학이 아닌 분야의 글로 다루어졌지만 그런 글을 쓰기 어려웠던 러시아에서는 곧잘 문학으로 소화되었다. 러시아에는 의회와 같은 사회적 발언의 공간이 없고, 검열제도로 인해 사회적 비평의 지면도 거의 없었으므로 문학이라는 장르가 오롯하게 그 역할을 맡아야 했다. 따라서 크로포트킨도 보스턴에서 자신의 아나키즘이나 러시아의 정치·경제 문제를 이야기하기보다 '러시아문학의 이상과 현실'이라는 제목으로 강의했을 터다. 내가 한국의 독자들에게 크로포트킨에 대한 이야기를 시작하려는 지금 그 이야기부터 꺼내는 배경이기도 하다.

'러시아문학의 이상과 현실'이라는 강의 내용은 1905년 뉴욕에서 책으로 나왔다가 1916년 개정되어 런던에서 다시 출판되었다. 그 전후로 크로포트킨이 러시아문학에 관해 책을 쓴 적은 없다. 그러나 뒤에서 보듯이 그는 어린 시절부터 문학소년이었고 평생 문학에 관심을 기울였다. 귀족 출신으로서 군인의 길을 가게 된 그가 귀족이라는 출신 성분과 직업군인의 길에서 벗어날 수 있었던 것도 어린 시절부터 읽은 문학 덕분이었다. 말하자면 '문학에 의해 인간이 된 것' '문학에 의해 아나키스트가 된 것'이다. 모든 아나키스트가 반드시 그렇다고는 할 수 없으나 아나키즘과 예술의 관련은 부정할 수 없다. 아나키즘이 비현실적이며 다분히 예술적이라고 비난받는 데서도 그런 관련성을 인정하게 되지만, 긍정적인 측면에서도 그와 비슷한 관계성이 인정될 수 있다.

크로포트킨 개인이 문학에 의해 인간이 됐듯이 그가 살았던 러시아라는 나라도 문학에 의해 인간이 살 수 있는 사회가 되었다. 러시아에서 문학이 본격적으로 꽃핀 것은 19세기부터다. 19세기 이전의 러시아는 차르라는 독재자와 그 하수인인 귀족들이 지배하는 비인간적인 사회였다. 그런 사회를 인간적인 사회로 만든 것이 문학을 비롯한 예술이었다. 아니 인간적인 사회로 만든 유일한 것이 문학을 비롯한 예술이었다.

크로포트킨이 1901년 러시아문학에 대해 강연할 즈음 영어로 완역된 작품을 가진 러시아 작가는 서너 명밖에 없었다. 그래서 대다수 중요한 작품들을 그가 직접 영어로 번역해야 했다. 그중에는 『이고르 원정기』, 푸시킨(Alexander Pushkin, 1799~1837)의 『예브게니 오네긴』, 톨스토이의 『카자크인들』 등이 포함됐다. 그 번역서들은 출판되지는 않았으나 크로포트킨이 최초로 번역한 것들이다.

21세기 한국에 소개된 러시아문학은 그 백 년 전쯤의 영어권과는 비교도 될 수 없을 정도지만 일반적으로는 여전히 잘 알려지지 않았다. 그 점을 고려하여 크로포트킨의 강의에 따라 러시아문학을 소개하면서 독자들에게 러시아에 대한 일반적인 설명을 덧붙이려 한다.

『러시아문학의 이상과 현실』은 원래 『*Ideals and Realities in Russian Literature*』라는 제목으로 1905년에 나왔으나, 2011년에 나온 우리말 번역의 대본은 그 영어판을 러시아어로 번역하여 1955년에 러시아에서 나온 것이다. 영어판과 러시아판의 내용은 조금씩 다르다. 대체로 러시아판에는 영어판에 나오는 내용을 생략한 부분이 많지만 반대로 설명을 추가한 부분도 있다.

그런데 우리말 번역서의 앞뒤에 있는 역자 해설 어디에도 아나키즘이라는 말이 나오지 않아 놀랍다. 대신 그가 "'자유와 정의'라는 이상의 실현을 위해 충실하게 헌신적으로 싸웠"(러시아 3)다고 하면서 그 책의 내용을 '자유애호사상'이라고 정리했다. 이런 해석은 크로포트킨을 자유주의자로 보이게 한다. 즉 한국 극우 보수세력이 강조하는 식의 자유주의자로 오해할 여지가 생긴다는 뜻인데, 이는 그야말로 언어도단

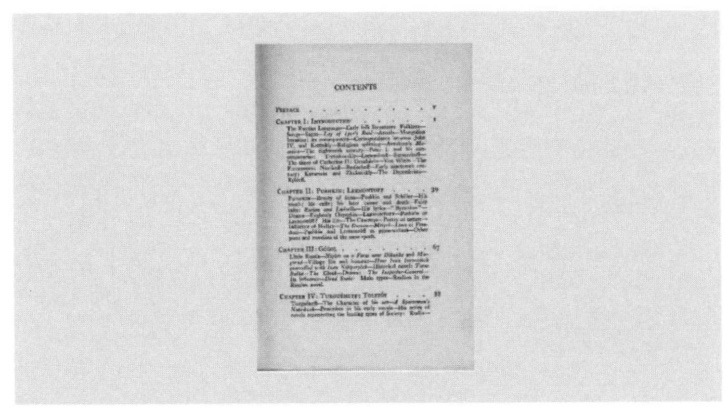

1905년 뉴욕에서 책으로 나온 『러시아문학의 이상과 현실』 차례 페이지.

이다. 게다가 한글 번역본에는 오역이 많다. 가령 크로포트킨이 톨스토이가 "누구나 접할 수 있는 예술작품으로 지금까지도 성서를 대체할 수 있는 것이 없다"고 한 것을 반대로 "왜 성서는 오늘날까지 예술작품을 능가하지 못하는가?"(러시아 353)라고 반대로 해석하는 식이다.

톨스토이는 1910년에 죽었다. 크로포트킨은 1874년에 체포되기 전까지 러시아에 있었기에 톨스토이를 만나볼 수도 있었지만, 실제로 만나지는 못했다. 그 뒤로는 1917년까지 망명생활을 했기 때문에 만날 수 없었을 것이다. 그 사이 1897년에 크로포트킨이 캐나다에서 아나키즘 강연을 했을 때, 톨스토이는 크로포트킨에게 당시 러시아에서 핍박을 받은 두호보르파(Doukhobors)[9]가 이주할 수 있는 캐나다 지역을 알려달라는 내용의 편지를 보냈고, 이에 대해 크로포트킨은 답장을 썼다. 두호보르파는 러시아 정교의 한 분파로, 교회가 아닌 신앙을 중심으로 한 개혁을 주장하고 국가를 부정하며 군국주의와 전쟁에도 반대해 정부와 교회의 탄압을 받았다.

러시아문학의 특징

우리말 번역에서는 제외된 영어판 서문에 주목해보자. 먼저 1905년 판 서문에서 크로포트킨은 러시아문학의 특징을 "거의 모든 사회문제나 정치문제를 시나 소설이나 연극 등의 예술 영역 속에 포함하는 것"이라고 지적하면서, 사회문제나 정치문제를 주로 정치적 논문에서 다루는 서양과 다르다고 했다. 그래서 문학이 "러시아에서만큼 유력한 지위를 차지하는 나라는 없다. 다음 세대의 지적 발달에 대해 러시아문학만큼 심각하고 직접적인 영향을 주는 것은 없다"라고 하면서 그 이유를 "러시아에는 공개된 정치생활이라는 것이 전혀 없고, 농노제가 폐지된 당시의 몇 년을 제외하면 러시아 민중이 직접 자국의 여러 가지 사회제도를 만드는 데 적극적으로 참가할 수 없었”기 때문이라고 한다(*Russian* xi-xii).

이어 1916년의 신판 서문에서 그는 “서유럽 독자가 러시아문학을 읽으면 거기에는 슬픔만 있고, 인생의 즐거움이나 세상살이의 행복이 묘사되어 있지 않음을 통감하는 것”이 보통이지만 실은 이 점이 러시아문학의 특징이라고 했다. 학살과 노예화를 초래한 외국의 침략, 끝없는 대초원과 삼림 같은 엄혹한 자연과 싸우기, 농노제, 그리고 러시아의 시인이나 소설가들의 투옥과 유형과 고역을 그 배경으로 들면서 “참된 행복이란 인류의 높은 발전단계에 도달하고자 노력할 때 비로소 얻어진다”는 신념을 강조하는 점 역시 러시아문학의 또 다른 특징이라고 말했다. 그러고는 톨스토이의 인도주의야말로 이 모든 것을 총괄한다고 결론짓는다(*Russian* vi-vii).

따라서 크로포트킨은 톨스토이를 가장 중요하게 다룬다. 책 전체의 6분의 1 정도에 걸쳐 그의 작품을 해설할 뿐 아니라 흔히 톨스토이 작품 가운데서 무시되는『예술은 무엇인가?』를 별도로 상세히 다루었을 정도다. 크로포트킨은 톨스토이가 주장한 ‘사회에 봉사하는 예술’에 적극적으로 찬성하는 반면 ‘예술을 위한 예술’에는 적극적으로 반대했다.

크로포트킨은 제1장에서 그런 문학을 창조한 푸시킨, 고골, 투르게네프, 톨스토이 등의 작품이 러시아에서 널리 읽힌다고 말한다. 여기서 우리는 도스토옙스키가 제외되었다는 데 주목해야 한다. 흔히 '톨스토이냐, 도스토옙스키냐' 하는 식으로 비교되는 도스토옙스키를 크로포트킨은 그리 중시하지 않는다. 한편 러시아문학의 고전들이 수백만 부[10]나 시골까지 보급되었다고 한 것으로 미루어 러시아의 독서열은 19세기부터 왕성했음을 알 수 있다. 춥고 어두운, 긴 겨울 때문이었는지도 모른다.

조국(祖國)전쟁과 데카브리스트

크로포트킨의 러시아문학사 중에서 19세기 초의 러시아원정, 즉 '조국전쟁'[11]과 흔히 12월 당원이라 일컫는 '데카브리스트'를 설명할 필요가 있다. 모두가 크로포트킨에게 큰 영향을 끼쳤기 때문이다. 사실 이 두 가지 사건은 크로포트킨뿐만 아니라 러시아인 모두에게 엄청난 영향을 미쳤는데, 특히 조국전쟁에서의 승리는 러시아 민족의 애국심을 한껏 고취했다. 한편 데카브리스트의 난은 1825년 12월[12] 유럽의 급진적인 자유주의사상에 영향을 받은 러시아제국의 일부 청년 장교들이 입헌군주제의 실현을 목표로 일으킨 것이다.

크로포트킨은 데카브리스트를 설명하면서 톨스토이가
『전쟁과 평화』에 묘사한 피에르를 그 전형으로 언급한다. 피
에르처럼 데카브리스트들은 휴머니즘에 충만하여 농노제를
증오하고 입헌군주제를 옹호했는데, 파벨 페스텔(Pavel Pestel,
1793~1826) 같은 소수는 고대 러시아의 '공화주의적 연합주
의'[13]로 복귀해야 한다고 주장하기도 했다. 크로포트킨은 이
를 아나키즘과 유사한 것으로 본다. 그러나 사전에 계획이 탄
로 나면서 봉기는 쉽게 진압되었고, 임시정부의 권력자로 예정
되었던 세르게이 트루베츠코이 공작은 도망쳤다. 니콜라이 1
세는 직접 이 사건을 조사하여 121명의 데카브리스트를 재판
에 회부했다. 그중 파벨 페스텔을 비롯한 5명은 1826년 7월 25
일에 처형당했고, 31명은 감옥에 갇혔으며, 나머지는 시베리아
로 유배되어 1856년까지 그곳에 머물러야 했다.

유배지의 하나인 이르쿠츠크는 그들의 영향으로 문화, 예
술 등이 발전해 오늘날 '시베리아의 파리'로 불릴 만큼 아름다
운 도시가 되었다. 이르쿠츠크 버스터미널 근처에 데카브리스
트 중 한 명인 볼콘스키 공작이 살았던 저택을 복원한 박물
관이 있다. 볼콘스키 공작은 톨스토이의 친척으로 소설『전쟁
과 평화』의 인물 '안드레이 볼콘스키'의 모델이기도 하다.

데카브리스트 사건 이후 정부는 냉혹한 반동으로 돌아섰

다. 이후 전제주의와 정교회의 러시아가 서유럽보다 우월하다
는 민족주체성을 강조하는 관제 국민주의가 러시아를 지배했
다. 특히 학교교육에 대해 그러했다. 1819년에는 모든 대학에
신학과가 개설되고, 신학강좌가 열렸다. 그러나 봉건 농노제의
위기는 더욱 노골적으로 가시화되었고, 자본주의의 발전으로
30년대 후반부터 철도 건설이 본격화되었으며, 1851년에는 모
스크바–상트페테르부르크 사이에 철도가 개설되었다. 크로
포트킨이 태어나고 9년 뒤였다. 이제부터 크로포트킨의 출생
과 성장과정을 따라가보자.

2장

소년 사관생도 크로포트킨
1842~1862

모스크바의 크로포트킨

모스크바의 중심인 크렘린(Kremlin) 뒤에는 서울의 대학로처럼 젊은이들이 붐비는 아르바트(Arbat)라는 거리가 있다. 모스크바에서 가장 오래된 거리로, 러시아의 문호인 푸시킨, 고골, 게르첸, 레르몬토프, 투르게네프 등이 여기서 어린 시절을 보냈다. 아나톨리 리바코프(Anatoly Rybakov, 1911~1998)의 소설 『아르바트의 아이들』로 우리에게 널리 알려진 곳이기도 하다 (1960년대에 쓴 소설이지만 1987년에야 출판되었다). 스탈린 치하에서 인간의 희망이 어떻게 파괴되는지를 보여주는 이 소설은 밀란 쿤데라(Milan Kundera, 1929~)의 첫 작품 『농담』처럼 어둡기 짝이 없다.

아르바트 옆 스타라야 코뉴세나야(Stáraya Konyúshennaya, 이하 스타라야라고 함)가는 매우 조용한 동네로, 크로포트킨이 자서전에서 '파리의 생제르맹 같은 지역'이라 말한 곳이다(자서전 54). 지금 생제르맹(Saint Germain)은 장 폴 사르트르나 시몬 드 보부아르 등이 자주 드나든 카페를 비롯하여 유명한 카페들이 많고 또 갤러리와 출판사가 즐비한 거리로 유명하다. 그러나 19세기 크로포트킨에게 그곳은 1021년에 세워져 파리에서 가장 오래된 성당인 '생제르맹 데 프레 성당(Église Saint Germain des Prés)'과 함께 1838년에 문을 연 세계 최초의 백화점인 '르 봉 마르쉐(Le Bon Marché)'가 있어서 과거와 현재가 공존하는 조용한 부르주아 거리였다. 오랜 망명생활 동안 가끔 들른 파리에서 그곳을 찾아 향수를 달래곤 했을 귀족 출신 크로포트킨의 모습이 떠오른다.

러시아 귀족들이 프랑스 말을 쓰고 프랑스 요리를 즐겼던 모습은 19세기 러시아소설에서 흔히 볼 수 있는 장면이다. 특히 스타라야에 살았던 자들은 그곳을 생제르맹이라고 착각했을 만큼 사치스러웠다. 지금은 크로포트킨가라고 불리는 거리 끝쯤에 그의 생가가 그대로 남아 있다. 이 건물은 현재 팔레스타인 대사관으로 쓰이는데, 크로포트킨 사후엔 그의 기넘관으로 사용되다가 1938년 크로포트킨의 아내가 사망한 뒤 영국 대사관과 미국 대사관 직원들의 자녀를 위한 학교로 이용되기도 했다.

그 거리에는 내가 자주 찾는 톨스토이 박물관도 있다. 톨스토이는 1828년생이니 크로포트킨보다 14년 연상이다. 두 사람이 서로 존경했던 사이인 만큼 그들의 역사가 같은 거리에 있다는 것은 반가운 일이다. 그러나 친구였던 두 사람 중 한 사람은 위대한 작가로 존경받으며 생가를 비롯하여 여러 박물관에서 기념되는 반면, 다른 한 사람은 생가조차 외국 대사관으로 사용된다는 점에 가슴이 쓰렸다. 그나마 수천 년을 살았던 팔레스타인 땅에서 쫓겨난 사람들의 대사관이라는 점이 다행이라는 생각도 들지만 말이다.

크로포트킨은 1842년에 그곳에서 태어나 15년을 살았다. 소년기를 그곳에서 보낸 셈이다. 그 뒤 러시아의 이곳저곳을 떠돌아다니다가 34세가 된 1876년 런던으로 망명한 뒤, 다시 유럽과 아메리카의 이곳저곳을 41년간 떠돌다가 1917년, 75세 때 러시아로 돌아와 모스크바 부근의 시골에서 4년을 살다가 1921년에 79세로 죽는다. 79년의 생애 중 19년을 제외한 60년을 떠돌아다닌 삶이다. 그의 장례식에는 10월혁명 이래 가장 많은 사람이 몰렸다. 행렬에 참석한 아나키스트들은 "볼셰

엠마 골드만의 초상(1911).

비키에 반대한다"는 구호가 쓰인 깃발을 들고 행진했는데, 이는 미국의 아나키스트 정치 활동가이자 작가인 엠마 골드만(Emma Goldman, 1869~1940)과 미국으로 망명한 러시아 아나키스트 아론 바론의 연설과 함께 아나키스트들의 마지막 공개 시위가 되었다. 그의 묘지는 생가에서 그리 멀지 않은 노브데비치(Novodevichy) 공동묘지 구석에 있다. 고골, 체호프, 쇼스타코비치, 흐루쇼프, 옐친 등도 함께 잠들어 있다.

모스크바 지하철 1호선에는 크로포트킨스카야 역이 있다. 러시아혁명기 시인의 이름을 딴 마야콥스카야 역과 함께

1930년대에 만들어진 모스크바 지하철 최고의 역으로 불리는데, 그나마 이러한 점이 쓸쓸한 나의 마음을 달래준다. 역의 내부에는 전체를 은은하게 감싸면서 공중 궁전의 효과를 창출하게끔 빛이 밝음의 숨은 원천으로 활용되고 있다. 역 천장의 둥근 구멍에는 모자이크화가 그려져 있어서 신비로운 느낌마저 든다. 크로포트킨과 특별한 연관성은 없으나 그 분위기만큼은 1세기 전에 죽은 혁명가의 자유로운 영혼을 느끼게 해준다.

거리나 지하철역 이름으로도 기념되는 크로포트킨과 달리 유명한 러시아 아나키스트였던 바쿠닌은 모스크바는 물론 러시아 어디에서도 기념되지 않는다. 바쿠닌은 크로포트킨이나 톨스토이 집안보다 더 유명했던 러시아 귀족가문 출신이지만, 어려서 상트페테르부르크의 포병학교를 졸업하고 그곳 요새 감옥에 갇히는 등 모스크바보다는 상트페테르부르크와 인연이 더 깊다(그곳 요새 감옥에는 크로포트킨도 갇힌 적이 있다). 하지만 상트페테르부르크에도 바쿠닌을 기념하는 흔적은 찾아볼 수 없다.

상트페테르부르크는 모스크바와 함께 러시아의 2대 도시이지만 그 분위기는 상당히 다르다. 상트페테르부르크가 유럽풍 도시라면 모스크바는 러시아풍이다. 상트페테르부르크의 예르미타시 미술관은 유럽 걸작으로 넘쳐나지만, 모스크바의 트레차코프 미술관은 러시아 걸작들로 넘쳐난다. 모스크바가 톨스토이의 도시라면 상트페테르부르크는 도스토옙스키의 도시다. 크로포트킨과 바쿠닌도 각각 그 두 도시의 분위기와 멀지 않다. 러시아인이라는 느낌이 강한 크로포트킨과 달리 바쿠닌은 유럽인이라는 느낌이 강하다. 유럽 사상에 젖은 낭만객 바쿠닌과 달리 크로포트킨은 러시아 땅에서 자신의 사상을 찾은 과학자였다.

19세기 러시아 귀족들의 삶은 어떠했을까

크로포트킨이라는 가계는 1470년에 죽은 스몰렌스크
(Smolensk) 공작 드미트리 바실리예비치의 별명인 크로포트
카(Kropotka)에서 유래한다. 그 말은 '꼼꼼한, 면밀한, 세심한'
을 뜻하는 러시아어 'kropotlivyj'에서 나온 것으로 아마도 드
미트리 바실리예비치는 그런 사람이었던 모양이다. 그러나 후
손들이 모두 그러했는지는 알 수 없다. 크로포트킨 집안은 로
마노프 왕조(Romanovs, 1613~1917)가 등장하기 전에 러시아를
다스린 루리크 왕조(Ruriks)의 후손으로 관료나 군인 등의 공
직자들을 많이 배출했지만 로마노프 왕조 이후에는 쇠락했다

(*Woodcock* 13). 로마노프 왕조는 조선의 이씨 왕조(1392~1897)와 같은 러시아 최후의 왕조로서 통치 기간은 304년이다. 조선 왕조의 505년에 비하면 훨씬 짧다.

크로포트킨에 의하면 예술가 기질이 있는 할머니와 할아버지의 결혼으로 자기 세대에 '문학적 재능'이 집안의 특질이 되었다고 한다(자서전 59). 반면 크로포트킨의 아버지는 문학을 멸시한 군인이었다. 하지만 그 역시 당시 군인들처럼 '군복에만 집착'하고 실제 전투에는 참가하지 않았다(자서전 61)고 하니 군인이라고 할 수 있을지도 의문이다. 군인들이 그 모양이었으니 러일전쟁 등에서 패한 것도 당연한 일 아닐까?

크로포트킨의 아버지 알렉세이 페트로비치 크로포트킨(Alexey Petrovich Kropotkin, 1805~1871) 때부터 크로포트킨 가족은 '모스크바강 건너'[14] 지구에 살았다. 모스크바강은 한강보다 강폭이 좁아 얼마든지 다리로 건널 수 있다. 강을 중심으로 남북으로 나누어지고 그 강북과 강남은 경제적으로도 차이가 나지만 서울과는 반대로 강북이 부유하다. 크로포트킨 가족이 산 곳도 당연히 강북이었다.

모스크바에서 가장 유명한 크렘린은 우리에게 흔히 음험한 '공산독재 소련의 지옥 본부'처럼 알려졌지만, 원래 그 뜻은 '성채'이다. 모스크바는 크렘린성채를 중심으로 한 원형 도시

1890년대경 모스크바의 크렘린.

다. 크렘린에는 여러 개의 성당과 정부 건물이 있는데, 러시아 혁명 전의 크렘린성채는 교회와 국가의 요새로서 정교유착의 전형을 보여준다. 그 뒤에 있는 귀족 마을은 당연히 크렘린성채의 비호를 받았다. 골목마다 경찰 초소가 있었고 교회에 딸린 작은 상점 외에는 어떤 영업도 불가능했다. 깨끗하고 조용하며 미로 같은 스트라야 거리에는 전통적으로 귀족들이 살았다.

귀족들은 하나 같이 "번쩍이는 녹색 철판 지붕"과 화려한 "둥근 기둥과 현관"(자서전 53)이 특징인 페인트칠한 목조의 획일적인 단층 건물에 자신들의 계급장을 표시한 금색 문패를 달았다. 낮에는 너무 조용했으나 밤이면 휘황찬란하게 불을 밝히고 밤새 카드놀이를 하거나 왈츠를 추었다. 추운 겨울에도 창문을 열어놓고 밖에서 남들이 그걸 보게 했을 정도다. 그만큼 그들의 과시욕은 대단했다. 과시 외에 다른 것에는 흥미가 없을 정도의 유한 속물 계급이었다.

그 저택에는 주인 식구에게 봉사하는 하인들이 많았다. 가령 크로포트킨 가족은 8명이었으나 하인은 50명이었다. 주인 가족을 위한 요리사가 3명, 하인들을 위한 요리사가 2명, 식사할 때 주인집 식구 각자의 뒤에 서서 시중드는 하인이 12명, 식구가 타는 열두 마리 말을 돌보는 마부가 4명, 기타 무수한 하녀들이 있었다. 8명이 식사를 하는데 12명의 하인이 그 뒤에 도열해 식구들을 보살피는 꼴을 상상해보라. 그러나 그 정도로는 충분하지 않았던 모양이다. 당시 지주들은 집에서 사용하는 모든 것을 하인더러 직접 만들라고 했다. 따라서 하인들의 자녀는 모두 열 살만 되면 그런 일을 배우는 도제가 되었다. 그들은 일터에서 5~6년간 끊임없이 매를 맞으며 일을 배웠다.

도시의 저택도 거대하고 화려했으나 더 큰 재산은 당시 러시아 땅이었던 바르샤바 부근 시골의 영지에 있었다. 크로포트킨 가문은 조상 대대로 모스크바에서 약 200킬로미터 떨어진 랴잔주의 우루소보(Urúsovo)에 거대한 영지를 소유했다. 그곳은 "울창한 삼림, 굽이치는 강, 끝없이 펼쳐진 초원의 아름다움에 누구나 마음이 끌리지 않을 수 없었다"(자서전 58-59). 그 영지에도 물론 거대한 저택이 있고 하인들이 있었다. 크로포트킨의 아버지는 세 지역에 1,200여 명의 농노와 그들에게 소작으로 준 넓은 토지를 소유했다. 농노의 수에는 남자만 포함됐고 여자는 제외됐으니 실제 수는 그 두 배 이상이었으리라. 이런 끔찍한 나라에서 공산주의 혁명이 일어나는 것은 지극히 당연한 일 아니겠는가?

영지로 가는 행렬도 요란했다. 악단 단원, 요리사와 그 조수, 세탁부와 그 조수 등등이 동행했다. 주인 가족보다 먼저 떠나는 하인들은 6백 리(240킬로미터) 길을 일주일 동안 걸어갔다. 반면 주인 가족은 마차를 타고 갔다. 말을 먹이기 위해 하루 두 번씩 멈추었는데, 아름다운 길에는 구경거리가 많았다. 짐을 가득 실은 마차 행렬과 순례자들과 다양한 일을 하는 사람들이 보였고(자서전 95), 숲도 있었다. 크로포트킨은 "이 숲에서 자연에 대한 사랑, 그 부단한 생명력에 관한 최초의 관념이 희미하게 생겨났다"(자서전 97)고 말했지만, 그 주변에 사는 처참한 농노들을 생각하면 이런 관심과 애정은 사치라는 생각도 든다.

그렇다고 해서 귀족의 자제인 크로포트킨이 농노제하의 농노나 하인들의 처지를 충분히 이해한 것까지 부정할 필요는 없다. 훗날 그는 "러시아 농민들이 여러 세기 동안 잔혹한 압제 밑에서 고통을 겪으면서도 그 가슴 속에는 한없는 선량함을 지니고 있다는 것을 아는 사람이 거의 없었다"(자서전 99)고 썼다. 그러나 어린 크로포트킨의 마음에도 그런 이해가 가능했을지는 의문이다. 도리어 당시에는 귀족의 철없고 교만한 어린 아들이지 않았을까? 여하튼 어린 시절부터 대단한 인류애를 가졌다는 식으로 과장할 필요는 없다. 그런 식으로 쓴 전기를 보면 역겹다. 어린아이들은 누구나 마찬가지로 유치하게 마련 아닌가?

출생, 그리고 이별

크로포트킨은 1842년 11월 27일[15]에 태어났다. 위에서 보았듯이 러시아 최고 귀족의 아들로 태어났으나 그의 어린 시절은 행복하지 못했다. 크로포트킨은 『자서전』에서 앓아누운 어머니의 방에 불려갔던 일을 생애 최초의 기억이라고 적었다.

어머니는 폐병으로 위독했다. 나이는 겨우 서른다섯 살이었다. 가망이 없는 어머니는 죽기 전에 우리가 천진하게 떠드는 모습을 보면서 마지막 행복을 느껴보고 싶어서 침대 옆에 자그마한 다과상을 차려놓으셨다. 나는 아직도 그 창백하게 여원 얼굴과 기미가 낀 눈언저리를 기억하고 있다(자서전 56).

그날 밤 서른다섯 살밖에 안 된 어머니는 죽는다. 크로포트킨의 나이가 네 살이었던 1846년의 일이다. 당시 귀족 집안의 아이들은 생후 몇 달 만에 어머니와 격리되어 유모와 하녀들 손에서 자랐는데, 크로포트킨을 비롯한 형제들은 어머니의 임종도 보지 못한다. 그가 『자서전』에 묘사한 어머니의 모습은 "검은 눈, 꼭 다문 입 그리고 칠흑같이 검붉은 머리칼을 지닌 훤칠한 여인"이다(자서전 63). 카자크족 장군의 딸인 어머니는 춤을 좋아해 무도회에 갔다가 감기에 걸렸고 그것이 폐렴으로 발전해 죽는다. 군인의 딸로 자란 어머니는 문화적 소양이 풍부하고 하인들에게도 친절한 사람이었다. 크로포트킨은 어머니가 세상을 떠난 몇 해 뒤 별장에서 어머니의 수첩을 발견한다. 거기엔 일상의 감상들과 당시 독서가 금지되었던 릴레예프(Kondratiev Fyodorovich Ryleev, 1795~1826)[16]의 서사시 등이 필사되어 있었다.

어머니가 죽은 뒤 2년간의 시간을 크로포트킨은 기억하지 못한다. 그가 "얼굴을 거의 보지 못했다"(자서전 57)고 한 군인 출신 귀족이었던 아버지는 속물적인 권위주의자에 포악한 사람이었다. 하인들이 조금만 실수해도 마구 때렸고, 큰 실수를

크로포트킨의 어머니 에카테리나 니콜라예보나 크로포트킨의 초상화.

저지르면 아예 군대에 보내버렸으며, 이익이 된다고 판단되면 억지로 결혼도 시킬 정도로 비열했다. 자신의 자식을 포함한 아이들에게도 마구 손찌검을 했고, 자녀들이 하인의 아이들들과 노는 것을 엄금했다. 이런 아버지를 보면 크로포트킨의 아나키즘이 아버지에 대한 반항에서 비롯된 것 같다고 짐작할 수도 있지만, 크로포트킨 자신은 그런 이야기를 한 적이 없다. 사실 그의 아버지는 당시 러시아 아버지들의 일반적인 모습이었다. 그러니 그가 특별했다고는 볼 수 없다.

크로포트킨이 『자서전』에 실감나게 묘사한 농노제의 참상

은 21세기 초 한국인에게는 몰라도 19세기 말부터 20세기 초
엽에 이른 한반도 백성에게도 마찬가지였을 것이다. 19세기 초
러시아에는 의무병역제도가 없었고 귀족과 상인은 병역을 면
제받았다. 조선시대에 양반이 그러했듯이 말이다. 대신 러시
아에서는 신병 징집이 있으면 농노 가운데 몇 명을 지주가 차
출했다. 당시의 병역은 25년간이나 근무하는 것이어서 다시는
고향 땅을 밟지 못하게 되는 참으로 참혹한 것이었다. 사소한
잘못에 대해서도 사관의 구타, 채찍질, 몽둥이질이 가해졌다.
집에서는 귀족이, 군에서는 그 귀족의 자제인 사관으로부터
폭행을 당한 것이다.

어머니가 죽고 2년 뒤인 1848년에 아버지는 재혼한다. 역시
군인의 딸이었던 계모 코란디나는 하인들은 물론 아이들에게
도 포악했다. 크로포트킨은 그런 포악함 속에서 자랐다. 크로
포트킨 위로는 큰형 니콜라이, 누나 엘레나, 그리고 작은형 알
렉산드르(Alexander Kropotkin, 1841~1890)가 있었다. 크로포
트킨은 그중에서 특히 알렉산드르를 어려서부터 평생 따랐으
나 다른 형제자매는 거의 본 적도 없었다. "아마 둘 다 학교에
가고 없었던 것 같다."(자서전 57) 아무리 그래도 그렇지,『자서
전』에 다른 형제에 대한 이야기가 전혀 나오지 않는다니, 이
상하기 짝이 없다.

가정교사에게 교육을 받다

알렉산드르와 크로포트킨은 각각 1852년, 1853년에 귀족 자제를 위한 소년사관학교[17]에 입학할 때까지 스타라야 집에서 프랑스인 가정교사들에게 배운다. 나폴레옹 군대가 러시아 침략전쟁에서 패배한 뒤 러시아에 잔류한 그들은 주로 러시아 귀족 자제의 가정교사로 고용되었다. 그들은 주로 아이들에게 암기를 강요했는데, 만일 배운 것을 제대로 외우지 못하면 매질을 일삼곤 했다. 타고난 군대 체질이었던 것이다(자서전 66). 두 형제는 법률 암기에 서툴렀는데, 이때의 경험이 훗날 법학을 '노골적으로 경멸'하게 만든 것 같다(자서전 68). 그러고는 저녁이면 러시아인 대학생에게 러시아어와 문학을 배웠는데, 마침 그 학생이 친구들을 위해 고골과 푸시킨의 작품을 필사하는 바람에 크로포트킨도 그 일을 도우면서 러시아문학의 맛을 보게 되었다. 특히 고골의 작품에 강한 인상을 받아 그것을 모방하는 습작도 쓰고, 저명한 배우들이 출연한 고골의 희곡 「감찰관」의 공연을 보거나 발레 공연도 즐겨 보았다.

당시 크로포트킨은 푸시킨의 운문소설 『예브게니 오네긴』의 사랑 이야기엔 큰 감동을 받지 못했지만 아름답고 소박한 시풍만큼은 좋아했다. 이 느낌을 그는 『러시아문학의 이상과 현실』에서 "문체의 탁월성과 간결성, 그리고 다양한 묘사와 생생한 표현을 볼 수 있지만 심오하고 고상한 사상은 없다"(*Russian* 52)고 평했는데, 대단히 적확한 평가라고 할 수 있다.

1799년에 태어나 1837년에 죽은 푸시킨은 모스크바의 귀족 집안에서 태어났다. 그에겐 모계로 흑인(지중해 인종)의 피가 흐르고 있었는데, 크로포트킨은 이 점이 푸시킨에게 생동감을 주었다고 본다. 곱슬머리와 검은 피부를 가진 푸시킨도 자신의 몸속에 에티오피아 지중해의 피가 흐르고 있음을 항상 자랑스럽게 여겼다. 그는 데카브리스트들의 친구였으나 그들의 반란이 터졌을 때 마침 시골에 머물던 참이어서 시베리아 유형을 면하게 된다.

한편 푸카초프(Yemelyan Pugachev, 1742~1775)의 반란을 다룬 푸시킨의 『대위의 딸』(1836)은 어린 크로포트킨을 매혹한다. 푸가초프의 난은 예카테리나 2세 치하의 러시아에서 일어난 농민반란(1773~1775)이었다. 당시에 지주 귀족의 농민지배가 강화되자 카자크 출신의 푸가초프는 스스로 표트르 3세를 참칭하고, 농노해방과 인두세 폐지 등을 요구하며 농민반란을 일으켰다. 반란은 볼가강과 우랄산맥까지 확대되어, 17세기에 차르의 전제에 반대해 스텐카 라진(Stenka Razin, 1630~1671)이 일으킨 반란(1667~1671)[18] 이상의 규모가 되었으나, 조직과 계획의 결함 및 장비 부족으로 정부군에 패하고 푸가초프는 체포되어 1775년에 사형당한다. 푸가초프 농민반란의 주요한 원인이 사회 정치 경제적 불만과 억압이라고 본 푸시킨은 반란의 진정한 주도 세력이 카자크 농민들을 비롯한 민중이며, 그 주동자인 푸가초프는 그들의 불만을 하나로 모아 황제 정부를 폭력으로 위협한 폭도나 강도의 두목에 불과한 인물로 보았다. 푸시킨이 개척한 러시아 리얼리즘의 길을 확립한 고골은 푸시킨의 『대위의 딸』을 "가장 뛰어난 러시아 산문 문학"이자 "사실보다 더 사실적이고, 진실보다 더 진실한" 명작이라고 평가한다. 그런 내용의 『대위의 딸』은 어린 크로포트킨에게 정

자포리자 카자크가 터키의 술탄에게 편지를 쓰고 있다. 일리야 레핀 작(1844~1930)

의감과 함께 세상을 보는 눈을 심어주었을 것임에 틀림없다. 나도 어린 시절에 수많은 소설을 읽었지만 『대위의 딸』만큼 재미있고 감동적인 소설은 다시없었다. 크로포트킨의 아나키즘은 『대위의 딸』을 읽은 어린 시절부터 시작되었다고 해도 과언이 아니다. 스텐카 라진과 푸가초프의 반란은 러시아 아나키즘과 사회주의의 거대한 뿌리였다.

어린 크로포트킨은 1612년의 대반란을 다룬 러시아 소설가 자고스킨(Mikhail Zagoskin, 1789~1852)의 『유리 밀로슬라브스키, 혹은 1612년의 러시아인』(1829)이나 프랑스 소설가 알렉상드르 뒤마(Alexandre Dumas, 1802~1870)의 『왕비 마고』를 비롯한 역사소설들을 통해서도 역사에 흥미를 느꼈다. 자고스킨은 러시아의 19세기 소설가 중 처음으로 폭넓은 인기를 누린 작가로, 1612년에 러시아가 유리 밀로슬라브스키를 중심으로 폴란드군을 물리친 전투를 다룬 그의 소설은 민족주의 정신의 노골적인 표출로 대중의 인기를 얻었다.

어린 크로포트킨은 네크라소프(Nikolay Nekrasov, 1821~1878)의 시를 즐겨 암송하기도 했다. 네크라소프가 농민을 노래한 시가 "젊은 시절 나의 개인적인 발전에 지대한 역할을 했다"(*Russian* 192)고 고백하면서 크로포트킨은 "자유의 숨결이 퍼져나가기만 한다면 러시아에 진정 사람들이 살아 있으며 위대한 미래가 가능하다는 것을 보여줄 수 있다”는 그의 마음이 작품에 녹아 있다고 말했다(*Russian* 195). “슬픔도 노여움도 없는 자는 조국을 사랑하고 있지 않다”는 구절로 유명한 네크라소프는 농민들의 슬픈 운명을 시로 써서 농노해방에 선구적 역할을 했다. 자신처럼 귀족의 가문에서 태어났으나 자기 아버지처럼 난폭하고 거친 성격을 가진 아버지가 농노를 학대하는 모습에 충격을 받았고 이를 계기로 농노의 아픔을 소재로 한 문학작품을 집필한 네크라소프에게 어린 크로포트킨은 상당히 매료되었다.

중학교 시절

크로포트킨이 처음으로 학교에 들어간 것은 1853년 11세 때다. 하지만 본래부터 예정된 바는 아니었다. 당시 러시아 귀족들의 자제는 소년사관학교에서 공부하는 것이 최우선이었다. 크로포트킨의 형인 알렉산드르는 10세 때인 1852년에 모스크바 소년사관학교에 입학했고, 크로포트킨은 15세가 된 1857년에 상트페테르부르크 소년사관학교에 입학한다. 본인의 입학과 관련된 차르와의 에피소드를 크로포트킨은 『자서전』에 상세히 기록했다. 7세 때 가면무도회에 갔다가 차르의 눈에 들어 뒤에 소년사관학교 입학을 허락받았다는 이야기인데, 나에게는 별로 흥미롭지 못해 여기에 소개하지 않았다(혹시 관심 있는 분들은 자서전을 참조하기 바란다).

크로포트킨이 중학교에 들어간 1853년, 크림 전쟁(Crimean War)이 터진다. 프랑스의 나폴레옹 3세가 가톨릭 세력의 인기를 얻고자 투르크의 술탄에게 예루살렘에 대한 가톨릭의 특권을 인정해달라고 요구한다. 그러자 당시 그리스 정교도의 비호자임을 자처했던 러시아 황제 니콜라이 1세는 서유럽이 지지하는 투르크와 대결을 선포한다. 크림 전쟁은 이렇게 시작된 제국 간의 전쟁이었다. 그러나 러시아는 오스만제국, 프랑스 제2제국, 대영제국과 사르데냐왕국이 결성한 동맹군에 패하고, 전쟁은 1856년 3월 30일 파리 조약에 의해 종결된다. 크림 전쟁은 포탄과 철도, 전보와 같은 현대 기술을 사용한 최초의 전쟁 중 하나이자 기사와 사진에 의해 최초로 기록된 전쟁이고 영국인 간호사 플로렌스 나이팅게일(Florence Nightingale, 1820~1910)이 활약한 전쟁이기도 했다.

1855년, 니콜라이 1세가 죽고 새 황제로 취임한 알렉산드르 2세는 유럽 강대국과 성공적으로 경쟁하기 위해 러시아의 후진성을 극복해야 할 필요성을 깨달았다. 그래서 전쟁이 끝난 뒤 러시아에서는 1861년의 농노해방을 비롯한 개혁이 이루어진다. 당시의 농노해방은 매우 불완전하고 엉성했지만 크로포트킨의 아버지 같은 귀족들에게는 큰 충격을 안겨준다. 크림 전쟁에는 또 다른 결과가 있었다. 영국과 프랑스의 편을 들었던 오스트리아가 중앙 유럽 문제에서 러시아의 지원을 잃음으로써 영국과 프랑스에 의존하게 되었고, 이는 1859년과 1866년 오스트리아의 패배로 이어져 이탈리아와 독일이 통일되었다는 점이다. 하지만 그 당시만 해도 사람들은 그 뒤로 독일이 1차 세계대전을 야기하고, 전후 이탈리아에서는 파시즘이 생기며, 독일에서 나치즘이 득세할 것이라고 예상하지 못했다.

크로포트킨이 모스크바 제일중학교에서 보낸 2년 동안에 가장 괄목할 만한 일은 문필에 관심을 가지고 일기를 쓰기 시작했다는 것, 그리고 형 알렉산드르와 함께 일간신문과 월간잡지를 만들었다는 점이다. 일간신문은 자신들의 일기였고, 월간잡지는 그들의 시와 단편, 번역과 논문 등을 실은 것이었다. 그러나 문학소년 시절은 1857년 소년사관학교 입학으로 끝을 맺는다. 당시 귀족의 자제들은 반드시 군인이 되어야 했기에 어려서부터 군인으로 키워졌는데, 어린 크로포트킨도 마찬가지였다. 유년 시절 아버지가 사준 유일한 장난감은 총이었고, 가정교사의 교육이나 독서 대부분도 군사적인 내용이었다. 알렉산드르와 크로포트킨은 "군대의 비리를 알게 된 뒤

군대를 혐오하게 됐으나"(자서전 79) 군인이 되기 위해 소년사
관학교에 가야 했다. 그리고 이로써 15년간 이어졌던 모스크
바의 유년 시절도 막을 내린다. 소년사관학교에서 보낸 5년은
중학시절 2년보다 두 배 정도 길지만『자서전』에 기록된 회상
을 보면 그 양이 몇 배나 더 많다. 15세부터 20세까지 사춘기
에 해당하는 시기였기에 가슴 속 말이 많았을 터이기도 하고,
상당수 대학교수가 수업을 담당했을 만큼 수준 높은 교육을
받았기 때문이기도 할 것이다. 그리고 이 교육은 크로포트킨
이 받은 마지막 교육이었다.

소년사관학교 시절

모스크바에서 상트페테르부르크로 가는 길은 백엽나무 숲속에 일직선으로 뻗은 650킬로미터 철로로 이루어졌다. 경부선이 444킬로미터, 서울에서 신의주까지의 경의선이 497킬로미터이니, 그 거리가 어느 정도인지 짐작될 터다. 그런데 기찻길이 직선이고 게다가 주변은 온통 백엽나무 숲이라니 상상이 잘 안 된다. 아니 상상이 된다고 해도 실제로 보지 않으면 알 수 없다. 나도 그랬다. 그곳을 밤새 달리고 나서야 톨스토이의 『안나 카레니나』를 이해했으니까.

나는 그 철로를 직접 달리기 전에 이미 『안나 카레니나』를 읽으며 그곳을 마음속에서 달린 바 있다. 안나는 모스크바 역에서 블론스키를 만나고, 모스크바와 상트페테르부르크 사이의 유일한 급행열차 정거장인 보로고에 역에서 사랑을 고백받았으며, 모스크바 부근 역에서 자살했다. 아마도 톨스토이는 그 비극이 철도라는 차가운 직선과 어울린다고 생각했으리라. 그리고 그 차가운 비극의 사랑을 레빈의 순박한 시골 사랑과 대비시켰으리라. 나는 어릴 적 『안나 카레니나』를 아침저녁으로 한 시간 반씩 통학하는 기차 안에서 읽었는데, 그 내용 때문에 기차를 싫어하게 되었다.

톨스토이도 기차나 철로를 싫어했다. 19세기 초엽, 당시 황제였던 니콜라이 1세는 모스크바와 상트페테르부르크 사이에 철로를 어떻게 놓을 것인가를 고민하던 사람들에게 직선을 그어서 만들게 했다. 복잡한 지형을 살리고 싶어 한 전문가들의 고민을 무시한 채, 마치 아프리카 지도의 국경이 제국주의자들에 의해 직선으로 그어졌듯이 말이다. 그 철도가 농노들의 피와 땀에 의해 만들어졌다는 사실도 톨스토이를 괴롭혔다. 게다가 철로는 과거의 귀족을 대신한 부르주아의 상징이었기에 톨스토이는 철로를 더욱 싫어했다.

크로포트킨은 1857년 상트페테르부르크에 있는 황실 부속의 소년사관학교에 입학하기 위해 그 철로를 여행하면서 도리어 신기해했다. 포악한 아버지와 계모에게서 벗어나는 최초의 독립이었으니 그럴 만도 하다. 해방감도 엄청났을 테고 기쁨도 컸을 것이다. 그 철로를 직선으로 만든 니콜라이 1세가 죽어서 세상도 변했으니 그 또한 다행이라고 느꼈을 터다. 그전에는 철로를 무정하게만 느꼈던 사람들도 조금은 따뜻하고 고맙게 느끼게 되었으리라.

중학교를 2년 다닌 크로포트킨은 소년사관학교의 2학년에 바로 들어가고 싶어 했다. 하지만 수학 성적이 좋지 못해 1학년으로 들어가야 했다. 황실에 속한 러시아 최고 귀족의 아들들 150명이 다닌 그 학교를 크로포트킨은 15세에 들어가 20세에 졸업하는데, 그 5년 동안 사귀었을 수도 있는 친구들 이야기는 『자서전』에 전혀 나오지 않는다.

중학교와 달리 새로운 학교는 개혁적인 분위기였다. 니콜라이 1세의 죽음 후에 이루어진 여러 개혁이 학교에도 나타났기 때문이다. 무의미한 암기나 군사과목만 배우는 대신 다양한 분야의 수업이 이루어졌다. 그러나 본질은 크게 달라지지 않았다. 규율은 여전히 엄격했고, 권위주의가 학교를 지배했다. 자작나무로 때리는 가혹한 체벌도 사라지지 않았고, 상급생들의 횡포도 극심했다. 그런 분위기에서 크로포트킨은 개교 이래 처음으로 교사와 상급생의 부당한 명령에 저항하여 미움을 받았고, 심지어 10일간 학교 감옥에 갇히기도 했다. 당시 러시아를 비롯하여 유럽 전역의 학교에는 자치 감옥이 있었는데, 이를 두고 당시 학교가 전제적이었다고 비난할 수는 없다. 국가에 의한 소년원 제도를 두기 이전에 학교에서 자치적으로 불량 학생들을 교화한 시설이었기 때문이다.

다행히 학교에는 적으나마 훌륭한 교사들도 있었다. 크로포트킨은 후에 『자서전』을 쓰면서 당시 경험한 교사들에 비추어 자신이 생각하는 바람직한 교사상을 제시한다. 문학교사는 어학과 문학을 넘어 과학, 철학, 정치, 미학을 함께 가르쳐야 하고, 정치나 철학사상을 가르치는 경우엔 개별화된 전문 분야를 넘어 인간 정신의 발전을 일반적으로 개괄해야 한다는 식이다. 또 자연과학의 경우, 물리학과 화학, 천문학과 기상학, 동물학과 식물학을 따로따로 가르쳐서는 안 되고 모든 자연과학에 공통된 철학, 즉 하나의 통일된 전체로서의 자연을 종합적으로 파악할 수 있도록 지도해야 한다고 강조한다. 이러한 교사관은 뒤에서 볼 그의 아나키즘 교육관과 관련된다.

그러나 당시의 크로포트킨은 교사들보다도 형인 알렉산드르로부터 더 많은 영향을 받았다. "내가 지적으로 성숙할 수 있었던 데엔 무엇보다도 형의 도움이 컸다."(자서전 154) 그가 『자서전』을 쓸 무렵 감동을 받았던 "시를 읽어라. 시는 인간을 고양시켜준다"는 말도 형이 해준 것이었다. 그러나 형은 뒤에 시를 포기하고 당시의 경향에 따라 자연과학에 몰두했다. 크로포트킨은 '짓밟히고 학대받는 사람들'을 노래한 네크라소프의 시를 좋아했고, 선을 추구하고자 했다. 또 전문적인 역사 책, 볼테르의 『철학사전』을 비롯한 계몽주의 백과전서파들의 책들, 그리고 마르쿠스 아우렐리우스의 『명상록』을 비롯한 스토아학파들의 책을 많이 읽었다.

크로포트킨은 또한 당대에 유행한 자연과학과 경제학에도 열중했다. 1858년 다윈의 『종의 기원』이 나오기 전 모스크바대학의 교수가 진화론을 발표하자 크로포트킨 형제는 이에 흥미를 느끼지만, 제도권 교육을 택하는 대신 자율적인 공부를 즐겼다. 그들은 지적인 발달을 이루는 데 자율적인 공부만큼 좋은 것은 없다고 생각했다. '인간과 자연의 합일'이 크로포트킨의 일관된 인생철학이었지만 그는 동시에 기계도 좋아했다. 노동자가 기계를 혐오하는 것은 노동자를 기계의 노예로 전락시킨 제도 때문이지 기계 자체 때문이 아니라고 하면서, 뒤에 모리스가 기계를 증오한 것을 "기계의 위력과 우아함에 대한 이해 부족"이라고 보았다(자서전 182). 그러나 이는 그가 모리스를 제대로 이해하지 못한 탓이고, 크로포트킨이 모리스보다 기계를 중시한 탓이었음을 뒤에서 다시 볼 것이다.

　크로포트킨에 의하면 당시 러시아 청소년은 고등학교나 사관학교(한국의 사관학교와 달리 5년제 중고등학교 과정이다) 시절에 사회나 철학에 관심이 많았다고 한다. 당시엔 유럽 학생들 대부분이 그러했다. 지금 우리나라의 고등학생들이 그런 문제에 흥미를 갖지 못하는 것은 입시지옥에 시달리는 탓이지 본래부터 관심이 없어서가 아닐 것이다. 그러니 앞에서 소개한 세르주 같은 학생들이 나오기 힘들지도 모른다.

새로운 지식인들이 등장하다

1857년부터 1861년까지 크로포트킨이 소년사관학교에 다녔던 시절은 러시아에 새로운 지식인 그룹이 전면에 나타나 성장한 시기와 일치한다. 그즈음 투르게네프, 톨스토이, 게르첸, 체르니솁스키, 바쿠닌, 오가로프, 카벨린, 도스토옙스키, 그리고로비치, 오스트로프스키, 네크라소프 등의 글이 활발하게 발표되었는데, 그들을 흔히 '인텔리겐치아'라고 부른다. 이들은 당대 유럽 지식인들이 특수한 사회적 힘을 가지고 전문적으로 지적 활동에 종사했던 것과 달리, 권력에 대해 끊임없이 저항하는 한편 빈민들에게 헌신적으로 봉사했다. 이른바 급진성과 연민을 동시에 구현한 셈이다. 네크라소프는 이를 "가라, 학대받고 있는 자에게/ 가라, 모욕당하고 있는 자에게/ 그곳 이-너를 필요로 한다"고 노래했다.

영국의 철학자 이사야 벌린(Isaiah Berlin, 1909~1997)이 쓴 『러시아 사상가』(1978)[19]에는 크로포트킨이 거의 등장하지 않는 반면 바쿠닌은 톨스토이와 함께 중심인물로 나온다. 그 밖에 게르첸, 도스토옙스키, 벨린스키, 투르게네프 등 역시 주연급 인물로 묘사된다.

우리에게 『역사란 무엇인가?』로 유명한 영국의 역사가 E. H. 카(Edward Hallett Ted Carr, 1892~1982)가 1933년에 쓴 『낭만의 망명객』(1933)은 1980년에 우리말로 번역되었는데 나는 그 책에서 게르첸(Alexander Herzen, 1812~1870)을 처음 알았다. 크로포트킨과 마찬가지로 대지주 가문 출신이었던 그는 1825년 농노제 폐지와 입헌군주제를 요구하다가 처형된 데카브리스트 반란에 감동하여 이듬해 친구가 된 니콜라이 오가료프(Nikolay Ogarev, 1813~1877)와 함께 사회개혁에 생애를 바치기로 맹세하고, 모스크바 대학교 학생이던 22살 때 반제정 음모에 가담했다가 9개월간의 투옥과 3년간의 추방형을 선고받는다. 이어 1847년 35세에 파리로 가서 프랑스, 영국, 스위스를 떠돌며 활동하던 끝에 파리에서 쓸쓸히 생을 마감했다.

그는 젊어서는 서구 문화를 도입하여 러시아를 개혁하고자 한 서구주의자였지만, 1848년 혁명의 좌절 뒤에는 서구주의를 버리고 러시아의 농촌 공동체를 기초로 자본주의를 거치지 않고 사회주의에 도달할 수 있다고 주장해 '러시아 사회주의의 아버지'라고 불린다.

열렬한 자유 숭배자인 시인 오가료프는 대지주의 아들로 태어나 1829년부터 모스크바 대학교에서 정치활동에 가담했다가 체포되었다. 1856년 망명하기 전에는 약 만 명의 농노들을 해방시키고 그들에게 토지를 나누어주기도 했다. 그 뒤 오가료프는 1874년부터 영국의 뉴캐슬 어폰 타임에서 살면서 러시아에 사는 사람들을 대상으로 한 무료 혁명잡지인 ≪종과 일반집회≫를 창간하여 편집했고, 연작 『모놀로그』, 시집 『선술집』, 『농가』 등을 집필하여 혁명을 계몽했다. 1877년 영국의 그리니치에서 죽었으나 1966년에 크로포트킨의 묘지가 있는 모스크바의 노브데비치 공동묘지로 이장되었다.

당대의 지식인들 중 누구보다도 크로포트킨에게 큰 영향을 미친 사상가는 바쿠닌이다. 그는 크로포트킨 집안처럼 1,200여 명의 농노를 거느린 귀족 가문에서 태어나 상트페테르부르크의 포병학교를 졸업하고 장교로 활동하다가 1835년에 제대한다. 그 뒤 독일 철학에 심취했던 바쿠닌은 1840년 베

를린 대학교에 유학한 후 교수가 되려 했으나 헤겔 좌파를 만나면서 사회주의 운동을 시작한다. 그 후 1842년 헤겔 좌파인 아르놀트 루게(Arnold Ruge, 1802~1880)가 발행한《독일 연보》에 「독일에서의 반동」이라는 글을 기고했는데, 그 마지막에 쓴 "파괴의 열정은 또한 창조의 열정이다"라는 문장이 지금도 회자된다. 바쿠닌은 1844년에 브뤼셀을 거쳐 파리에 도착하여 독일인 망명자들을 만나면서 카를 마르크스를 비롯한 수많은 지식인과 교류한다. 그중 특히 프랑스의 아나키스트 프루동(Pierre-Joseph Proudhon, 1809~1865)과 친하게 지냈고, 엥겔스(Friedrich Engels, 1820~1895)에겐 스승 노릇을 하기도 한다. 하지만 1847년 프랑스에서 추방되어 1849년 리하르트 바그너와 함께 드레스덴 폭동에 참가했다가 체포되는 바람에 상트페테르부르크의 요새감옥에 갇힌다. 그 후 탈옥에 성공하여 니콜라예프스크에서 일본과 샌프란시스코를 거쳐 1861년 마침내 런던에 도착한다. 그리고 그곳에서 마르크스를 만나 인터내셔널에 참가하지만 1872년에 축출되고, 1876년 스위스 베른에서 눈을 감는다.

바쿠닌은 마르크스의 유물사관과 자본론에는 찬성했지만, 중앙집권을 지향하는 국가 권력론에 대해서는 반대했다. 권력이 한 곳으로 집중되면 독재를 초래한다는 이유 때문이다. 또한 그는 분권화된 집산주의와 개인의 자유를 강조하고 상속 재산제와 국가의 폐지를 주장함으로써 크로포트킨의 사회주의 아나키즘에 지대한 영향을 주었다. 바쿠닌은 무신론과 국가권력 부정론을 주장한 『신과 국가』를 비롯하여 많은 책을 썼으나 기본적으로 그는 이론가가 아니라 행동가였다. E. H. 카가 쓴 『바쿠닌』은 우리말로 읽을 수 있는 유일한 책이다.

니콜라이 체르니솁스키

크로포트킨은 당시 바쿠닌보다 더 중요했던 지식인이 체르니솁스키였다고 말한다. "나는 지금도 근위기병연대 장교들이 일요일 교회 열병식이 끝난 뒤 내 사촌형이자 근위기병연대 참모 겸 부관이었던 드미트리 니콜라예비치 크로포트킨의 집에 모여서 해방운동의 급진파 지도자 체르니솁스키를 지지하던 광경을 회상하곤 한다."(자서전 196) 그리고 『러시아문학의 이상과 현실』에서 크로포트킨은 러시아 국내의 정치작가 중 가장 탁월한 사람이 체르니솁스키라고 한다.

니콜라이 체르니솁스키(Nikolay Chernyshevsky, 1828~1889)

는 교육자인 사제 집안에서 태어났다. 신학교를 거쳐 1850년 상트페테르부르크 대학교를 졸업한 뒤 1854년부터 잡지 ≪현대인≫의 집필자로 활약했고, 1856~62년에 걸쳐 농노해방을 비롯한 혁명운동을 지도했다. 당시 진보세력에서는 농노해방을 둘러싸고 농노와 토지에 대한 문제로 논의가 한창이었다. 즉 해방된 농노에게 그가 농노였던 시기에 갈았던 토지를 주어야 할 것인가, 만일 준다면 어떤 조건으로 줄 것인가, 농촌공동체(미르)는 어떻게 할 것인가, 즉 토지를 공유하게 할 것인가, 공유한다면 농촌공동체는 장래의 자치제도의 기초가 될 것인가, 하는 점들이 논의의 대상이었는데, 게르첸이나 체르니솁스키를 비롯한 러시아의 진보세력은 대다수 논점을 긍정했으나 보수파는 완강하게 반대했다.

체르니솁스키는 「현실에 대한 예술의 미학적 관계」(1853~55), 「러시아문학에서의 고골 시대 개관」(1856) 등의 논문으로 관념적 미학을 배척하고 현실이 예술보다 우월함을 주장하면서 사회에 대한 리얼리즘 문학의 비판 및 판결의 역할을 강조했다. 동시에 체르니솁스키는 존 스튜어트 밀의 『정치경제학원리』를 러시아어로 번역하고 그 책에 사회주의적 입장에 따른 주해를 붙였다. 이어 「자본과 노동」 「경제활동과 국가」와 같은 논문을 써서 경제문제를 논의했다. 그러나 1862년에 ≪현대인≫

니콜라이 체르니솁스키

의 발행을 정지당한 뒤 그는 페트로파블롭스크 감옥에 투옥되었다가 '청년에게 유해한 영향을 끼쳤다'는 이유로 시베리아에 추방되었다.

옥중에서 쓴 장편소설 『무엇을 할 것인가』(1863)는 외모의 아름다움보다 평등과 경제적 독립을 지향하는 새로운 여성상과 엄격한 윤리관을 지닌 투철한 혁명가를 등장시켰다는 점에서 러시아문학사상 처음 보는 작품이라고 평가된다. 그는 이 소설에서 사회주의적 생활의 실천과 전망을 묘사함으로써 젊은 세대에게 압도적인 인기를 끌었다. 『무엇을 할 것인가』의

한글판은 원저 출판 이후 126년이 지난 1989년에 번역된 탓인지 한국인에게는 큰 감동을 주지 못했으나, 30여 년이 지난 지금까지도 새로운 번역본이 간행되고 있는 것을 보면 스테디셀러의 하나로 꼽을 만하다.

소설은 성선설에 입각한 것으로 누구에게나 좋은 환경을 마련해주고 교육과 계몽을 부여하면 훌륭한 사람이 된다는 내용이어서 진부하다고 볼 수도 있지만, 이야기를 전개하는 솜씨는 매우 뛰어나다. 딸을 부잣집 귀족에게 시집보내려는 이기적인 부모의 강압에서 벗어나기 위해 의대생과 위장 결혼한 여주인공 베라 파블로브나 로잘스카야(애칭 베로치카)는 노동자들이 자아를 실현하고 주주처럼 이익배당까지 받는 이상적인 방직공장을 차려 성공한다. 이어 의사가 된 남편에게 의존하지 않고 방직공장 경영주로 성공한 베로치카는 당시 남자들이 독점하던 전문직인 의사면허시험에 도전한다. 이 소설로 인해 여성들의 가짜결혼이 유행했고, 집을 나온 여성들이 방직공장을 열거나 그곳에서 일하는 상황이 벌어졌다.

1883년 러시아 정부는 체르니솁스키의 추방을 해제했지만, 그는 6년 뒤 사망한다. 체르니솁스키가 러시아혁명에 끼친 공로는 지대하다. 레닌을 비롯해 스탈린이나 트로츠키도 그가 쓴 소설의 영향을 받았다. 특히 레닌은 그 소설에 감명을 받아 1902년 같은 제목인 『무엇을 할 것인가』를 쓴다. 레닌은 "올바른 마음을 가진 진지한 사람이라면 누구나 혁명가일 수 있다는 것, 혁명가의 행동 준칙과 목표 수행은 어떠해야 한다는 점을 몸소 보여주었다는 점이야말로 체르니솁스키의 공적이다"라고 찬양했다. 크로포트킨도 체르니솁스키의 그 점에 공감하여 평생을 혁명가로 살았다고 해도 과언이 아니다. 그런 점에서는 크로포트킨도 레닌도 모두 체르니솁스키의 제자이자 동료였다. 그러나 뒤에서 보듯이 그들은 아나키스트와 공산주의자로 서로 대립한다.

레닌에 대해서는 우리말로도 많은 문헌이 소개되었으니 여기서 특별히 보탤 것은 없지만 크로포트킨의 이해를 위해 간단히 언급해둔다. 레닌은 1870년생이니 크로포트킨보다 28년 연하이다. 1889년에 마르크스주의자가 되었지만, 그 전부터 아나키즘에 대해서는 비판적이었다. 1900년부터 러시아를 떠나 뮌헨과 런던, 쥬네브 등에서 망명생활을 했으므로 크로포트킨과 조우할 기회도 많았을 터다. 하지만 서로 만나지 못하다가 10월혁명 이후 러시아에서 마주한 후 대립하게 된다.

농노제 폐지

1850년대의 가장 중요한 문제는 농노제 폐지였다. 1848년 프랑스혁명의 영향으로 1850년부터 농노들의 폭동이 터지기 시작했다. 1853년 크림전쟁이 발발하면서 전국적으로 강제징집이 시행되자 농노들의 반란은 더욱 격렬해졌다. 1856년 새 황제 알렉산드르 2세는 농노제를 싫어했지만, 귀족 가운데 농노제 폐지를 청원한 사람은 없었다.

1858년 크로포트킨은 처음으로 자기 집안의 영지에 사는 민중의 생활을 조사한다. 그 일로 농민에게 더욱 가까워졌고 그들을 새로운 관점으로 보게 되었으며 뒤에 시베리아에서 지낼 때도 도움이 되었다(자서전 165).

당시 나는 이 새로운 경험에 대해 별다른 목적의식이 없었다. 단지 사람들의 생활상을 보는 것이 좋았다. 그러나 이틀 동안에 목격한 러시아 농민들에 대한 좋은 느낌과 건강성은 내게 오래도록 지워지지 않는 인상을 남겼다. 훗날 나는 농민들에게 사회주의 사상을 선전할 때 나보다도 훨씬 민주적인 교육을 받은 것처럼 보이는 친구들이 농민이나 시골 출신 노동자와 어떻게 이야기해야 할지 모르는 모습을 종종 보았는데, 이는 조금도 이상한 현상이 아니다. 소위 '민중적 언어'를 많이 쓰면서 '농민의 말'에 익숙해지려고 노력했지만 실제로는 민중을 이해하지 못한 채 말만 빌려왔기 때문이다(자서전 168).

크로포트킨이 다른 사람과 달리 자신은 이틀 만에 민중을 이해했다고 한 것은 선뜻 이해하기 힘들다. 그러나 크로포트킨은 러시아 농민들의 평등 정신이 매우 놀라웠다고 솔직히 고백한다. 농민들은 지주나 경찰 앞에서는 노예처럼 복종하지만, 마음속으로는 결코 그들을 자신보다 잘난 인간이라고 생각하지 않더라는 것이다.

이후 1861년 3월 3일, 알렉산드르 2세가 황제 즉위 6주년을 기념하는 형식으로 농노해방에 관한 법령을 발표한다. 크림전쟁에서 패배하면서 기술적으로나 경제적으로 뒤처졌음을 인정한 러시아는 농노제를 계속 유지한다면 농업에서의 자본주의적 발전이 가로막힐 것이 뻔하다고 판단하여 결국 농노를 해방한다. 황제는 동요하는 귀족들에게 "아래에서 치고 올라오는 형태보다 위에서 시작하는 것이 훨씬 낫다"고 말하면서 측근 관료와 함께 개혁을 주도한다. 고액의 보상비용이 발생하고 해방 후에도 사실상 공동체에 묶이는 등 부족한 점은 많았지만, 농노제는 법적으로 폐지되었고, 농민은 자유를 얻게 된다.

하지만 산적한 문제들이 많았다. 농노들은 돈을 엄청 많이 지불해야만 땅을 소유할 수 있었다. 어떻게든 돈을 마련해서 땅을 소유했다고 쳐도 그 규모란 게 지주 밑에서 일하면서 얻은 땅의 절반 이하에 불과[20]했다. 결국 농노들은 다시 지주의 소작인으로 들어가거나 도시로 가서 공장 노동자가 되었다. 이렇게 하여 러시아는 다수의 공장 노동자를 발판으로 러시아식 자본주의를 발달시키게 된다.

크로포트킨도 처음엔 농노해방을 감행한 황제를 존경했으나 1862년 초부터 황제가 다시 악정을 일삼자 절망한다. 다른 진보세력도 마찬가지다. 그러고 나서 그해 5월, 상트페테르부르크에서는 민중과 군대에 전면적 반란을 요구하는가 하면, 지식층에게는 국민회의의 필요성을 각성시키는 혁명선언이 터져 나온다.

3장

청년 아나키스트 크로포트킨

1862~1877

시베리아에서 보낸 한철

시베리아(Siberia)는 우랄산맥에서 태평양에 이르는 러시아 영
토를 말한다. 남쪽으로는 카자흐스탄·중국·몽골의 국경으로
부터 북쪽으로는 북극해에 이르는 북아시아 대부분이다. 이
곳은 원래 유목민의 땅이었으나 16세기에 카자크를 앞세운 러
시아의 침공으로 도시가 형성되었다. 17세기 중엽엔 러시아가
시베리아 전체를 지배했으나 이 얼어붙은 땅은 오랫동안 러시
아제국의 유형지로 쓰였다. 1891년에서 1905년 사이에 세계에
서 가장 긴 철도가 개통되면서 시베리아의 자원을 이용하기
위한 대규모 개발이 시작되어 엄청난 변화의 바람이 불어닥쳤

다. 물론 크로포트킨이 그곳에 가기 훨씬 전의 일이다.

1862년 5월, 소년사관학교를 졸업한 20세의 크로포트킨은 아버지의 반대에도 불구하고 그해 6월 말에 시베리아의 카자크 기병연대에 중위로 부임해 5년을 살았다. 아버지를 비롯한 집안사람들이 바랐던 바―황실에서 찬란한 경력을 시작하는 것―와 전혀 다른 선택이어서 아버지는 그에게 유산을 상속하지 않았다. 그러나 크로포트킨에게 군대생활은 뒤에 대학에 들어가기 위한 임시 직장 같은 것이었다.

5년 동안 시베리아는 나에게 인생과 인간의 본질에 관한 참된 가르침을 주었다. 그곳에서 나는 여러 종류의 사람들을 만났다. 가장 선한 사람과 악한 사람, 최상류층과 밑바닥 생활을 하는 최하류층, 부랑자들과 계도가 불가능한 상습범들 등 실로 다양한 인간 군상이었다. 나는 농민들의 풍속과 관습을 충분히 관찰할 수 있었다. 정부가 좋은 의도에서 시행했다고 해도 농민에게는 아무런 도움도 되지 않는 제도가 있다는 것도 알았다. 마차나 기선, 특히 말을 타고 5만 마일이 넘는 긴 여행을 해보면서―관습적인 문명을 벗어나면―인간에게 필수적인 것이 얼마나 적은지 알 수 있었다(자서전 237-238).

크로포트킨은 시베리아 유형을 받은 사람들이 가는 길을 따라 여행하여 약 한 달 만인 9월에 이르쿠츠크에 도착한다. 발전된 문화와 예술로 시베리아의 파리라는 별명을 갖는 그곳은 지금도 소비에트 형식의 딱딱한 건물과 고전풍의 건물이 미묘한 조화를 이루고 있고, 광대한 바이칼 호수로도 유명하다. 고전풍 건물 중에는 데카브리스트의 난 이후 수많은 러시아의 지식인들이 유형을 와서 살았던 집들이 있다.

동시베리아의 중심인 이르쿠츠크는 자유사상의 중심지이기도 해서 크로포트킨을 놀라게 한다. 당시 시베리아 행정당국은 러시아의 어떤 지방보다도 진보적이고 우수했다(자서전 238). 이는 아무르 지방을 러시아 영토로 만든 전 총독 무라비요프(Nikolay Muravyov-Amursky, 1809~1881)가 1861년 바쿠닌의 러시아 탈출을 도울 정도로 리버럴한 공화주의자여서, 시베리아를 멋대로 약탈할 수 있다고 본 러시아 전통 관리를 일소하고, 바쿠닌을 비롯한 젊고 청렴한 사관들을 관리로 임명한 덕분이었다. 무라비요프는 니콜라스 1세에게 최초로 농노제 폐지를 제안한 이후 자유주의자이자 민주주의자라고 불렸다.

그를 이은 총독인 코르사코프는 물론 그 밑의 특무관인 시베리아군 총사령관인 육군소장 볼레슬라브 카지미로비치 쿠켈을 크로포트킨은 좋아했다. 쿠켈은 뭐든 강제하는 법 없이 좋아하는 대로 하라고 했으며 유형 온 지식인들과 즐겨 교류했다. 프루동의 책을 크로포트킨에게 주어 아나키즘에 눈을 뜨게 한 인물도 쿠켈이었다. 크로포트킨은 쿠켈을 포함한 주변 인물들을 철저한 리버럴이라고 불렀다. 그들은 당시 영국에 망명했던 게르첸이 영국에서 발행한 자유주의 신문 〈종〉을 정기 구독했을 만큼 열정적이었다. 그 밖에 당시 공립도서관에는 러시아, 폴란드, 프랑스, 독일에서 나온 신문 잡지류가 50점 정도 소장되어 있어서 유럽의 진보적 흐름을 이해하는 데 도움을 받았다.

크로포트킨은 쿠켈의 부관이었다. 임시로 바이칼 주지사를 겸한 쿠켈을 따라 크로포트킨은 바이칼을 건너 동쪽 주도인 치타(Chita)로 갔다. 그곳도 데카브리스트들의 유형지로 발전한 도시인데, 1851년에는 시로 승격되었다. 우리에게는 이광수가 "시베리아로 달리는 감상은 비길 데 없이 광막하여서 청년 나의 꿈을 자아냄이 많았다"면서 소설 『유정』을 쓰게 된 계기를 밝힌 곳으로 유명하다.

당시 러시아 정부는 지방정부의 행정, 경찰, 법원, 감옥과 추방제도, 지방자치 등에 개혁을 요구했다. 크로포트킨은 감옥과 추방제도, 지방자치를 담당하는 위원회의 사무관으로 열심히 일했다. 1862년 10월, 크로포트킨은 〈모스크바 신문〉

의 부록으로 「동시베리아로 가는 길」이라는 르포를 썼으며 이어 바이칼 주변을 조사했다. 1887년에 쓴 『러시아와 프랑스의 감옥에서』에서 러시아 감옥 제도를 통렬하게 비판한 것은 이 시기의 관찰에서부터 비롯되었다.

아나키스트로 성장하다

크로포트킨은 1863년 봄에 상트페테르부르크로 개혁안을 보내지만 무시당한다. 당시 차르 정부는 폴란드에서 터진 1월 봉기를 막는 일에 급급했기 때문이다. 폴란드인 청년들이 러시아제국의 군대에 징병된 데 항의하는 운동에서 시작한 그 봉기는 국민정부를 결성하는 등 반기를 들었으나 실패한다. 크로포트킨의 형 알렉산드로도 봉기를 진압하는 데 참가했지만 크로포트킨은 도리어 폴란드 민중에 호의적이었다.

폴란드 봉기는 18개월간 이어진다. 당시 러시아에서는 대부분의 사람이 폴란드를 동정했다. 장교들이 폴란드인에 대한

1864년의 크로포트킨.

공격에 반대하며 혁명군에 가담했다가 처형당하는 일도 많았다. 그러나 폴란드 혁명정부는 농노해방에 등한하여 러시아정부에 공격의 빌미를 제공했는데, 이 사건을 통해 크로포트킨은 "혁명은 성공한 뒤의 정치적 보상이 아니라, 그 시작부터가 짓밟히고 억압당하는 사람들을 위한 정의의 행동이어야 한다"(자서전 249)는 점을 깨닫는다. 그러나 당시만 해도 크로포트킨은 혁명이 아니라 개혁이 옳다고 보고 있었다.

하지만 폴란드의 반란으로 러시아 개혁도 끝난다. 그 결과 쿠켈이 해임되고 새로운 총독이 부임한다. 바쿠닌의 탈출을 도왔다는 혐의를 받은 쿠켈은 국가가 후원하는 과학 업무에 종사하게 된다. 크로포트킨은 1863년 6월부터 9월까지 수송부대를 이끌고 아무르강(헤이룽강)을 처음 항행한 것을 시작으로 계속 여러 곳을 조사하러 다닌다. 당시 아무르강 주변에는 수년 전부터 카자크인들이 살고 있었는데, 그들은 대개 유형을 마친 자들로서 지역을 개척하는 데 동원되곤 했지만 식량이 부족해지면서 밀가루와 소금을 실어 날라야 했다. 임무를 수행하는 동안 크로포트킨은 카자크 농민들의 생활을 흥미롭게 관찰한다. 이어 9월부터 2월 사이에는 수송부대를 지휘할 때의 사고상황을 보고하기 위해 상트페테르부르크로 갔다가 이르쿠츠크에 돌아온 뒤 동시베리아 총독의 무관이 된다.

1864년에는 4월부터 6월 사이, 크로포트킨은 '상인 표트르 알렉세예프'라는 이름으로 북만주를 조사하며 중국인들을 만난다. 상대방 언어를 몰랐지만 "우정의 표시로 어깨를 가볍게 두드리는 것은 세계 공통의 언어"(자서전 285)였기에 큰 불편은 없었다. 이어 조사를 계속하면서 그는 "행정기구는 절대로 민중을 위해 유용하게 사용될 수 없다"거나 "문서에는 좀처럼 등장하지 않는 이름 없는 민중의 건설적인 노동이 사회의 발

크로포트킨이 자신의 시베리아 탐험 장면을 스케치했다.

전에 중요한 역할을 한다"(자서전 289)는 점을 깨닫는다. 이 같은 자각엔 특히 두호보르파와의 만남이 한몫을 했다.

1864년 5월에 조사는 모두 끝난다. 크로포트킨은 만주에 대한 지리학 자료만이 아니라 민속학 자료를 포함한 방대한 조사 결과를 지리학협회 시베리아 지부에 보고한다. 이어 아무르강을 니코라에프스크까지 2회 항행하고 7월과 8월 사이에는 슨가리강을 답사한다.

1865년에는 5월과 6월 사이에 러시아 중앙 시베리아 남부에 있는 동사얀산맥을 원정하고, 바이칼호에서 흐르는 이르쿠

트강의 전 구간을 탐험했으며, 톤킨분지와 오카강 상류를 조사하고 그곳에서 화산분화구를 발견한다. 8월에는 아무리강과 우수리강[21]을 항행하고 그곳의 경제사정을 시찰한다. 그리고 12월에는 지리학협회 시베리아지부에서 처음으로 그간의 활동내용을 보고하고, 동시에 그 지부의 회원이 된다.

1866년에는 5월과 6월에 레나강을 항행하고, 연안지역의 지질 구조를 조사한다. 바톰산을 거쳐 보다이보강 유역으로 여행하고, 7월부터 9월까지는 지리학협회 동시베리아지부의 오료크마강과 비침강 학술탐험을 이끌고 이르쿠츠크에서 치타강까지 이르는 수천 킬로미터를 여행했는데, 그 여행 중에 들른 금광에서 크로포트킨은 지옥과 같은 곳에서 착취당하는 노동자의 참상을 목격하고는 사유재산에 대해 사색하게 된다. 그러면서 3년 전부터 견지해온 교육에 의한 개혁 노선을 포기하고 '무엇인가 도움이 되는 일을 하고 싶다'고 형에게 편지를 보낸다. 이후 1866년의 원정이 끝날 무렵 바이칼 일주도로 건설에 동원되었던 폴란드 유형수들의 폭동은 크로포트킨이 시베리아를 떠나기로 마음먹는 결정적 계기가 된다. 이 사건으로 그는 장교로서의 자부심이 허위임을 인지하여 이듬해 형과 함께 군에서 제대한다. 아버지를 비롯한 러시아 귀족들은 이들 형제의 제대를 두고 매우 놀라워한다. 크로포트킨은

그해 12월 지리학협회로부터 금메달을 받았고, 이듬해 1월에
군대를 떠난다.

크로포트킨의 아나키즘은
어떻게 형성되었나

아나키즘의 고전적 사상가를 흔히 바쿠닌, 프루동, 크로포트 킨이라고 한다. 크로포트킨이 바쿠닌을 언제 처음으로 읽었는 지는 분명하지 않으나 1850년대에 읽고 그의 반국가주의 사상에 공감했을 것임이 틀림없다. 1850년대 러시아에서는 바쿠 닌 말고도 무권력의 공산주의를 주장하는 사람들이 많았다.

한편 크로포트킨은 프루동의 『경제적 모순의 체계 또는 빈곤의 철학』을 1864년 시베리아에서 처음으로 읽고 프루동 이 주장한 노동자의 협동조직과 인민의 태환은행 설치, 그리 고 토지소유제의 부정에 매료된다. 이는 크로포트킨이 그 무렵에 읽은 시샤보프(1831~1876)의 사상과 일치했다. 시샤보프는 1861년 신학교에서 강의했다는 이유로 체포된 뒤 역사를 경제지리학적으로 연구했다. 그는 『국민경제에 적용하는 현실주의』에서 자본의 무이자를 주장했다.

시베리아에서 크로포트킨은 다윈의 『종의 기원』을 읽고 시베리아 동물의 생활에 특별한 점이 있음을 알게 된다. 즉 자연조건이 비정상적으로 험난해지면 생존경쟁이 더욱 가열하게 나타나지만, 같은 종에 속하는 동물 사이에서는 그 투쟁이 한정되고 희박하며, 동물의 수가 풍부한 곳에서는 상호협력과 상호지원이 이루어진다는 점이다. 이러한 관찰은 뒤에 그가 상호협력을 전개하는 데 기본이 됐으나, 시베리아에서는 물론 그 뒤 상트페테르부르크에 귀환하여 지리학을 집중적으로 연구하고 혁명 활동에 뛰어든 탓에 연구는 중단된다. 크로포트킨은 뒤에 『상호협력』 서문을 다음과 같이 시작한다.

젊은 시절 시베리아 동부와 만주 북부를 여행하는 동안 동물들의 삶에서 관찰한 두 가지 모습은 내게 매우 인상적이었다. 그중 하나는 극히 혹독한 생존경쟁의 모습이었다. (…) 다른 하나는 같은 종에 속하는 동물들 사이의 치열한 생존경쟁의 모습은 나의 온갖 노력에도 불구하고 발견하지 못했다는 점이다(상호 10).

시베리아에서 경험한 상호협력에 대한 통찰은 20년 후 정교한 이론으로 다듬어진다. 상호협력만이 아니라 도덕에 대한 평생에 걸친 탐구도 시베리아에서 시작된다. 그 단초에 대해 크로포트킨은『정의와 도덕』(1888)에서 "몽골족, 퉁구스족 그리고 우리가 야만족이라고 부르는 종족들이 있습니다. 그들이 양을 도살하여 고기를 먹을 때, 모든 마을 사람들을 공동 식탁에 초대하지 않으면, 수치스러운 행동으로 간주될 것입니다"(아나키즘 148-149)라고 적었다.

상트페테르부르크 시절

1867년 1월 군에서 제대한 크로포트킨은 4월에 지진 계측 장치를 실험하고 시베리아를 떠난다. 그러고는 카르가지방의 지질을 조사하고 「레나강의 여행」이라는 글을 발표한다. 9월에는 상트페테르부르크 대학교[22] 이학부 수학과에 들어가 5년간 수학을 공부하면서 지리연구에 몰두했으나 졸업을 하지는 않는다. 24세나 된 아들이 대학에서 공부하겠다고 하자 아버지가 언제까지 공부만 할 거냐고 질책하면서 경제적 지원을 중단한 탓이다. 그러나 크로포트킨은 아버지의 나이가 되어서도 공부를 계속한다. 76세 때 그는 시립도서관에 등록한 카드에 나이와 함께 학력으로는 '상트페테르부르크 대학교 졸업', 그리고 '현재의 신분'을 적는 칸에는 '자택에서 평생 학습 중'이라고 썼다.

아버지의 원조 중단으로 크로포트킨 형제는 스스로 돈을 벌어야 했다. 크로포트킨은 〈상트페테르부르크 신문〉의 특파원으로 일하면서 번역작업을 한다. 그들이 번역한 책은 영국의 허버트 스펜서(Herbert Spencer, 1820~1903)[23]가 1864년에 쓴 『생물학의 원리』를 비롯한 여러 책이다. 그전에는 상트페테르부르크 지리학협회 잡지에 「오료크마지방의 여행」을 발표하기도 한다. 당시 러시아도 지금 한국처럼 대학생들은 시험 외에는 아무런 관심이 없는 학점 벌레들이었다. 크로포트킨의 유일한 친구인 드미트리 켈니츠(Dmitri Kelnitz)[24]는 과학을 좋아했지만, 과학자로 사는 것은 곧 속물이 됨을 뜻한다고 생각하여 어려운 친구들을 돕는다. 크로포트킨 역시 과학적 발견의 기쁨을 누리면서도 "과학적인 방법과 여유가 한 줌의 사람들에게만 제한되어 있지 않다면 많은 사람이 이런 행복을 느낄 수 있을 것"이라면서 고통을 느꼈다(자서전 304).

이후 자신의 연구에 대해 회의하기 시작한 그는 핀란드를 여행하면서 농민들이 "더불어 생활하기를 요구하고 있다. 자유로운 토지의 주인이 될 수 있도록 도와주길 바라고 있다. 그런 후에 그들은 책을 읽게 될 것이다"(자서전 315)라고 쓴다. 과학은 훌륭한 것이지만 "주변에 배고픈 사람들이 진흙 같은 한 조각 빵 때문에 투쟁하는 때에 고상한 즐거움을 누리는 것이 어떻게 옳다고 할 수 있겠는가. 내가 이 고상한 정서의 세계에서 생활하기 위하여 소비하는 모든 것은 바로 땀 흘려 농사지어도 자식들에게 빵 한 조각 배불리 먹일 수 없는 농민들에게서 빼앗은 것이 아닌가"(자서전 317)라면서 심각한 고민에 빠져든다.

지식은 거대한 힘이다. 사람은 지식이 있어야 한다. 만일 지식이—지금까지의 지식만이라도— 모든 사람에게 공유된다면 어떻게 될까? 과학은 비약적으로 발전하고, 생산과 발명 등 사회적 창조행위가 속도를 측정할 수 없을 정도로 장족의 발전을 거듭하지 않을까?(자서전 317-318)

그래서 그는 민중들과 지식을 공유하기 위해 지리학협회가 제안한 사무관직을 거절한다. 그가 말한 민중과의 지식공유는 1864년 무렵 비롯된 브나로드운동에 의해 이미 시작된다. 교수를 포함한 청년지식인들은 평범한 직공으로 공장에 취업하여 협동조합과 간이학교를 세우고 민중을 교육했다. 특히 여성들이 적극적이었다. 러시아에서는 그들을 니힐리스트, 그들의 사상을 니힐리즘이라고 불렀다. 그 말을 최초로 사용한 투르게네프는 그의 『아버지와 아들』(1862)에서 청년 주인공 바자로프를 통해 니힐리스트라는 하나의 인간상을 창조했다. 그러나 이를 허무주의로 오해해서는 안 된다. 그것은 철저한 과학적 실증주의 입장에서 일체의 기성 질서나 가치의 권위를 부정하는 것이기 때문이다. 크로포트킨은 이에 대해 다음과 같이 말했다.

니힐리스트들은 누구보다 먼저 '문명인들의 인습적 허위'에 대한 전쟁을 선포했다. (…) 성실이라는 이름 아래 이성이 인정할 수 없는 미신과 편견, 풍속과 관습을 스스로 파기하고 타인에게도 그것을 요구했다. 그들은 이성 이외의 모든 권위 앞에 무릎 꿇기를 거부했다(자서전 375).

니힐리스트는 반권위주의자라는 점에서 아나키스트와 통했다. 실증주의자나 불가지론자, 스펜서 같은 진화론자이자 과학적 유물론자가 니힐리스트였다. 미, 이상, 예술을 위한 예술도 니힐리스트는 혐오했다. 이런 관점에서 보면 톨스토이를 대표적인 니힐리스트라 할 수 있다. "개인의 권리를 소중하게

크로포트킨이 1860~1870년 사이 회원으로 활동한 러시아지리학회 도서관(1916년).

여기며 모든 허위를 부정하는 니힐리즘은 거대한 목적을 위해 살지 않고 평등하게 자유롭고자 하는 사람들의 진일보한 사상이었다."(자서전 378)

그러나 크로포트킨은 지식공유를 위한 실천에 바로 뛰어들지는 못하고 일정 기간 내무부의 관리로 일한다. 1867년 당시 상트페테르부르크에는 민주적인 서클들이 많았지만 크로포트킨은 그들과 접촉하지 않고 외롭게 지냈다. 하지만 사회문제나 서유럽에서 벌어진 혁명운동, 특히 국제노동자협회(International Workingmen's Association, IWA, 비공식적 명칭은 제1인터내셔널)[25]에 대해서는 깊은 관심을 표명했으며, 동시에 지리탐험 결과를 다시 연구하여 1869년 초 지리학협회에 보고하는 등으로 바쁜 일상을 이어간다.

이어 1870년 1월에는 모스크바 자연과학자협회의 명예회원으로 선출되었고, 러시아 지리학협회 사무국에서 일하게 된다. 당시 그는 북극해(북빙양)에 군도가 존재함을 이론적으로 추론하여 제무랴-프란츠-요시프 섬이라고 명명한다. 1871년 2월, 크로포트킨은 지리학협회에서 러시아 북극해의 탐험계획에 대해 보고하고 7~9월에는 핀란드와 스웨덴을 답사했는데, 여행 중 지리학협회의 사무국장에 선임되었으나 취임하지는 않는다. 그가 거부한 사무국장직은 대단히 명예로운 자리로서 불과 몇 년 전이었다면 기꺼이 받아들였을 터였다. 이어 그는 조사 결과를 지리학협회 잡지에 발표했고, 핀란드의 농업 사정에 대한 기고문을 〈농업신문〉에 싣기도 했다.

미하일 바쿠닌

크로포트킨은 아버지가 세상을 떠난 1년 뒤인 1872년, 정부의 허가를 얻어 스위스와 벨기에를 여행하고, 제1인터내셔널로 알려진 국제노동자협회 취리히 지부에 가입한다. 특히 바쿠닌파 사람들과 접촉하면서 쥬네브에서 노동자들과 몇 달 동안 함께 생활한다. 그러나 당시 스위스 로카르노에 있었던 바쿠닌을 만나지는 못했는데, 그는 이 점을 뒤에 후회한다(자서전 366). 당시 바쿠닌은 권위적인 지도자가 아니라 동료이자 개인적인 벗으로 사람들 사이에 그 이름이 회자되었고, 지적인 권위가 아니라 도덕적 인격으로 영향을 미쳤는데, 이를 보고 크로포트킨은 매우 놀란다(자서전 367).

바쿠닌의 인간적 매력은 마르크스와 비교될 정도로 뛰어났다. 바쿠닌은 스스로 마르크스 같은 철학자나 학설 고안자가 아니라 실천적인 혁명가라고 여겼다. 마르크스는 역사적 법칙에 의해 혁명이 예정되어 있다고 했다. 즉 충분히 무르익은 경제력의 필연적 산물이 혁명이라고 보았다. 반면 바쿠닌은 그런 예정되거나 예지되는 법칙이 있다고는 믿지 않았다. 또 객관적인 역사적 상황이 점진적으로 성숙하여 사회가 변화하는 것이 아니라고 하면서 인간은 자신의 운명을 스스로 그려낼 수 있다고 주장했다. 그가 보기에 마르크스는 자유에 대한 인간의 요구, 평등에 대한 인간의 열정, 신성한 혁명적 열망을 질식시킬 뿐이었다. 그래서 마르크스의 과학적 사회주의와 달리 자신의 사회주의는 순수하게 본능적인 것이라고 주장했다.

바쿠닌도 계급투쟁을 인정했지만, 그것을 부르주아나 프롤레타리아의 계급투쟁에 제한하지는 않았다. 혁명은 도시와 지방 전체를 포함하는 모든 곳에서 노동자계급 외에도 농민, 실업자, 룸펜프롤레타리아, 방랑자, 무법자만이 아니라, 낙오된 중간계급인 학생이나 인텔리겐치아 등을 포함한 억압받는 모든 민중의 공유물이라고 보았기 때문이다. 반면 마르크스는 노동자계급 외의 자들은 자신의 계급을 구성할 능력이 없는 비조직적이고 개별적인 자들이라고 하면서 경멸했다. 따라서 바쿠닌의 주장은 후진적인 남부 유럽에서 환영을 받았다.

바쿠닌과 마르크스의 가장 큰 차이는 무엇일까? 마르크스가 잠정적인 프롤레타리아 독재를 인정한 반면, 바쿠닌은 국가를 완전히 철폐하고 어떤 새로운 권력의 창출도 거부했다는 바로 그 점이다. 바쿠닌은 프롤레타리아 독재는 그것이 국가를 전제로 한다는 점에서 수탈과 노예화의 도구로 악용될 수 있다고 보았다. 그러나 모든 조직이 바쿠닌에게 찬성한 것은 아니다. 바쿠닌은 비밀조직의 필요성을 인정했다는 점에서 크로포트킨을 비롯한 여러 아나키스트들의 반발을 샀다.

바쿠닌은 파괴의 충동은 동시에 창조적 충동이라고 했지만, 그가 제시한 비전은 명확하지 못했다. 국가의 철폐 이후 자치적 생산조합의 자유로운 연대가 형성되고, 모든 사람이 노동을 하고, 노동의 비율에 따라 보상을 받는다는 것이 바쿠닌의 비전이었지만 그 이상을 그는 말하지 못했다. 이러한 바쿠닌의 주장은 마르크스에게 낭만적이고 비과학적인 공상으로 보였다. 반면 바쿠닌에게 마르크스는 머리부터 발끝까지 권위주의자로 보였다.

크로포트킨이 바쿠닌의 영향을 받은 것은 분명하지만 그에

게는 바쿠닌의 폭력적 기질이나 거대한 파괴적 충동 같은 것
은 처음부터 없었다. 도리어 긍정과 품위와 지성의 소유자라는
점에서 바쿠닌과는 대조적이었다. 즉 크로포트킨은 낙관과
온건함과 분별의 화신이었다. 그러나 그 역시 고귀한 동기에서
자행되는 폭군 암살까지 부정하지는 않았고, 최소의 희생에
의한 신속하고도 인간적인 혁명은 가능하다고 주장했다.

청년 아나키스트의 길

크로포트킨은 스위스를 비롯한 유럽에서의 경험 덕분에 "사
회주의 운동의 내면을 이해하게 되었고 노동자들의 사고방식
도 알 수 있게 되었다."(자서전 355) 나아가 "노동자들이 얼마
나 배우고 싶어 하는지, 그러나 자발적으로 노동자들을 돕고
자 하는 사람들이 얼마나 적은지 알게 됐다."(자서전 356) 반면
크로포트킨은 지식인들이 협회를 정치적으로 이용하는 데
크게 실망한다. 나아가 국제노동자협회 쥬네브 지부의 건전성
에도 의문을 품고 바쿠닌파의 다른 지부로 자리를 옮긴다.

이 상황을 이해하려면 국제노동자협회의 역사를 알 필요

가 있다. 1864년 런던에서 창립된 이 협회에는 중류계급 출신의 구파 혁명가들이 가입했다. 이들은 과거 중앙집권적 피라미드형 비밀결사를 추구하여 연합위원회와 전국위원회 외에 런던에 총무위원회를 임명하여 각국 전국위원회 사이를 중개하게 했다. 마르크스와 엥겔스가 그 지도자들이었다. 총무위원회는 중개에 그치지 않고 지방연합과 지부만이 아니라 모든 구성원을 지배하고자 했는데, 파리코뮌조차 지휘하려 들면서 반대의견은 철저히 무시했다.

그 총무위원회에 반대한 것이 쥐라연합이다. 1년 전에 결성된 쥐라연합은 원래 시계공들의 연합이었다. 바쿠닌의 영향으로 중앙집권주의가 아닌 자유연합주의를 믿은 그들 사이에는 지도자와 대중 간의 괴리가 없었다. 지도자는 다른 사람들보다 활동적인 사람일 뿐이었고, 노동자라고 해서 소수 지도자에게 지도받거나 정치적 목적에 이용당하지 않았다. 크로포트킨은 그곳에서 일주일을 보내며 많은 노동자를 만났다(자서전 359).

특히 잠 기욤(James Guillaume, 1844~1916)[26]과 절친하게 지냈다. 1865년부터 노동운동에 뛰어들어 바쿠닌의 영향을 받은 그는 도덕의 기반을 선전과 혁명으로 연결된 사람들의 집단의식 속에서 찾았다. 또 파리코뮌에서 추방된 베누아 말론

(Benoît Malon, 1841~1893)[27]과도 친하게 지냈다. 그들에게 들은 파리코뮌의 이야기는 크로포트킨의 혁명관을 형성하는 데 중요한 역할을 했다. 크로포트킨에 의하면 파리코뮌은 충분한 시간을 두고 분명한 이상을 갖지 못한 채 사회가 폭발한 두려운 사례였다. 파리코뮌에서 노동자들은 파리의 주인공이 됐으면서도 부르주아의 사유재산권을 폐지하지 않았다. 베르사유 측도 이를 청산하지 않았다. 이 문제를 두고 크로포트킨은 "코뮌이 사회적 소유를 향해 단호한 조치를 취했더라면 그들에 대한 보복이 이 정도로 심하지 않았"으리라고 말했다.

인간사회의 발전 속에서 충돌은 피할 수 없고, 특정 개인의 의사와 무관하게 내전이 터진다고 해도 그것은 적어도 막연한 열망이 아니라, 분명한 논거에 근거하여 행해져야 한다. 아무리 무의미한 것이라고 해도 투쟁의 격렬함은 감소되지 않는 부차적인 논거에 근거해서가 아니라, 사람들에게 장대한 전망을 부여하는 광범한 사상에 근거하여 행해져야 한다. 후자의 경우, 투쟁을 끝내는 것은 화기나 총기 따위가 아니라, 사회개혁이라는 사업에 참여하는 창조적인 천재의 힘이리라. 특히 그것은 투쟁이 행해지는 동안 자유롭게 활동할 수 있는 사회의 건설적인 힘이다. 변혁에 반대하는 계급

사람들 사이에서도 공감을 얻을 수 있는 높은 도덕적 영향
력일 것이다. 그리하여 더 거대한 쟁점을 둘러싸고 행해지
는 투쟁은 사회 공기 자체를 깨끗이 할 것이고, 양 진영 희
생자의 수도, 투쟁이 부차적인 문제를 둘러싸고 행해진 경
우(그 경우에는 인간의 저열한 본능이 분출되기 쉽다)보다도
훨씬 적을 것이다(자서전, 369, 번역문은 수정됨).

크로포트킨은 1872년에도 같은 생각을 견지한다. 당시 그
는 혁명을 준비할 때 필요한 조건들을 검토하면서 건설적인
사회세력이란 어떠해야 하는지 고민한다. 특히 외국여행의 경
험을 바탕으로 정치적 전제주의보다 경제적 전제주의가 더 위
험하다는 점에서 국가사회주의를 비판한다. 그리고 노동자들
이 보여준 평등한 인간관계, 독립적이고 주체적으로 사고하고
표현하는 것, 운동에 대한 한없는 헌신에 큰 감동을 받았다
면서 이런 요소들이 본인을 "아나키스트의 길로 이끌었다"(자
서전 365)고 고백한다. 그는 합리적인 미래사회를 만들기 위해
아나키스트가 된 것이다.

차이콥스키단에서 활동하다

1872년 크로포트킨은 러시아에 돌아오자마자 내무부에 사표를 낸다. 당시 러시아에서는 브나로드 운동, 즉 니힐리즘이 더욱 고조되고 있었다. 브나로드는 '민중 속으로'라는 뜻의 러시아어로 1860년대 진취적인 젊은 지식인층이 민중계몽을 위해 농촌으로 파고들면서 내걸었던 슬로건[28]이다. 대학시절의 유일한 친구였던 드미트리 켈니츠는 크로포트킨에게 브나로드 조직의 하나인 차이콥스키단에 가입하라고 권한다. 혁명적 사회주의 이상을 옹호한 브나로드 운동은 수단 방법을 가리지 않는 비밀혁명조직에 반대하여 도덕적으로 순결한 개인을 기초로 만들어졌다. 단체 이름에 나오는 니콜라이 바실리에비치 차이콥스키(Nikolai Vasilyevich Tchaikovsky, 1851~1926)는 모임의 리더가 아니었기에 1874년 미국으로 망명했고 이어 1880년에는 런던으로 갔다. 차이콥스키단은 리더가 없는 모임이었다. 리더만이 아니라 규약도 없었다. 모든 결정이 전원 일치 원칙을 따랐기 때문이다. 하지만 실제로는 이런 원칙조차 거의 적용되지 않았다. 그런데도 작은 충돌 하나 없을 정도로 모임은 사랑과 신뢰로 충만했고, 구성원들은 상하 구별 없이 모두 평등했다. 그들은 라살이나 마르크스의 저서, 러시아 역사서 등을 사서 지방으로 보냈고 점차 사회주의 선전의 중심으로 자리잡았다.

1873년 초부터 차이콥스키단은 노동문제를 중심으로 삼는다. 동료들과 함께 노동자들에게 파리코뮌이나 국제노동자협회에 관한 이야기 등을 중심으로 선전활동을 펼쳤던 크로포트킨은 뛰어난 설득력으로 두각을 나타낸다. 특히 파리코뮌의 정체성을 정확하게 이해하게 됨으로써 러시아 사회주의는 서재나 밀실, 혹은 개인적인 모임 차원을 벗어나 농촌과 공장에서의 무장투쟁으로 전환된다. 또한 국제노동자협회는 사유재산과 국가의 전폐를 목적으로 하는 국제결사로서 자유롭고 연합주의적인 협동체라는 새로운 이상을 제시한다.

그런데 이 시기에 크로포트킨은 이중적인 생활을 했다. 사교적인 성격이었던 그는 소년사관학교의 친구들이나 귀족 친척들, 그리고 황제와 가까운 상류계층의 가정에도 드나들었다. 모임 뒤에는 옷을 갈아입고서 노동자나 농민들을 만났는데, 이런 과정을 거치면서 그는 차츰 자신의 입장을 세워간다. 당시 차이콥스키단에서 크로포트킨과 함께 활동한 그의 친구인 세르게이 크라브친스키(Sergey Kravchinsky, 1851~1895)는 당시 크로포트킨이 "이론적 신념이 너무 배타적이며 엄격했고" "극단적인 아나키즘 프로그램"에서 벗어나지 않았다고 회상했을 정도로 과격했다. 차이콥스키단의 다수는 반투쟁적 선전을 지지했으나, 크로포트킨은 농민 봉기와 토지 및 재산의 압수를 강조했다.

1873년 11월경 그는 차이콥스키단의 강령 작성을 의뢰받고 토론 서면을 준비한다. '우리는 미래 체제의 이상을 검토해야 하는가?'라는 제목의 제1부 메모는 사유재산 폐지에 의한 완전한 평등을 주장한 것이다. 여기서 그는 완전평등 사회에서는 모든 사람이 하루 7~8시간의 의무노동에 의해 생활비를 벌게 되므로 특권적인 두뇌노동은 더는 필요 없게 된다고 했다. 이를테면 "교수는 (…) 실험장치도 만들고 청소도 해야 한다. 육체노동의 민주주의와 함께 육체노동에도 지식인계급이 생겨났다. 그러나 깨끗한 일만 하는 귀족계급은 전혀 바람직하지 않다"고 말한다.

나아가 교육이 사람들을 지배하는 자와 지배받는 자로 나누지 않게 하려면 모든 시스템을 직접적 생산과 연결하여 일원화해야 한다고 주장하면서 대학이나 아카데미 등의 고등교육기관은 문을 닫고, 여러 곳에 대학 수준 이상의 공장부설학교를 세워야 한다고 강조했다. 그리고 학문과 예술도 일정 기간 폐지해야 하고, 최종 목적인 정치적 평등의 확립은 국가 없이 사회생활을 조직하는 것, 즉 농촌공동체와 노동자 협동조합의 연합으로 달성해야 한다고 보았다. 이어 제2부 '우리의 이상을 실현하기 위해 취해야 할 실제 조치 문제'에서는 기본 과제로 현존 국가기구를 사회혁명에 의해 폐지해야 한다고 했으나, 혁명 직후에 민중의 이상을 어떻게 실현할 것인지에 대해서는 특별히 언급하지 않았다.

이러한 정치적 성명은 크로포트킨의 근본적인 아이디어 중 많은 부분이 이미 형성되었음을 보여준다. 프루동과 바쿠닌처럼 크로포트킨은 마을 공동체의 생산자들이 토지와 공장을 직접 소유할 것을 요구했다. 모든 사람이 일하고, 교육은 보편적이어야 하며, 정신적 능력과 육체적 능력은 결합되어야 한다는 것이다. 크로포트킨은 이러한 모든 주장이 "권위를 독점하는 것은 해악이라는 생각으로 이어지고, 결과적으로 아나키 상태로 귀결된다"라고 주장했다. 따라서 그는 국가 없이 조직되는 사회를 촉구했는데, 이는 노동자와 농민이 직접 수행한 완전한 사회혁명에 의해서만 달성될 수 있다는 것이다. 그의 사상과 후기 코뮤니즘 입장의 유일한 차이점은 크로포트킨은 여전히 화폐 대신 노동 수표 계획을 프루동처럼 유지했다는 것이다.

1873년에 크로포트킨은 『동시베리아 산악지 개설』을 비롯하여 몇 권의 지리학 저서를 간행하여 지리학자로서 두각을 나타낸다. 그러나 1874년 3월, 지리학협회에서 핀란드와 스웨덴의 빙하 연구를 발표한 이튿날 그는 체포되었다.

토끼섬에서의 감옥살이

"체포되기 직전까지 차이콥스키단에서 활동한 2년은 나의 생활과 사상에 깊은 족적을 남겼다."(자서전 395) 당국이 크로포트킨을 체포하며 내세운 혐의는 '정부를 전복하기 위해 비밀결사원 신분으로 황제에 반대하는 음모를 꾸몄다'는 것이었다. 이 때문에 그는 2년간 감옥살이를 한다. 데카브리스트들, 도스토옙스키, 바쿠닌, 체르니솁스키, 고리키 등이 구속된 페트로-파브롭스키 요새에서다. 페트로는 베드로, 파블롭스키는 바울의 러시아식 발음인데, 이처럼 기독교 성인들의 이름을 갖다 붙이긴 했지만 실제로 그곳은 요새가 아니라 감옥이었다. 그 감옥이 있는 섬을 사람들은 자야치섬(토끼섬)이라고 불렀다. 요새 건설 당시 토끼가 많이 살았기 때문이다. 그러나 요새 건설이 끝나자 평화로운 토끼는 사라지고 악명 높은 요새 감옥만 남았다. 요새가 있는 강 건너에는 겨울 궁전이 있다. 차르는 그 감옥을 보고 안심했을까?

재판도 없이 감옥 요새에 투옥된 인간이라면 누구나 심리적으로 가장 두려워하는 것이 수개월이나 수년은커녕 몇십 년 동안이나 사람들에게 '망각된다'는 점이다. 크로포트킨은 그런 공포에 젖지 않으려고 부단히 노력했고, 앞서 투옥된 사람들이 그를 도왔다. 바쿠닌이나 도스토옙스키나 체르니솁스키 등도 그런 시련을 이겨냈다. 특히 바쿠닌은 탈출에 성공했기에 모든 죄수에게 숭배의 대상이 되었다. "그는 그런 상황에서도 살아 있었다. 나도 그래야 한다. 결코 여기서 주저앉지 않으리"라고 크로포트킨은 다짐했다(자서전 426).

크로포트킨은 그곳에서 최소의 가구만을 갖춘 어두운 독방에 갇혔다. 거친 수의에 커다란 황색 슬리퍼 차림으로 체력을 유지하기 위해 감방 안을 왕복하며 하루 7킬로미터 정도를 걷고 체조를 반복했다. 다행스러운 것은 지리학협회에서 그의 탄원과 구원을 요청하는 서명을 냈다는 점이다. 덕분에 크로포트킨은 감옥 안에서도 빙하기 연구를 계속할 수 있었다.

100년도 더 전의 러시아 감옥에서 한국과 달리 그는 책을 읽고 쓸 수 있었으나, 결국 괴혈병과 류머티즘에 걸리고 만다. 1876년 5월, 건강이 악화하여 국군병원으로 이송되자 동지들의 도움을 받아 6월에 탈출한다. 탈출 이야기는 『자서전』의 15쪽 정도에 걸쳐 상세하게 서술되어 있다.

이후 크로포트킨은 감옥에 대한 증오심을 품게 되었고 처벌은 결코 행동을 개혁하는 적절한 수단이 아니라는 믿음을 굳히게 된다. 1887년, 그는 『러시아와 프랑스의 감옥에서*In Russian and French Prisons*』를 출간했는데, 그 책의 2장과 4장에 해당하는 부분을 우리말로 번역한 것이 『러시아의 감옥과 유형 그리고 강제노동』(한국학술정보, 2020)이다. 하지만 그 번역서에는 원저에 대한 정보가 전혀 없다. 영어판보다 훨씬 상세한 내용이 있는 것을 보면 러시아어판을 번역한 듯하다. 여하튼 번역서는 1~2부로 되어 있지만, 1부는 크로포트킨의 저술이 아니고, 2부가 원저의 부분 역이다. 19세기 러시아 감옥을 연구하는 사람이 아니라면 특별히 흥미로운 내용은 없는데, 그중 나는 '감옥이 쓸모없다'는 결론에만 관심이 갔다.

4장

망명객 아나키스트 크로포트킨
1876~1890

라쇼드퐁에 정착하다

1876년 6월에 감옥을 탈출한 뒤 크로포트킨은 핀란드와 노르
웨이를 거쳐 영국으로 간다. 배를 타고 항구도시 헐에 닿은 뒤
기차를 타고 스코틀랜드의 글래스고를 거쳐 런던에 도착한다.
당시 그는 그 뒤의 망명생활이 40년이라는 긴 세월이 되리라
고는 상상조차 하지 못했다. 32세에 감옥에 갇혔으니 실질적
망명생활을 47년이라고 보아야 할까, 아니면 귀족 집안의 반
대를 무릅쓰고, 남들 다 원하는 출셋길을 마다하고 시베리아
로 떠났던 20세 이후의 생애 59년 전부를 망명자의 삶으로 보
아야 할까?

1884년 존 앳킨슨 그림쇼가 그린 영국 헐의 항구 이미지. 크로포트킨은 이곳에 1876년에 상륙했다.

크로포트킨은 주위에 득실거리는 러시아 스파이들을 피해 런던을 떠나 에든버러로 간다. 그곳에서 그는 "사회주의자는 반드시 자신이 직접 노동하여 생계를 유지해야" 한다는 신념 아래 교외 건물에 작은 방을 구하고 일을 찾아나섰다(자서전 466). 집필과 번역 일을 하며 생계를 이어가던 중 고정적인 일자리를 구하기 위해 몇 주 만에 다시 런던으로 간다. 그리고 영국에서 최초로 ≪네이처≫지에 논문을 발표한다. 1869년에 창간된 ≪네이처≫는 당시는 물론 지금까지도 그 권위를 인정받는 세계에서 가장 오래된 과학 학술지다. 그리고 상트페테르부르크에 있는 지리학협회에서는 『빙하기 연구』를 간행했다.

1877년 1월에 다시 스위스로 간 크로포트킨은 라쇼드퐁
(La Chaux-de-Fonds)이라는 마을에 정착하고, 국제노동자협회
쥐라연합에 가입한다. 쥐라산맥과 접하며 프랑스 남쪽 국경과
가까운 뇌샤텔주에 있는 라쇼드퐁은 지금도 인구가 3만 명밖
에 되지 않는 작은 마을로 크로포트킨이 살았던 1880년 전후
에는 2만 명 정도였다. 지금은 그곳 출신인 르 코르뷔지에(Le
Corbusier, 1887~1965)가 설계한 건축물로 유명하지만, 당시 그
곳은 '봄의 초원'이라는 이름과 달리 크로포트킨의 말마따나
"스위스 도시 중에서 가장 매력 없는 곳"이었다(자서전 483).
높이 1000미터 고원에 자리 잡은 탓에 어떤 식물도 자라지 않
았고, 특히 겨울 추위가 대단히 지독했기 때문이다. 지금도 폭
설로 기차가 멈추기 일쑤다.

그러나 그곳은 옛날부터 크로포트킨과 같은 정치적 소
수자들의 마을이었다. 13세기부터 그곳에 정착한 카타리
(Catharisme) 교파는 부활의 교리를 거부하고 극단적인 금욕
생활을 함으로써 이단으로 몰렸다가 14~15세기에 대부분 소
멸했다. 이어 16세기에는 프랑스에서 박해를 받았던 위그노파
(Huguenot)가 라쇼드퐁에 정착했다. 이런 배경 때문인지 그곳
에는 독립적이고 반체제적인 분위기가 강하게 형성되었다. 이
후 라쇼드퐁은 스위스 시계 산업의 중심지로 성장한다. 마르

크스가 『자본론』에서 자본주의가 낳은 '거대한 공장마을'이라고 부른 곳이 바로 라쇼드퐁이다. 주민 대다수가 시계공으로 일했는데, 그들 가운데 중요한 아나키스트들이 나왔다. 크로포트킨도 시계일을 배우고자 1877년 2월에 공장에 들어갔으나 여러 가지 문제로 바빠지자 치밀한 시계 작업을 배울 수 없어 그만둔다.

1877년 3월, 베른에서 파리코뮌 기념집회와 시위가 열렸을 때 만난 엘리제 르클뤼(Élisée Reclus, 1830~1905)는 크로포트킨에게 누구보다도 중요한 친구가 된다. 르클뤼는 파리코뮌에서 총을 들었던 철학자이자 지리학자다. 그는 아마존 밀림에 살면서 그곳 원주민의 생활과 풍속 그리고 동식물을 연구했는데, 크로포트킨처럼 자연계 생물에게는 상호협력과 연대가 중요하다고 주장했다. 크로포트킨에 의하면 "그의 생활은 청교도적이었고, 정신은 18세기 프랑스 백과전서파와 통하는 점이 있었다. 사람들을 고취했지만 절대로 지배하려 들지는 않았다."(자서전 479)

파리코뮌 이후 프랑스 노동자들에겐 국제노동자협회 가입이 법적으로 금지되었고, 독일에서는 사회민주당이 출현하여 국가사회주의를 주장하면서 노동조합을 무시하고 파업을 비난했다. 반면 유럽 남부에서는 아나키즘 운동이 여전히 강세였다. 당시 국제노동자협회는 바쿠닌파와 마르크스파로 분열되었는데, 마르크스파가 득세하면서 1872년에는 바쿠닌과 기욤, 그리고 쥐라연합이 제명되었다. 그러나 스페인, 이탈리아, 벨기에의 다수 연합이 쥐라연합을 지지하자 마르크스파는 협회 자체를 해산하려고 했다. 그렇지만 1877년 크로포트킨이 스위스에 왔을 때에도 쥐라연합은 여전히 협회의 중심이었고, 유럽 남부의 아나키즘도 활발하여 크로포트킨은 이곳을 무대로 적극적인 선전활동을 펼치게 된다.

1877년 9월, 크로포트킨은 벨기에의 겐트에서 열린 세계 아나키스트대회에 참석했다가 벨기에 경찰에 쫓겨 런던으로 간다. 그러나 얼마 되지 않아 다시 파리로 떠났고 그곳에서 바쿠닌주의자인 안드레아 코스타(Andrea Costa, 1851~1910), 역시 바쿠닌주의자로 노동당 창설에 관여했던 쥘 게데(Jules Guesde, 1845~1922)와 함께 최초의 아나키스트 그룹을 창설한다. 이후 그는 파리에서 투르게네프를 만나 특별한 우의를 다진다. 1818년생인 투르게네프는 24세 연상으로 아버지뻘이었으나 두 사람은 친구처럼 지낸다. 하지만 1878년 봄에 체포령이 떨어지는 바람에 다시 스위스 쥬네브로 갔고, 4월에 쥐라연합이 ≪아방가르드≫를 펴내는 데 힘을 보탠다.

결혼, 그리고 최초의 아나키즘 주장

크로포트킨의 『자서전』을 읽다가 놀라게 되는 대목 중 하나가 아내 이야기다. 사랑이나 결혼에 대한 언급이 전혀 없다가 별안간 마지막쯤에서 "아내의 건강이 좋지 않았"다는 (자서전 512) 이야기가 나오는 탓이다. 크로포트킨은 1878년 러시아의 톰스크(Tomsk)에서 스위스 쥬네브로 유학 온 소피아 아나니에바-라비노비치(Sofia Ananyeva-Rabinovich, 1858~1941)를 만난다. 폴란드계로 키에프에서 태어난 그녀는 크로포트킨보다 16년 연하였는데, 뒤에 톨스토이의 소설 『카자크』 등을 영어로 번역한다.

결혼 후 곧 신혼부부는 쥬네브를 떠나, 르클뤼가 1872
년부터 살고 있던 클라렌스(Clarens) 북부로 이사한다. 그곳
에서 러시아의 낭만주의 작곡가 차이코프스키(Pyotr Ilyich
Tchaikovsky, 1840~1893)가 1878년 〈바이올린 협주곡〉을 작곡
했다. 크로포트킨과 차이코프스키 두 사람이 같은 해 그곳에
있었지만 만났다는 기록은 없다. 그들이 죽고 난 뒤 러시아 작
곡가 이고르 스트라빈스키(Igor Stravinsky, 1882~1971)가 1910
년부터 1915년까지 여름마다 클라렌스를 찾아와 묵었는데 그
는 거기서 발레곡 〈봄의 제전〉(1913)과 〈풀치넬라〉(1920)를 작
곡했다.

행복한 백년해로가 시작된 1878년에 크로포트킨이 최초
로 자신의 아나키즘사상을 주장한 것을 보면 결혼이 그에게
큰 힘이 되어준 듯하다. 이런 현상은 결혼 때문에 신념을 접었
다는 사람들이 많기에 더욱더 돋보인다. 시발점은 그해 8월에
열린 쥐라연합의 회의였다. 그는 해체 과정에 있는 민족국가가
코뮌을 비롯한 자유로운 연합에 의해 대체되어야 한다고 주장
하면서, 이는 근본적인 사회변화를 초래하는 사회혁명—모든
인민이 자발적으로 토지와 자본과 생활수단을 공유—을 수
용할 때 이루어진다고 역설했다.

크로포트킨은 1879년 2월, 쥬네브에서 '혁명가'라는 뜻의

<르 레볼테*Le Révolté*>를 창간하여 격주로 나오는 신문 기사의 대부분을 집필하면서 특히 혁명의 징후와 저항을 알리는 데 주력했다. 크로포트킨은 『자서전』에서 "<르 레볼테>에 쓴 가장 훌륭한 논설은 모두 아내의 도움을 받은 것이다. 나는 언제나 모든 사건, 쓰고자 하는 논설을 아내와 논의했고, 아내는 내가 쓴 것을 엄밀하게 비평해주었다. 그렇게 쓴 논설 중에서 『청년에게 호소함』(1880) 등은 여러 외국어로 번역되어 수십만 부나 읽혔다. 사실 그 뒤 내가 쓴 거의 모든 저작의 기초는 여기서 쓴 것이다"라고 말했다(자서전 513, 번역문은 수정됨).

1879년 10월, 크로포트킨은 라쇼드퐁에서 개최된 한 모임에서 '실용적 현실화 관점에서 본 아나키스트의 이상'이라는 제목으로 강연한다. 마틴 밀러에 의하면 그 강연은 아나키스트들이 정치적 정당을 만들어 국가의 권력 추구를 반대해야 하고, 미래의 사회혁명은 토지와 자본 및 생활수단의 집산적 수용[29]으로 이루어질 것이라는 내용이었다(*Miller* 142).

그러나 이듬해 10월, 라쇼드퐁에서 열린 쥐라연합 회의에서 크로포트킨은 집산주의 개념을 포기한다. 집산주의에 임금노동체계가 포함[30]되었다는 이유 때문이다. 나아가 그는 이 회의에서 최초로 '아나키스트 코뮤니즘'이라는 개념을 사용한

1880년경의 크로포트킨.

다. 그것은 상품의 자유로운 분배를 포함해 각자의 수단으로
부터, 그리고 각자의 필요에 따라 경제시스템을 구축해야 한
다는 것이다. 쥐라연합 회의는 사회주의와 구별되는 이 주장
을 승인한다. 크로포트킨의 혁명적 사회주의가 하나의 중요한
단계로 진입한 것이다. 사실 아나키스트 코뮤니즘이라는 표현
은 그전에도 사용되었기에 온전히 크로포트킨이 만든 것이라
고 할 수 없다. 하지만 그 뒤로 노동계급에 의한 토지와 재산
의 수용, 이에 따른 자본주의 및 민족국가의 종언, 그리고 자
본주의와 임금체계의 부정은 물론이고, 대의민주주의나 마르

크스주의 혁명정당에 의한 '프롤레타리아 독재'까지 부정하는
개념으로 사용된다.

『청년에게 호소함』

크로포트킨이 38세가 된 1881년, 영국으로 추방되기 전에 스위스 쥬네브에서 간행한 『청년에게 호소함』은 1년 전인 1880년 8월호 〈르 레볼테〉에 실었던 그의 글 중에서 가장 유명한 것이다.[31] 이 글은 일제강점기에 신채호나 박태원을 비롯하여 많은 조선 청년에게 감동을 주었고, 1920년부터 2014년에 이르기까지 1세기 동안 우리말로도 몇 차례나 번역되었다. 신채호는 45세가 된 1925년에 쓴 「낭객의 신년 만필」에서 "이해 문제를 위하여 석가도 나고 공자도 나고 예수도 나고 마르크스도 나고 크로포트킨도 났다"고 하면서, 『청년에게 호소함』의

"세례를 받자. 이 글이 가장 병에 맞는 약방(藥方)이 될까 한다"고 썼다. 한편 1927년 18세 청년이던 박태원은 당시 조선의 작품들은 실망과 불만을 주었고 따라서 슬픔을 느끼게 해주었을 뿐이라면서 자신이 진정으로 원하는 '진과 열'의 문학은 『청년에게 호소함』과 같은 것이라고 했다. 당시 그는 일본의 아나키스트 오스기 사카에[大杉栄, 1885~1923]가 번역한 팸플릿으로 그것을 읽었고, 크로포트킨과 함께 톨스토이야말로 자신이 바라는 글을 썼다고 했다.

오스기는 『청년에게 호소함』을 번역하여 1907년부터 〈평민신문〉에 연재했는데, 그 글의 마지막 장이 '질서문란'에 해당된다는 이유로 감옥에 갇히기도 했다. 이에 대해 크로포트킨은 일본 아나키스트 고도쿠 슈스이[幸德秋水, 1871~1911]에게 편지를 보내 그 책은 자기 책 중에서 가장 온건한 것인데도 그렇게 되었다며 개탄했다. 그러나 청년들에게 사회주의자가 되기를 호소하는 그 책은 일제 당국자에게는 대단히 위험한 책으로 간주되었다.

2014년에 이 책을 『청년에게 고함』이라는 제목으로 번역한 홍세화는 1920년생인 자신의 아버지가 그 책을 일본어판으로 읽었으리라고 추정하지만(청년 7) 1920년과 1925년의 『동아일보』부터 1928년의 팸플릿판 등의 한글판도 다수 나왔으니 한

글로 읽었을 수도 있다. 아마도 많은 한국인이 그 책을 읽었으리라. 그러나 1928년 이후 1993년에 성정심에 의한 번역이 나오기까지 65년간의 긴 암흑기에는 새로운 한글번역이 나오지 않았다.

『청년에게 호소함』의 서문은 다음과 같은 물음으로 끝난다.

젊은이라면 마땅히 그렇게 여러 해 동안 직업 훈련을 하거나 학문을 공부한 것(사회가 그 비용을 지불했음을 잊어서는 안 됩니다)이 착취의 도구가 되려 함이 아님을 알아야 합니다. 그렇기에 그동안 쌓아올린 지성이나 능력과 학식을 활용하여 오늘날 비참과 무지의 나락에 떨어져 신음하는 사람들을 도울 날을 꿈꾸지 않는다면, 그것은 악덕으로 타락한 탓이라고 말하지 않을 수 없습니다. 여러분은 그러한 꿈을 갖고 있습니까? 그렇다면, 이제 그 꿈을 실현하려 무엇을 할지 물어야 할 것입니다(청년 30).

이어 1장에서 그는 대학생에게 호소한다. 의대생이 뒤에 의사가 되어 가난한 환자나 부자 환자를 만날 때 "병을 고치는 것으로는 충분하지 않아. 조금만 더 생활을 개선하고 조금만 더 지적인 발전이 이뤄져도 환자와 질병의 반을 없앨 수 있

어. 약은 악마에게나 줘버려! 대신 신선한 공기, 좋은 음식, 과
로하지 않는 노동, 이런 걸로 시작해야 해. 이것이 없다면 의사
라는 이름의 모든 직업은 속임수와 거짓에 불과해”라고 생각
하면 ‘사회주의’와 ‘이타심’을 이해하고(청년 36) “사회변혁을
위해 일하게 될 것”이라고 말이다. 반면 청년이 자신의 학문적
성과를 높이는 데만 전념한다면 주정뱅이와 다를 게 없다, 라
고 하면서 그런 사람은 오직 이기적인 목적에 따라서만 움직
일 것이라고 말했다.

이어 크로포트킨은 과학과 법학을 비판한다. “오늘의 사회
에서 과학은 사치품에 지나지 않기에 몇몇 사람의 삶만을 더
안락하게 할 뿐이고 거의 모든 인류에게는 절대적으로 접근
불가능하”(청년 38)므로 “과학이 이룬 진리들을 확장하여 삶
에서 실천하게 함으로써 공동의 소유가 되도록” 해야 한다(청
년 39).

또한 법학의 경우, “노동자들이 15일의 예고 기간을 지키
지 않고 기업주에 맞서 파업에 돌입”(청년 44)했을 때 “‘계약의
자유’라는 허구의 편에 설 것인가, 아니면 매일 호의호식하는
사람과 끼니를 위해 노동력을 팔아야 하는 사람 사이, 즉 강
자와 약자 사이의 계약은 계약이 아니라는 공정함의 편에 설
것”인가를 묻는다. 19세기 후반의 영국에 있던 파업 예고 기

간이라는 법규정이 마침 21세기의 한국에도 있어서 매우 흥미롭다.

그리고 의사의 경우와 같이 법률가도 계약의 자유에 구속되므로 그것을 거부하는 것은 적어도 현실적으로는 불가능하다. 따라서 의사든 법률가든 자신의 직업을 포기하고 각 분야에서 치밀한 논리로 학문을 연구하고 종합하여 편견을 극복하면서 더 나은 조직의 토대를 구축하는 혁명적인 길을 모색해야(청년 63) 하는데, 이때 특히 다음과 같은 태도가 중요하다고 지적한다.

> 지배하기 위해서가 아니라 미래를 정복하려고 앞으로 나아가는 새로운 환경 속에 당신 자신을 고취시키고자 함입니다. 가르치기 위해서라기보다는 대중의 갈망을 이해하고 알아내고 정확히 표현하려고, 그리하여 마침내 그것들이 청년의 모든 도약과 함께 삶 속에 녹아내리도록 부단히 활동하기 위해서입니다(청년 66).

이어서 크로포트킨은 기술자, 교사, 예술가의 경우를 언급한다. 이런 직업도 사유재산 및 임금체계 문제에 있어서는 희망과 이상 그리고 실제 세계의 조건 사이에 현저한 모순이 있음을 인지해야 한다. 따라서 모든 인류의 편의를 위한 생산양식, 모두를 위한 광범위한 인도적 교육, 부자가 아니라 다수의 이익에 봉사하는 예술가의 재능은 하나같이 현재 자본주의 체제에서는 불가능할 따름이다. 그래서 결국 다음과 같이 묻는다. "추상적 학문은 사치에 지나지 않고 의술의 실행은 사술일 뿐이며 법은 불의에 지나지 않고 기술의 발견이 착취의 도구라면, 실천가의 지혜에 맞서는 학교는 극복되어야 마땅하고 혁명적 사상이 없는 예술이 타락할 수밖에 없다면, 그렇다면 내가 할 수 있는 일은 도대체 무엇인가?"(청년 54)라고 말이다. 크로포트킨은 이어서 인민 속으로 걸어 들어가 사회주의자들과 함께 사회의 완전한 변혁을 향해 노력해야 한다면서 이렇게 말한다.

성실한 청년인 당신, 남자든 여자든, 농민, 노동자, 피고용인이든 병사든, 당신은 자신의 권리를 깨닫고 우리와 함께할 것입니다. 당신은 모든 노예제를 폐지하고 압제의 쇠사슬을 끊고 고루한 전통을 무너뜨려 인류 전체에게 새로운 지평을 여는, 그리하여 마침내 참된 평등, 참된 자유를 인류 사회 안에 이룩할 혁명을 준비하는 당신의 친구들과 함께 활약할 것입니다. 모든 사람을 위해 모두 노동하고, 모든 이의 노고

와 능력의 열매를 모든 이가 함께 누리는 합리적이고 인간적이며 행복한 삶을 이루기 위해!(청년 76)

'인민 속으로'라는 구호의 나로드니키 경험에서 비롯된 크로포트킨의 주장에 전문가 계급과 노동계급의 젊은 남녀들은 크게 고무된다. 함께 혁명 운동에 동참하고 보다 의미 있는 동지적 삶을 경험하자는 탄원이 실린 이 책은 그의 팸플릿 중에서 가장 영향력이 컸다. 『청년에게 호소함』은 1885년에 나온 『혁명가의 말*Words of a Rebel*』에 포함되었는데, 같은 해 영국의 마르크스주의자인 하인드멘(Henry Hyndman, 1842~1921)은 자신이 과학과 대중, 혁명과 윤리를 완전히 결합한 개념과 실천의 걸작이라고 본 『청년에게 호소함』을 영어로 번역하여 광범위한 영어권 독자들을 확보하기에 이른다. 그 뒤로 이 책은 전 세계적으로 읽히게 되었다.

『법과 권위』

법체계와 형벌체계를 더욱 날카롭게 비판한 크로포트킨의 저작은 1882년에 쓴 『법과 권위*Law and Authority*』다. 법학자인 내가 가장 좋아하는 글이다. 크로포트킨은 이 외에도 뒤에서 살필 『상호협력』을 비롯하여 많은 책에서 법의 문제를 다루었다. 내가 법학자인데도 법을 부정하는 아나키즘을 소개한다면서 의문을 표시하는 사람이 많지만, 그런 사고는 '법학자라면 절대 법을 비판해서는 안 된다'고 하는 노예근성의 소산일 뿐이다. 법에 대한 비판자로 크로포트킨 이상이 없다는 이유에서 나는 그를 가장 위대한 법학자 중의 한 사람으로 본다.

크로포트킨은『법과 권위』제1장에서 우리 인간은 법이라는 개념을 둘러싸고 물신 숭배가 점점 거대해지는 시대에 살고 있다고 비판한다. 이 현상은 특히 프랑스 대혁명 이후에 현저해졌는데, 이제 법에 대한 물신 숭배를 당장 그만두고 부패의 영향에 도전하자고 주장했다. 즉 "우리는 이 모든 것을 보고, 따라서 '법을 존중하라'는 낡은 공식을 무조건 반복하는 대신 '법과 그 모든 속성에도 불구하고!'라고 말해야 한다. 비겁한 표현인 '법에 순종하라' 대신 '모든 법에 반항하라!'고 외쳐야 한다"(*Essentials* 31)고 말이다.

이어 제2장에서 그는 법이란 현대적 현상이라고 말한다. 사람들은 예전부터 기록되지 않은 관습에 의해 스스로를 규제해왔는데 이런 것을 "인간의 삶에 대한 존중, 호혜적 의무감, 약자에 대한 연민, 용기, 타인을 위한 자신의 희생으로 확장하는 것은 먼저 아동과 친구들을 위해, 그리고 뒤에는 공동체 구성원을 위해 절대적으로 필요하다. 이러한 모든 자질은 어떤 종교든 관계없이 모든 법보다 앞서 사람들 속에서 발전한다. 그러한 감정과 관행은 사회생활의 필연적인 결과"(*Essentials* 32)라고 말했다.

그러나 크로포트킨은 인간성이 매우 복잡하다는 것 역시 잘 알고 있었다. 인간성에는 이타적인 사회성이나 연대하는 마음과 함께 이기적인 열정과 욕망도 존재하는데, 이것들이 타인을 지배하려는 또 다른 관습을 낳는다. 이를 체현하는 자들은 대개 종교적 이데올로기를 통해 사람들을 착취하는 사제와 무당, 이웃을 침략하여 이익을 얻는 군사적 우두머리들이다. 그들에 의해 계급이 발생하자 법이 발생한다. 즉 원시 미신이 그들의 통치를 보장하기 위해 소수에게 착취되었을 때 법이 도입되었고 이는 훗날 정복자들의 칙령에 따라 꾸준히 시행되었다.

여기서 크로포트킨은 법의 이중적 성격에 주목한다. 하나는 인간의 일상생활을 통해 발전한 도덕과 연대의 원칙이고, 또 하나는 계급의 불평등을 고착화하기 위한, 즉 지배자에게 유리하게 작동하는 질서와 법전이다, 라고 하면서 다음과 같이 강조했다. "사기와 폭력으로 태어나 권위의 후원으로 발전한 사적 자본과 마찬가지로 법은 인간을 존중할 자격이 더 이상 없다. 폭력과 미신에서 태어나 소비자, 성직자, 부유한 착취자의 이익을 위해 확립된 그것은 사람들이 사슬을 끊는 날 완전히 파괴되어야 한다."(*Essentials* 34)

제3장에서 크로포트킨은 최근에 법은 주로 사유재산과 정부라는 기계를 보호하고 정치적 권위를 만들어 적용하는 것을 목표로 삼고 있다고 꼬집는다. 자본주의는 "전쟁과 약

탈, 노예와 농노, 현대의 사기와 착취에서" 태어났고, "노동자
의 피에 의해 양육되고, 전 세계를 조금씩 정복했다"(*Essentials*
35)는 것이다. 따라서 대다수 법은 오직 하나의 목적, 즉 부의
착취를 통해 확보한 사적 재산을 보호하는 데, 그리고 자본
이 전화나 전기, 철도나 화학산업과 같은 사회의 다양한 영역
을 포섭할 때 발생하는 새로운 착취의 형태를 규제하는 데 기
여함으로써 모두가 하나의 신인 자본을 섬기며 노동자 착취를
계속한다. 그러니 법은 결코 개인을 보호할 수 없다. 개인 보
호라는 측면에서 그저 무력할 따름이다. 법은 "국가 유지라는
명목 아래 직간접적으로 착취를 보호하는 현대 규범의 정신
이자 본질이자 값비싼 입법기구의 한 기능"(*Essentials* 36)이기
때문이다.

이어 크로포트킨은 제4장에서 현대법의 기능을 "재산 보
호, 생명 보호, 국가 보호"라는 세 가지 범주로 제시한다. 첫
째, "재산에 관한 법률은 개인이나 사회가 노동으로 얻은 생
산물을 안전하게 지키는 것을 돕기 위해 만들어진 게 아니다.
오히려 그것은 생산자가 자신이 만든 것의 일부를 빼앗기고,
생산자나 사회 전체에서 훔친 생산물의 일부를 다른 사람들
에게 확보해주기 위해 만들어졌다."(*Essentials* 39) "우리 법의 절
반인 각 국가의 민법은 전 인류에 대항하여 특정 개인의 이익

을 위한 독점권을 유지하는 것 외에 다른 목적이 없다. 법원이 결정한 원인의 4분의 3은 독점권자 간의 다툼일 뿐이다. 두 명의 강도가 전리품을 놓고 논쟁을 벌인다. 그리고 우리의 형법 중 상당수는 동일한 목적을 가진다. 바로 노동자를 고용주에게 종속된 위치에 두어 착취에 대한 보안을 제공하는 것이다."(*Essentials* 40) 두 번째 범주인 국가 보호도 그것이 세금이든 행정이든 정부의 유지와 보호 외에 다른 목적은 없다. 그리고 세 번째 범주인 생명 보호에 대해 법과 형벌은 불필요할 뿐만 아니라 오히려 해롭다. 범죄는 대체로 사회적이거나 개인적 요인에 관련되어 발생하기에 처벌의 정도가 꼭 정당하다고 볼 수 없다는 것이다. 이어서 그는 법의 본질인 순종이라는 관념이 사람들에게 부패나 정신적인 타락이 발생해도 그냥 유지하거나 따라가게 하는 것은 아닌지 고민해보라고 권한다. 즉 우리의 양심과 친구들의 존경심을 무시하는 권위에 대해, 사형집행자, 간수, 제보자에 대한 필요성에 대해, 한마디로 법과 권위의 모든 속성에 대해 곰곰이 따져보라는 것이다.

크로포트킨에 의하면 범죄는 주로 게으름, 법, 권위에 의해 뒷받침된다. 반면 아나키사회, 즉 정부와 재산이 없는 사회에는 범죄를 일으키도록 자극하는 요인이 적어서 증가세가 더딜 것이다. 또한 정신적으로 불안정하거나 반사회적 상태에 있는 사람들은 공동체 내에서 형제적 대우와 도덕적 지원을 충분히 받게 될 것이다. 그러므로 인류는 수 세기 동안 법을 대신하여 인간관계를 통합하고 규제해온 관습 및 자유합의의 전통적인 네트워크로 돌아가야 한다. 크로포트킨의 결론은 다음과 같다.

> 단두대를 태워라. 감옥을 철거하라. 판사, 경찰관, 정보원을 몰아내라. 그들은 지구상에서 가장 불결한 종족이다. (…) 범죄의 주요 지지기반은 게으름, 법, 그리고 권위이다. 재산, 정부에 관한 법률, 처벌 및 경범죄에 관한 법률을 제조하고 적용하는 데 필요한 권한이다. 더 이상 법률은 없다! 더 이상 판사는 없다! 자유, 평등, 실제적인 인간의 동정심은 우리 사이에서 특정한 반사회적 본능에 대항할 수 있는 유일한 효과적인 장벽이다(*Essentials* 43).

1881년 런던 아나키스트회의에 참석하다

1880년, 르클뤼와 함께 『세계지리학대계』 간행에 협조했던 크로포트킨은 1881년 초, 러시아에서 '인민의 의지' 파(派)에 의해 알렉산드르 2세가 암살되었다는 소식을 접한다. 앞에서 보았듯이 황제는 1861년에 농노를 해방하고 법률 제도를 재조직하며 지역 재판관을 선출제로 바꾸고 가혹한 제도를 폐지하는 등 러시아제국의 근대화를 위해 앞장선 인물 중 하나이지만 아나키스트에게 암살당한 것이다. 그 외에도 알렉산드르 2세는 지방자치제를 활성화하고 군사 제도를 전반적으로 개편했으며 귀족들의 특권 일부를 삭제하고 대학 교육과 산업 발전에

힘썼다. 또한 대외적으로 평화를 추구하는 한편 발칸반도의 여러 슬라브민족과 연합해 오스만제국과 전쟁을 벌이기도 했고, 시베리아와 캅카스산맥으로 영토를 확장하고 투르키스탄을 병합했다. 동방 정책도 적극적으로 추진하여 1860년 제2차 아편 전쟁을 중재한 대가로 연해주를 얻었으며, 블라디보스토크를 건설하는 데도 앞장섰다. 하지만 그를 이은 알렉산드르 3세는 자유주의 사상을 탄압했다. 이에 지식인과 노동자들의 불만이 증폭되면서 결국 러시아혁명으로 치닫게 된다.

크로포트킨은 황제가 암살되고 나서 몇 달 뒤 스위스 정부에 의해 추방된다. 그러나 사업과 아내의 학사시험 준비 때문에 스위스를 떠나지는 못하고 쥐네브의 프랑스 측에 있는 작은 마을 도농(Thonon)으로 이사해 두세 달 살다 런던으로 떠난다. 당시 영국에서도 사회주의 운동은 침체되어 있었다. "진보적 사회주의자에게는 호흡할 공기조차 없는 느낌이었다"(자서전 530)라고 한탄할 정도로 말이다. 페이비언협회도 아직 설립되지 않았고, 윌리엄 모리스도 사회주의자라고 선언하기 전이었으며, 특권적인 노동조합운동은 특히나 사회주의를 싫어하던 상황이었으니 그럴 만도 하다.

크로포트킨은 1881년 7월 14일 런던에서 열린 아나키스트 회의에 참석한다. 다른 참석자로는 프랑스 출신으로 미국에 정착한 마리 르 콩트(Marie Le Compte),[32] 이탈리아 아나키스트 에리코 말라테스타, 이탈리아의 변호사이자 아나키즘 운동가인 프란체스코 사베리오 메르리노(Francesco Saverio Merlino, 1856~1930), 프랑스의 아나키스트 운동가인 루이즈 미셸(Louise Michel, 1830~1905), 니콜라이 차이콥스키, 프랑스의 아나키스트 기자인 에밀 고티에(Émile Gautier, 1853~1937)가 있었다. 그들은 '지역 단체의 완전한 자율성'을 존중하면서 모두가 따를 수 있는 선전 행위를 정의하고, 행동에 의한 선전이 사회혁명의 길이라는 데 동의한다.

루이즈 미셸과 파리코뮌

'프랑스의 아나키 할머니' '몽마르트르 언덕의 붉은 처녀'라는 별명으로도 알려진 루이즈 미셸은 하녀의 사생아로 태어났다. 프랑스 북동부에서 조부모 손에 자라 자유주의 교육을 받고 마을의 교사가 되었다. 그러나 자유로운 수업 방식 때문에 마찰을 일으키곤 하여 여러 학교에서 쫓겨나야만 했다. 1865년, 그녀는 파리에 현대적이고 진보적인 학교를 세웠으며, 빅토르 위고와 서신을 주고받고 시를 발표하면서 급진적인 정치에 관여했다. 1869년에는 페미니스트 단체에 참가하여 어린 소녀들의 교육 문제 개선에 전력했다.

1870년 프로이센과의 전쟁에서 프랑스가 패배하자 종군 노동자들은 250개의 대포를 몽마르트르 언덕으로 옮겼다. 노동자들은 전후 집권한 보수 정권에 불만이 많았는데, 보수 정권의 군대가 그곳을 탈환하려 하자 41세의 여성 루이즈 미셸이 이끄는 2백여 명의 여성들은 3천여 명의 정부군과 대치한다. 정부군 장군은 발포를 명했지만 병사들은 이를 거부하고 도리어 여성들을 얼싸안았다. 그것이 파리코뮌의 멋진 시작이었다. 민중이 처음으로 세운 사회주의 자치 정부인 파리코뮌은 세계에서 처음으로 노동자계급의 자치에 의한 민주주의 정부로 평가된다.

프랑스 제5차 혁명이라고도 불리는 파리코뮌에서는 노동자를 위한 갖가지 개혁이 이루어졌다. 1일 10시간 노동과 야간 노동 금지, 그리고 프랑스 최초로 노동자 상해보험이 시행되었다. 종교와 정치가 분리되어 교육의 주체가 교회에서 보통 사람들에게로 옮겨졌고 모든 교회는 민주적 토론 장소로 사용되었다. 세계사에서 처음으로 사회주의 정책들을 실행에 옮긴 파리코뮌은 그 뒤 사회주의 운동에 큰 영향을 주었다. 그러나 1871년 3월 28일 파리코뮌의 성립이 선포되고 얼마 지나지 않아 정부군이 코뮌을 진압하기 위해 파리로 진입하면서 상황은 완전히 뒤바뀌었다. 정부군이 파리를 탈환한 5월 25일 이후 열흘 동안 파리에서 2만 5천 명이 붙잡혀 총살당했다. 시민군과 관련이 있는 사람은 모조리 살해당한 것이다.

몽마르트르 여성위원회의 수장으로 혁명정부에서 주도적인 역할을 한 미셸은 바리케이드를 쌓고 무장 폭력에 가담했다. 당시 그녀는 남자들에게 조롱당하기도 했지만, 그들에게 "남녀 모두가 인간의 권리를 전부 획득한 후 여성의 권리를 위한 투쟁에 한몫해달라"고 요구하며 함께 싸웠다. 그해 12월 미셸은 재판에서 사형 선고를 요구했으나 유형을 선고받았다. 미셸은 추방 선고를 받은 코뮌의 지지자 1만 명 가운데 한 명이었다.

그 후 미셸은 감옥에서 20개월을 보낸 후 1873년 8월 태평양의 누벨칼레도니(Nouvelle-Calédonie)로 추방되었다. 남서태평양 멜라네시아에 있는 그곳은 1853년부터 지금까지 프랑스의 식민지인데, 영국이 오스트레일리아에서 했던 것처럼 프랑스도 1864년부터 1922년까지 이 섬 남서 해안을 따라 세워진 유형지에 모두 2만 2천 명의 중죄인들을 보냈다. 그중에는 미셸 같은 사회주의자나 알제리 식민지의 카빌레족(Kabyle) 민족주의자와 같은 정치범들도 포함되었다. 이후 오스트레일리아는 독립했지만 누벨칼레도니는 치열한 독립운동에도 불구하고 지금까지 식민지로 남아 있다.

그곳의 원주민인 카나크(Kanak) 사람들과 친구가 된 미셸은 카나크의 전설, 우주론, 언어 등에 관심을 가졌다. 그녀는 카나크인들에게 프랑스어를 가르쳤고 1878년 카나크 반란이 터졌을 때 그들의 편에 섰다. 이듬해 그녀는 체 이크 모크 나니 반란(1871)으로 추방된 알제리의 카빌레 아이들을 위해 누메아에서 교사가 되었다.

미셸은 유형지에서 아나키즘을 받아들였고, 그 뒤 죽을 때까지 모든 형태의 정부를 거부했다. 1896년 미셸은 자신이 마음을 바꾼 것을 두고 다음과 같이 썼다. "나는 과거의 일, 사건, 사람들을 고려했다. 나는 코뮌의 우리 친구들의 행동에 대해 생각했다. 그들은 세심하고, 그들의 권위를 넘는 것을 두려워해서, 결코 자신의 목숨을 잃는 것 외에는 어떤 일에든 전력을 기울이지 않았다. 나는 재빨리 권력을 가진 선한 사람은 무능력하다는 결론을 내렸다. 나쁜 사람은 악한 사람이고, 따라서 자유는 어떤 형태의 권력과도 연관될 수 없다."

1880년 파리코뮌 참가자에게 사면이 내려졌다. 미셸은 파리로 돌아와 엄청난 환영을 받았고, 1881년에는 런던에서 열린 아나키스트 회의에 참석하는 등 유럽 전역을 돌며 자본주의와 권위주의 국가를 공격하는 혁명 활동을 이어갔다. 1882년에는 첫 아나키스트 연극인 〈나딘〉을 무대에 올렸다. 그녀

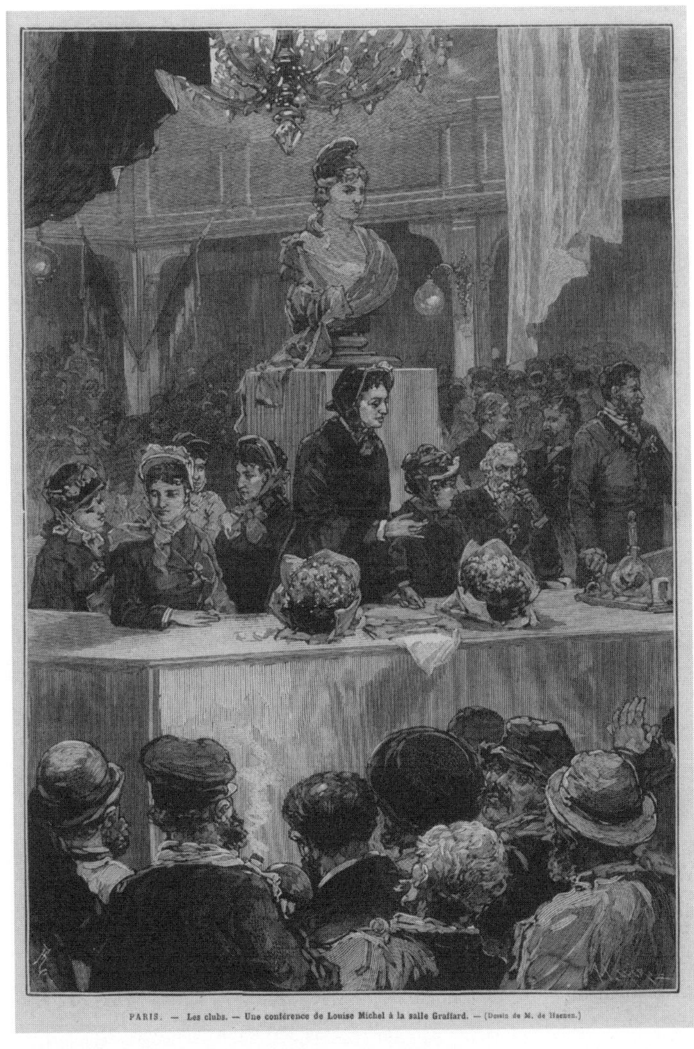

커퍼런스에서 발언하는 루이즈 미셸(르 몽드, 1880.12.11).

는 관객 참여에 관한 장 그라브(Jean Grave, 1854~1939)의 이론
에 따라 연극 무대를 꾸몄는데, 이로써 청중들은 강연, 시, 노
래와 함께 정치 예술 프로그램에 통합되었다. 관객들은 연극
을 관람하며 갈등에 반응하고 느낌을 재연할 수 있었다.

1883년 3월, 미셸은 검은 깃발을 들고 실직 노동자들의 시
위를 이끌었는데, 이 깃발은 그 후 아나키즘의 상징이 되었다.
시위로 인해 6년 형을 받고 독방에 감금되었지만 1886년, 크
로포트킨을 비롯한 아나키스트들과 함께 풀려났다. 하지만
1890년에 또다시 체포될 위기에 처하자 미셸은 정신병원에 입
원하려고 시도했다가 런던으로 도피해 5년 동안 그곳에 머물
렀다. 혁신학교를 세우기도 했지만 1892년 지하실에서 폭발물
이 발견되는 바람에 문을 닫아야 했다.

루이즈 미셸은 여성을 위한 교육을 주창했을 뿐만 아니라
결혼은 자유로워야 하고, 남성은 여성에 대한 재산권을 갖지
말아야 한다고 주장했다. 1880년대 후반에 그녀는 자신의 초
기 작품들의 주제를 재점검하면서 구질서의 소멸과 그에 대응
하는 새로운 사회가 등장하는 여러 작품을 써서 황폐한 유럽
에 농경 유토피아가 출현하는 변화를 그렸다. 미셸은 위고의
낭만주의에 영향을 많이 받았는데 이 같은 그녀의 정치관은
『새로운 시대, 마지막 사상, 칼레도니아의 추억』(1887)에 묘사

되었다. 그러나 후기에는 폭력적인 혁명에 초점을 맞추었던 이전과 달리 민중들의 자발적인 봉기를 강조했고, 이 신념을 작품에 표현했다. 또한 새로운 시대를 여는 수단으로 테러를 배척하게 되었으며, 기술적 진보가 육체 노동력을 기계로 대체할 것이라고 믿었다. 아나키즘이 부의 균등한 분배로 이어질 수 있다고 주장한 그녀는 1890년 "진보의 매력적인 힘은 매일의 빵이 보장되면서 더욱더 자신을 증명할 것이고, 매력적이고 자발적인 몇 시간의 일은 소비에 필요한 것보다 더 많은 것을 생산하기에 충분할 것이다"라고 말했다.

미셸은 1895년에 세바스티안 포레와 함께 프랑스 아나키스트 정기 간행물 〈르 리버테어〉[33]를 창간했다. 같은 해 그녀는 런던에서 열린 아나키스트 회의에서 엠마 골드만을 만났다. 1895년에 프랑스로 돌아온 그녀는 1904년 알제리로 가서 반식민운동에 투신했다가 1905년 1월 마르세유에서 폐렴으로 사망했다. 그녀의 파리 장례식은 10만 명이 넘는 사람들이 운집한 채 거행되었다. 미셸의 무덤은 파리 교외의 레발루아-페레 공동묘지에 있다.

미셸은 흔히 아나코-페미니즘의 창시자로 여겨진다. 반권위주의적인 수사(修辭)를 내세웠음에도 불구하고 초기 아나키즘 사상가들은 가정 노동의 분업과 여성과의 개인적 관계에 관한 한 문화적 전통을 따랐다. 일례로 프랑스 아나키즘의 창시자인 프루동은 성차별주의적 견해로 악명이 높았다. 하지만 미셸과 엠마 골드만 등의 여성 아나키스트들은 19세기 후반 범유럽과 미국의 아나키즘 운동에서 두각을 나타냈다. 바쿠닌의 주도로 유럽 여러 나라에 제1차 국제 아나키즘 부문이 형성되면서 아나키즘은 정치 운동에 여성의 참여를 장려할 뿐만 아니라 여성 해방의 이상을 지지한다는 점에서 주목받게 된다. 미셸은 이후 자비에르 고티에(Xaviere Gauthier, 1942~)가 쓴 전기 『붉은 처녀』를 통해 1970년대 프랑스 페미니스트들에 의해 재발견되었다.

클레르보 감옥에 갇히다

런던에서 1년을 보낸 뒤인 1882년 말, 크로포트킨 부부는 스위스 도농으로 돌아간다. 그러나 프랑스와 러시아 양측에서 보낸 스파이들이 주변에 득실거리는 바람에 생활은 늘 불편했다. 결국 1882년 12월 말, 크로포트킨은 파리코뮌이 몰락할 때 통과된 특별법에 따라 인터내셔널에 가입했다는 이유로 체포되었고 리옹에서 재판을 받은 후 5년 금고형을 살게 된다. 프랑스 의회의 좌파 의원들, 허버트 스펜서, 빅토르 위고, 에른스트 르낭, 앨저넌 스윈번 등이 석방을 청원했지만 소용없었다.

리옹 구치소에서 생활하는 동안 크로포트킨의 건강은 날

로 악화되었다. 두 달 뒤 그는 클레르보의 중앙감옥으로 이감
되는데, 그곳은 원래 12세기에 활동한 신비주의 수도자 클레
르보의 베르나르(Bernard of Clairvaux, 1090~1153)의 이름을 딴
수도원이었다. 그러나 프랑스 대혁명 때 빈민의 집으로 변했다
가 그 뒤 구치소 겸 교도소가 된 것이다. 감옥 자체에 대한 크
로포트킨의 비판의식은 시베리아 수감 경험에서 발전된 것으
로 "낙후된 러시아의 감옥인 시베리아 사람들이 어떻게 도덕
적으로 타락하는지, 어떻게 감옥이 그 타락의 온상이 되는지,
육체와 정신이 어떻게 더러움으로 가득 차는지 나는 목격했
다"라고 썼다(자서전 567). 그는 또한 롬브로소(Cesare Lombro-
so, 1835~1909)[34]나 그 추종자들이 "범죄자를 생산하는 기관
인 감옥을 반사회적인 행동을 예방하는 기구로 인식하고 있
다는 사실은 나에게 충격적이었다"(자서전 566)라고 고백한다.
하지만 지금도 여전히 감옥에 대해 롬브로소처럼 생각하는
사람이 많다는 것이 더 충격적이지 않을까?

수감된 첫해에 크로포트킨은 '종의 문제'에 대해 다시 주
목하게 된다. 상트페테르부르크 대학교의 총장이었던 동물학
자 카를 케슬러(Karl Kessler, 1815~1881)가 죽기 1년 전 러시아
박물학자 대회에서 강연한 '상호협력의 법칙에 관하여'라는
내용 덕분이다. 이후 크로포트킨은 『상호협력』에서 "케슬러의

194

크로포트킨이 1886년까지 5년 동안 갇혀 있었던 클레르보 감옥(옛 수도원).

강연은 내게 새로운 빛을 던져주었다. 자연에는 상호투쟁의 법칙 이외에도 상호협력의 법칙이 존재하는데, 생존경쟁에서 살아남기 위해서, 특히 종이 계속 진화하기 위해서는 상호협력의 법칙이 훨씬 더 중요하다는 것이 케슬러의 생각이었다"라고 하면서 그 뒤로 자료를 수집하기 시작했다. 『파우스트』를 쓴 괴테까지 포함된 방대한 자료 연구를 통해 크로포트킨은 마침내 『상호협력』의 체계적 연구에 박차를 가한다.

1885년에는 크로포트킨이 〈르 레볼테〉에 발표한 글을 르클뤼가 모아 서문을 붙인 다음 『혁명가의 말*Words of a Rebel*』

이라는 타이틀로 파리에서 간행한다. 파리에서 출판된 최초의 크로포트킨 저서인 이 책은 1905년 사회주의자 시절의 무솔리니에 의해 이탈리아어로 번역되었을 정도로 영향력이 컸지만, 아직 우리말로는 번역되지 않았다. 『상호협력』과 같은 학술서적과는 달리 선전용 문장들로 구성된 이 책의 목차는 다음과 같다.

1. 오늘날의 상황 | 2. 국가의 붕괴 | 3. 혁명의 필연성 | 4. 다가오는 혁명 | 5. 정치적 권리 | 6. 청년에게 호소함 | 7. 전쟁! | 8. 혁명적 소수 | 9. 질서 | 10. 코뮌 | 11. 파리코뮌 | 12. 농업 문제 | 13. 대의 정부 | 14. 법과 권위 | 15. 혁명적 정부 | 16. 우리 모두 사회주의자! | 17. 반란의 정신 | 18. 이론과 실제 | 19. 수용

1886년 1월, 크로포트킨은 3년 만에 석방된다. 1883년에 재판을 받은 루이즈 미셸과 함께였다. 부부는 파리에서 르클뤼의 형 집에 머무르다가 그해 봄에 런던으로 간다. 그러고는 몇 달 동안 앞에서 말한 『러시아와 프랑스 감옥에서*In Russian and French Prisons*』를 집필하여 1887년에 출간한다. 자신의 감옥 경험에 대한 객관적인 설명과 수감제도의 쓸모없음을 입증

한 그 책에서 크로포트킨은 감옥을 "국가가 운영하는 범죄대학"이라고 하면서 제도 개선에 도움이 되는 유일한 해결책은 그것들을 모두 폐지하고 불법 행위자를 인도적으로 대하는 것이라고 주장한다. 그러면서 "감옥 생활엔 자신의 의지를 행사할 여지가 없다. 감옥에서 자신의 의지를 소유한다는 것은 곧 난감한 상황에 빠진다는 것을 의미하니까. 죄수의 의지는 죽여야 했고, 또 그렇게 죽임을 당한다. 수감자에게 동정심을 가질 수 있는 모든 접촉은 제한된다"라고 주장한다.

런던 생활

44세에 시작된 크로포트킨의 런던 생활은 자서전 마지막 장의 마지막 절에 『상호협력』을 중심으로 6쪽 정도로 간단하게 서술되었다. 『자서전』은 57세에 쓴 만큼 그전 13년간의 생활에 대한 언급은 없다. 지금부터 소개하는 내용은 대체로 『자서전』에 없는 것들이다.

부부는 런던 교외의 해로우(Harrow)에 있는 조촐하고 아담한 이층집에 정착해 그곳 마당에서 채소를 키우며 지낸다. 그러던 중 크로포트킨은 1886년 7월에 형의 사망 소식을 듣게 된다. 12년간의 시베리아 유형을 마쳤으나 가족을 부양할 수 있는 일자리마저 얻지 못하게 되자 절망하여 자살한 것이다. 그 뒤 부부는 역시 런던의 교외에 있는 브롬리(Bromley)로 이사하여 1907년까지 살게 된다. 크로포트킨은 하루종일 2층 서재에서 보내며 누구의 방해도 받지 않고 저술에 몰두하고 싶어 했으나 방문객은 끊이지 않았다. 이어 역시 런던 교외에 있는 하이게이트(Highgate)와 브라이턴(Brighton)에서도 살았다.

1886년의 런던은 4년 전 크로포트킨이 머물렀을 때와 분위기가 사뭇 달랐다. 마침내 사회주의 운동의 전성기가 찾아온 것이다. 그는 영국 아나키즘을 확대하기 위해 수십 개의 기사를 썼고 매년 강의도 많이 했다. 하지만 왕립지리학회가 주최한 연회에서 왕의 건강을 기원하는 건배 관례를 거부했을 뿐만 아니라 케임브리지 대학교 측이 제안한 지리학과 교수 자리도 거절한다. 그것이 정치적 활동과의 타협이라는 이유에서다. 대신 그는 자신을 돌보는 사랑하는 아내와 1887년 4월 15일에 태어난 외동딸 알렉산드라(Alexandra), 깔끔한 정원, 런던 교외에 있는 도서관과 함께하는 조용한 삶을 선택한다.

크로포트킨은 잉글랜드와 스코틀랜드에서 감옥과 아나키즘을 주제로 강연하는 한편 초청 강연에 응하기 위해 전국 각지를 돌았다. 이로써 그는 세계에서 가장 유명한 생존 아나키스트가 되었다. 그리고 영국 좌파의 저명한 인물, 특히 앞에서 언급한 모리스와 하인드먼을 비롯하여 에드워드 카펜터(Edward Carpenter, 1844~1929), 케어 하디(Keir Hardie, 1856~1915) 및 버나드 쇼(George Bernard Shaw, 1856~1950) 등 많은 저명한 사회주의자들과 친구가 된다. 크로포트킨은 한편으로 저널리즘, 특히 과학 언론을 통해 생계를 이어가면서 과학자로서 명성을 쌓는다. 한 예로 1888년부터 ≪19세기≫에 과학 기사를 쓰기 시작했는데 그 집필은 1901년까지 이어졌다.

1890년부터 크로포트킨은 적극적인 아나키즘 운동에 덜 관여하게 된다. 그의 주장에 따르면 아나키 사회는 여론이 점진적으로 성숙하면서 가장 잘 달성될 터였기 때문이다. 1890년대에 발생한 테러들은 아나키즘에 파괴적인 평판을 부여했지만, 크로포트킨은 그것이 무의미하고 절망적인 행동이 아니라 분명한 과학적, 철학적 기반을 가진 것임을 보여주기를 열망한다. 더욱이 1893년부터 영국 아나키즘은 국가사회주의가 노동 운동을 지배하기 시작하면서 종파로 쇠퇴하기 시작한다. 크로포트킨은 아나키즘 원칙이 일상생활에 어떻게 적용될 수 있는지 보여주면서 국가 권력을 견제하고 연대와 협력을 장려해야 한다고 강조한다. 그는 톨스토이를 크게 존경했지만, 톨스토이의 금욕주의나 악에 저항하지 않는 그의 교리나 신약의 문자주의에는 동의하지 않는다고 했다.

당시 그에게는 영국에서 혁명을 일으키는 것이 불가능하게 보였다. 영국 노동계급은 "부차적인 양보 사항들, 재산이나 여가를 보다 큰 미래의 약속"으로 받아들였기 때문이다(자서전 586). 그들은 부분적인 이익보다 일반적인 원칙에 관심이 더 많았던 프랑스나 이탈리아 또는 스페인 등의 남부 유럽 노동자들과 달랐다. 크로포트킨은 1904년 무렵 영국의 아나키즘을 '아나키즘적 살롱-에피큐리아주의적'이고 '매우 은밀한 작은 니체주의자'라고 묘사한다.

크로포트킨을 영국에 초대한 사람은 헨리 시모어(Henry Seymour, 1861~1938)와 샤롯테 윌슨(Charlotte Wilson, 1854~1944)이었다. 세 사람은 시모어가 발행한 신문 〈아나키스트〉를 위해 함께 일한다. 그러나 얼마 지나지 않아 10월부터 윌슨과 크로포트킨은 개인주의 아나키스트 시모어와 헤어져 오늘날까지 계속 발간되고 있는 아나키스트 월간지인 ≪프리덤≫을 발간한다. 크로포트킨은 정규 기고가였고, 윌슨은 1895년 편집자 직위를 사임할 때까지 신문의 행정 및 재정 운영을 담당한다. 크로포트킨은 동시에 아나키즘에 대한 저술 활동을 재개하여 '혁명'이라는 뜻의 ≪라 레볼테≫에 글을 연재했고, 이것들은 1892년 파리에서 『빵의 쟁취La Conquête du Pain』라는 제목으로 출판되었다.

『자신을 위해 행동하라』

크로포트킨이 ≪프리덤≫ 1887년 1월호에 쓴 「자신을 위해 행동하라*Act for Yourselves*」는 앞에서 본 『청년에게 호소함』과 함께 그의 초기 에세이 팸플릿 중의 걸작이다. 특히 이 글은 마르크스주의자들이 아나키스트들을 유토피아 몽상가라고 비난하거나 단순한 소상품 생산의 옹호자라고 비판했던 근거가 적어도 크로포트킨에게는 해당하지 않음을 보여준다. 지리학자인 그는 평생에 걸쳐, 기본생활을 생산하는 최상의 방법과 같은 실제 문제에 흥미를 느꼈고, 그것들에 대해 실용적인 제안을 한다. 그는 "우리는 우리 자신을 위해 행동해야" 하고,

노동인민의 해방은 노동인민 자신들이 해결해야 할 과제라고 역설한다(Act 32). 즉 자유와 사회정의는 국가나 혁명가의 '독재'나 '정당'에 의해서가 아니라 노동자 자신에 의해서 주어지는 것이라고 보았다.

마찬가지로 크로포트킨은 '지역 행동(local action)'을 강조한다. 미래의 혁명이 전 유럽에 하나의 단일한 프로그램을 가져오는 일은 없을 거라는 이유에서다(Act 44). 그는 또한 사적 자본의 수용을 옹호하고, 인간 생활의 세 가지 기본 요소인 의식주가 공동으로 수행되어야 한다고 강조한다. 생산이 공동으로 수행되어야 함은 아나키즘의 원칙이지만, 크로포트킨은 만일 개인들이 개별적 생산을 원한다면 그것을 거부해서는 안 된다고 한다. 지역 업무의 관리도 공동으로 수행되어야 하지만, 그 조직은 자발적이어야 한다. 그리고 노동 생산물도 공동의 것이지만, 개인의 필요에 따라 분배되어야 한다. 따라서 그는 프루동을 비롯한 여러 개인주의적 아나키스트들이 주장한 임금체계를 거부했다.

지역 행동의 중요성을 강조한 실용적 이상주의자로서, 그리고 누구나 기본적인 의식주를 해결할 수 있어야 한다는 것을 대중운동의 기본목표로 삼은 크로포트킨은 언제나 농업, 특히 자급자족하는 농업의 중요성을 강조한다. 그러나 그것은 가족 단위가 아니라 농업코뮌을 중심으로 하는 것이다(*Act* 62). 농업에 대한 이 같은 논의는 『빵의 쟁취』를 통해 더욱 심화하는데, 자급자족하는 농업을 중시하는 크로포트킨의 사상은 영국 작가 존 시모어(John Seymour, 1914~2004)의 『자급자족에 대한 완전한 책』(1976)보다 1세기나 앞선 것임을 주목해야 한다.

예외적인 폭력

1889년에 크로포트킨은 프랑스 대혁명 100주년을 맞아 ≪라 레볼테≫를 비롯한 여러 지면에 글을 쓴다. 이어 1890년에는 ≪19세기≫에 '상호협력'의 일부로서 최초의 생물학 관련 글을 싣는다. 이듬해에도 ≪라 레볼테≫와 ≪19세기≫를 중심으로 글을 많이 썼는데, 크로포트킨은 이 글들에서 공격성을 미덕이라고 찬양한다. 그는 실제로 단순한 철학적 아나키스트가 아니라 바쿠닌의 영향을 받은 혁명 옹호자였다. 반란의 정신이 퍼지는 것을 보았고, 기존 사회의 틀로는 근본적인 개혁을 이룰 수 없기에 결국 혁명이 일어날 수밖에 없다고 느낀 장

본인이다. 그는 또한 굉장한 낙관주의자였다. 그래서 아나키스트 혁명이 곧 임박했으며, 이를 피할 방법은 없다고 자주 이야기한다. 1880년에는 "한 가지 용감한 행동만으로도 우리는 며칠 만에 전체 정부 기관을 혼란에 빠뜨릴 수 있다. 정부는 저항할 것이고, 억압은 야만적일 터다. 하지만 (…) 빠른 속도로 이런 행위가 확산되고 일반화되고 발전할 것이다"라고 쓴다.

1883년 리옹의 재판에서 크로포트킨은 사회 혁명이 10년 안에 터질 것이며 그 반란은 5년 동안 지속될 것이라고 주장한다. 당시에 쓴 에세이 중 하나는 「혁명의 필연성*Inevitability of Revolution*」인데, 이 글에서 크로포트킨은 인류 역사에는 사회의 근본을 뒤흔들고 새롭게 바꾸는 혁명이 필연적으로 발생하는 시기가 있고 '지금이 바로 그때'라고 했다(*Words* 29). 그가 보기에 당시 자본주의는 과잉생산, 엄청난 실업, 광범위한 빈곤, 재정의 파탄 등으로 위기 상태에 있었고, 이는 동시에 국가의 위기이기도 했다.

그러나 크로포트킨의 주장과 달리 10년 이내에 사회 혁명은 터지지 않았다. 물론 이 이야기는 현재의 우리에겐 판단 착오처럼 보인다. 혁명이란 영원히 불가능하고, 자본주의와 국가 체제는 유일하게 가능한 사회조직이며, 그 밖에 뾰족한 대안은 없다고 보는 견해가 우세하다. 특히 자유주의자나 포스트

모더니스트들이 그렇다. 일례로『역사의 종언』을 쓴 미국의 경제학자 프랜시스 후쿠야마(Francis Yoshihiro Fukuyama, 1952~)는 이데올로기 대결의 역사를 자유주의와 코뮤니즘의 프레임으로 설명하면서 1989년 냉전이 종식된 순간 역사는 '자유주의의 승리로 끝났다'고 평가했다.

여하튼 19세기 후반에 이탈리아 국제 연맹(Italy Federation of the International)은 '행동에 의한 선전'을 옹호했지만 크로포트킨은 러시아의 나로드니키 전통에 입각해 사람들 사이에서 일하고 교육하기를 추구했다. 소규모 혁명 집단이 노동자 조직에 몸담아 대중 봉기의 성격을 띠는 사회 혁명을 일으키는 데 촉매 역할을 해야 한다고 생각한 것이다. 하지만 '행동에 의한 선전' 교리에 연루되어 있으면서도 무차별적인 폭력에는 반대했고 그들이 주장하는 교리와 거리를 두었다. 크로포트킨은 개별적인 폭력 행위는 특정한 억압을 지양하는 아나키즘의 목적을 달성하기 위한 투쟁의 일부일 때만 합법적이라고 주장한다. 그러나 한편으로 그는 폭력을 동반할 수밖에 없는 혁명가들의 절망을 이해했다. 즉 부조리한 국가 권력 때문에 결국 테러에 관여하게 되는 모순을 인정했기에 크로포트킨은 아나키즘 테러리스트를 완전히 비난하기를 거부한다. 테러리스트의 맥락과 동기를 강조하면서 "개인을 탓할 수만은 없다"고 주장한 것이다.

이처럼 크로포트킨은 개인적으로는 폭력에 혐오감을 느꼈지만, 특정한 상황에서는 그렇게 할 수밖에 없다고 인식했다. 그러나 주로 개인이 아닌 경제적 목표에 국한되어야 하며, 사회 계급이나 국가에서의 지위 고하에 연루되어서는 안 되고, 다이너마이트와 폭탄을 부르주아 카페에 던지는 등의 폭력에 적극적으로 반대했다. 그는 혁명—급격한 진화와 급격한 변화—이란 것 역시 문명사회에서 끊임없이 진행되는 느린 진화만큼이나 인간 사회의 본질에 내재되어 있음을 인지하고 있었고, 혁명의 효과 또한 과소평가하지 않았다. 무엇보다 내전을 최소화하고, 가능한 한 희생자가 덜 나오게 하며, 상호고통을 최소한으로 줄이면서 최고의 결과를 달성하려면 혁명이 불가피하다고 생각한 것이다. 1886년 그는 ≪프리덤≫의 창간호에 "사회 혁명이 임박했으며 이는 필연적이고 프롤레타리아적이며 국제적일 것"이라고 썼다. 그리고 "우리는 폭풍의 도래를 가속화함으로써 폭풍을 막을 수 있다"고 주장한다. 크로포트킨은 12년 후에 쓴 『자서전』 끝에서도 과거의 혁명과 같은 폭력적 성격은 아닐지라도 "심오하고 신속한 사회 재건"(자서전 594)에 도움이 되는 혁명이 유럽에서 발생할지도 모른다고 의견을 피력했다.

5장

창조인 아나키스트 크로포트킨
1890~1902

창조적 아나키스트

1893년 영국학술협회는 크로포트킨을 회원으로 맞아들인다. 같은 해 그는 말라리아에 걸렸음에도 런던윤리학협회에서 '정의와 도덕'에 대해 강연하는 등 적극적으로 활동한다. 1894년에는 자연지리학에 대한 여러 편의 논문을 ≪지리학저널≫에 발표하고, 이듬해에는 런던에서 열린 제6회 국제지리학대회에 참가한다. 1896년에는 ≪탄 누보≫에 글을 기고했는데 그중 「혁명가의 말」은 각국어로 번역되었다.

1897년 학술협회의 정기총회가 캐나다 토론토에서 열리자 크로포트킨은 처음으로 북아메리카를 여행하게 된다. 총회가 끝난 뒤엔 도보로 캐나다 전역의 지질조사에 나섰는데, 캐나다와 시베리아의 지질이 유사하다는 점에 크게 놀라워한다. 캐나다에서 그가 얻은 또 하나의 성과는 두호보르파와의 교류다. 그들은 1898년에 캐나다 이주를 결정했는데 여기엔 크로포트킨의 역할이 컸다. 그는 ≪19세기≫에 기후조건과 정치적 자유의 정도에 비추어볼 때 캐나다 북서부가 이주하기에 좋다는 내용의 논문을 발표했는데 이 글을 읽은 톨스토이가 크로포트킨에게 편지를 보내 두호보르파의 이주를 도와달라고 부탁했던 것이다.

영국에서 지내는 동안 크로포트킨은 그의 사상을 체계화하는 데 집중한다. 방법론상으로는 아나키즘을 과학적으로 체계화하고, 내용상으로는 개인주의적 아나키즘이 아닌 사회주의적 아나키즘 혹은 민중적 아나키즘을 구상한다. "아나키즘은 모든 현상을 기계적으로 설명하는 것을 기초로 삼아 인간 사회의 정치·경제·도덕의 문제를 포함한 자연 전체를 다루는 세계관이다. 그 연구방법은 바로 자연과학의 그것이다. 즉 아나키즘의 결론은 모든 과학적 명제가 검증되듯이 검증돼야 한다."(*Essential* 60)

크로포트킨은 19세기의 지성적 운동이 18세기에서 비롯되었다고 말한다. 중세 스콜라 철학과 형이상학을 완전히 포기하고 참된 과학적 방법인 귀납과 연역의 방법을 사용하면서 시작되었다는 것이다(그가 예로 든 형이상학적 사변에는 칸트의 관념론도 포함된다). 그리고 이 같은 자연과학의 연구방법이 19세기, 특히 1856~1862년 사이에 획기적으로 발전했다고 본다. 그중에서도 크로포트킨이 특히 중시한 것은 다윈의 진화론이다. 이 분야의 선구자는 콩트와 스펜서인데, 크로포트킨은 콩트의 업적을 찬양하면서도 콩트 시대에는 그 뒤 다윈 시대에 이룩된 생물학에 대한 지식이 부족하여 종의 가변성을 인정하지 못한 오점을 남겼다고 지적했다. 즉 인간의 도덕 감정은 모든 동물계에 존재하는 상호협력의 본능과 관습의 발달로 생겨났다는 다윈의 결론에 이르지 못했다는 것이다.

크로포트킨은 다윈이 『종의 기원』에서 생존경쟁이라는 개념을 하나의 동물종과 다른 동물종의 의존관계까지 포함하여 폭넓게 해석했다고 강조한다. 즉 무수한 동물의 공생에서 개별 구성원 사이의 생존경쟁은 완전히 사라지고, 경쟁 대신 공동행위(협력)가 나타남으로써 지적 능력과 도덕적 자질을 높여주었고, 그 결과 그 종이 생활하는 영역을 넓혀가는 최적의 기회가 초래된다는 것이다. 크로포트킨은 이러한 다윈의 주장을 반박하지 않았다. 도리어 '적자생존'이 종의 진화에서 중요한 역할을 한다고 분명히 인정하면서 '상호협력'도 반드시 인정해야 한다고 강조했다. 크로포트킨이 보기에 다윈은 '상호협력'을 부인하지는 않았지만 중요하게 여기지 않았고, 이어 헉슬리 등은 경쟁과 갈등만을 강조했다.

크로포트킨은 30년간 영국에서 생활하면서 영국의 아나키스트인 고드윈(William Godwin, 1756~1836)처럼 자연과 인간 본성에 대한 각성을 바탕으로 사상의 체계를 세워간다. 실제로 자연을 지배하는 불변의 법칙에 대한 자각이라든가, 인간을 사회적 존재로 바라보는 관점, 인류 역사의 점진적 변화에 대한 인식은 종종 고드윈의 가르침을 상기하게 해준다. 특히 단순한 사회에서 살아가는 사람들에게 창의성과 미덕이 두드러진다는 확신, 자신의 아나키즘 사상에 과학적 근거를 마련하고자 한 열망, 그리고 사회를 전반적인 진화의 결과물로 바라보는 관점 등이 그렇다. 또한 그는 영국에서 지내는 동안 아나키즘이 단순한 행동 양식이나 이상적인 개념이 아니라는 점도 깨닫게 되었다.

실제로 크로포트킨의 자연과 인간에 대한 접근 방식(당시의 습관으로 인간 종이라고 불렀던)은 엄격하게 과학적이다. 그는 아나키즘을 자연스러운 동시에 사회적인 요구로부터 발생하는 철학의 일부라고 보았다. 따라서 인간을 변증법적으로 다루어서는 안 되고 자연과학 연구와 같은 방법으로 연구해야 한다고 확신했다. 즉 아나키즘 사상은 인간을 위한 체제 구축에 적용되어온 귀납법의 확고한 기초 위에서 이루어져야 한다는 것이다.

『아나키즘의 도덕적 기초』

앞서 말했듯이 크로포트킨은 1888년(또는 1889년)에 런던윤리학협회에서 '정의와 도덕'을 주제로 강연했는데, 이는 그전에 맨체스터의 '안코츠(Ancoats) 형제회'에서 다룬 내용으로 1904~1905년 ≪19세기≫에 「현대의 윤리적 빈곤*The Ethical Need of the Present Day*」과 「자연의 도덕*The Morality of Nature*」으로 발표된다. 그 뒤 1920년엔 그 내용을 보완하여 러시아로 번역·출판된다. 이 글은 크로포트킨이 만년에 집필한 『윤리학: 기원과 발전*Ethics: Origin and Development*』의 기초가 되었다.

크로포트킨은 도덕을 세 가지 영역으로 구분한다. 첫째 사회성의 본능, 둘째 정의에 대한 개념, 셋째 헌신 혹은 자기희생, 이타주의와 관용이다(아나키즘 164). 이어 그는 인류사에서 이 세 가지 특성이 발전하는 과정을 소개하면서 의무 또는 제재와는 무관하게 도덕의 구조를 스케치한 마리 장 귀요(Marie-Jean Guyau, 1854~1888)처럼 이타주의가 삶의 풍요로움에서 비롯된다고 주장한다(아나키즘 172). 그리고 자연에 도덕이 없기는커녕 자연이 곧 도덕이라고 강조했다(아나키즘 180).

이어 크로포트킨은 1890년 프랑스어로 작성한 『아나키즘의 도덕적 기초*The Moral Foundation of Anarchism*』에서 형이상학적이고 초자연적인 요소가 없는 윤리 체계의 개요를 스케치한다. 그는 우리의 타고난 도덕 감각과 권위에 의해 암시되는 엄격한 도덕 규범을 구분한다. 전자가 동정과 연대를 불러일으킨다면 후자는 사제와 정복자들이 지배체제를 견고하게 만들기 위해 선점한 원시 미신에서 그 기원을 찾을 수 있다는 것이다. 여기서 도덕의 의미는 사회체제의 존재를 뒷받침해주는 상호협력으로 표현된다. 한편으로 크로포트킨은 자연 관찰에서 객관적인 윤리 체계를 도출해낸다. 선(善)을 종의 보존에 유용한 것으로 정의하고, 악(惡)을 해로운 것으로 정의한 것이다. 따라서 도덕성이란 동물 종에겐 매우 '자연스러운 필요조건'인 셈이다. 또한 그는 동물계 전체를 탐색하고 관찰한 결과 확인한 도덕성의 개념을 다음과 같이 간명하게 요약한다. "동일한 상황에서 그들이 당신에게 해주기를 바라는 것을 다른 사람들에게 하십시오."(아나키즘 233)

그러나 자연에서 발견한 평등과 정의(正義)에 대한 정의(定義)는 실제로 인간의 사회를 하나로 묶어주기엔 충분하지 않다. 인간의 사회에는 이타주의도 있어야 한다. 즉 요구되거나 요구되는 것 이상을 내어줄 준비가 되어 있어야 한다. 사회 발전에 가장 큰 영향을 끼친 것은 이러한 도덕적 특성인데, 이는 개인을 정서적 혹은 지적 에너지로 넘쳐나게 해준다. 따라서 크로포트킨은 도덕적 가르침을 다음과 같이 요약한다. "당신의 지성, 사랑, 행동의 에너지를 다른 사람들에게 전파하십시오!"

『빵의 쟁취』

1891년에 잡지 ≪19세기≫에 썼던 글을 모아 1892년 파리에서 출판한 『빵의쟁취*La Conquête du Pain*』[35]에서 크로포트킨은 코뮤니즘 형태의 아나키즘을 주장하면서 미래의 아나키즘 사회에 대한 가장 이상적인 설명을 제시한다. 크로포트킨이 "인류애의 필요성과 그 필요를 만족시키기 위한 경제적 방식에 관한 연구"라고 요약한 그 책이 나오자 에밀 졸라(Émile Zola, 1840~1902)는 '진정한 시'라고 극찬했다(애브리치 109재인용).

'빵의 쟁취'라는 제목을 제안한 사람은 르클뤼였다. 그는 이 책의 서문에서 당시 유행한 '세기말'이라는 말과 달리 "오

크로포트킨의 대표작 『빵의 쟁취』 표지.

래된 문명이 막을 내리는 것을 목도하고 있다. 정부 당국의 권리와 전횡, 유대인의 몰인정한 전통, 로마인의 엄격한 법해석은 더는 우리를 압도하지 못한다"(빵 7)라고 하면서 "자유로운 사상이 교리의 문자에서 벗어나는 곳 어디서나, 연구자의 재능이 오래된 공식을 무시하는 곳 어디서나, 인간의 의지가 독립된 행위로 표출되는 곳 어디서나, 강제된 모든 규율에 반항하는 진지한 인간들이 흔쾌히 힘을 모아 서로 가르쳐주고 지배자 없이 함께 생활하며 요구를 만족시키는 곳 어디서나 아나키즘 사회는 나타날 것이다"(빵 8)라고 썼다. 『빵의 쟁취』는 모두 17개의 장으로 구성된다.

1.우리의 부(富) | 2.모두를 위한 복지 | 3.아나키즘적 코뮤니즘 | 4.수용 | 5.식량 | 6.주택 | 7.의복 | 8.재원 | 9.사치용구 | 10.즐거운 노동 | 11.자유로운 합의 | 12.반대론 | 13.집산주의적 임금제도 | 14.소비와 생산 | 15.분업 | 16.공업의 분산화 | 17.농업

『빵의 쟁취』에 그려진 아나키 사회는 1871년의 파리코뮌을 모델로 삼은 것이다. 프랑스 전역에서 코뮌의 절대적 자율성을 선언한 1871년 파리코뮌의 경험에 크게 영향을 받은 크로포트킨은 사람들이 탈중앙화된 연방사회라는 아나키즘적 이상을 구현하려고 시도한 것은 파리코뮌이 처음이었으나 역시 비판할 점이 있다고 본다. 그는 사회혁명이 가능하다는 점을 밝히기 위해 그 책을 썼지만, 미래 유토피아를 상세하게 설명하지는 않고 일반적인 윤곽을 그리는 데 그친다. 능력 부족 탓이 아니라 애당초부터 정해진 어떤 틀 속에 사회의 자연적인 진화를 밀어 넣는다는 것이 무의미하다고 생각했기 때문이다. 이는 앞에서 마르크스와 비교된 바쿠닌의 특징으로 설명한 바와 같은 점이다.

아나키즘적 코뮤니즘

『빵의 쟁취』 제1장에서 크로포트킨은 우리의 부가 이미 충분하다고 말한다. 그러면서 현재 소수가 부당하게 착취하고 있는 생산도구와 생산의 결과물은 인류가 이루어낸 집단적인 성취이므로 어느 누구든 이 엄청난 전체의 아주 작은 부분이라도 가로채어 "이것이 내 것이지 어째서 당신 것인가?"라고 주장해서는 안 된다고 한다(빵 24). 이처럼 "모든 것은 모두의 것"(빵 29)이라는 신념이 이 책의 출발점이다. 왜냐하면 '모든 사람이 (그것을) 필요로 하기' 때문이며, '모든 사람이 그들의 힘의 정도에 따라 일했기' 때문이고, 현재 '생산된 부를 두고 각자의 몫을 결정하는 것은 현실적으로 불가능하기' 때문이다(빵 29).

제2장에서 크로포트킨은 혁명이 승리하면 타인의 노동을 내 것으로 만드는 대신 사회적 소유로 돌려 수용해야 한다고 강조한다. 즉 "모두를 위한 복지는 목적이고, 수용은 수단"(빵 37)이기 때문인데, 이 수용의 문제에 대해서는 제4장에서 다시 설명된다. 다시 말해 은행가, 사업가, 토지소유자 들이 이 신념을 받아들여 토지나 공장시설만이 아니라 모든 생활용품, 주거, 의류, 빵까지 사회적 소유로 수용해야 한다는 뜻이다. 크로포트킨은 특히 『빵의 쟁취』에서 지금까지는 민중이 '자주성'을 발휘할 기회를 갖지 못했지만 이제 더는 그러면 안 된다고 주장한다.

그렇다면 수용 후 분배의 문제는 어떻게 해결할까? 크로포트킨은 '여분이 있는 경우 마음대로 갖게 하고, 여분이 없어 분배가 필요한 경우에만 제한된 양을 갖도록' 하면 된다고 보았다. 또한 공산품은 농촌의 농산물과 직접 교환하자고 한다. 도시 근로자들이 공장에서 물품을 생산하면 농민은 생활에 필요한 것을 가져가는 대신 농산물을 도시 노동자에게 보내면 된다는 것이다. 물론 여기엔 도시인은 물론 농민 자신에게도 농산물을 충분히 공급하지 못하게 되는 경우엔 어떻게 하느냐, 라는 문제 제기도 가능하다. 크로포트킨은 이에 대해 '저마다의 생물학적인 기능을 잘 살려 노동이 조화롭게 통합되면' 아무런 문제가 생기지 않을 것으로 보았다.

제3장에서 크로포트킨은 자신의 아나키즘적 코뮤니즘을 설명하면서 개인의 노동 평가를 전제로 하는 임금체계는 반드시 폐지되어야 한다고 주장한다(임금 폐지의 문제는 제5장에서 다시 언급된다). 나아가 사적 소유로 인한 소득 불평등의 문제는 재화와 서비스의 자유로운 분배로 해결 가능하다고 주장한다. 이는 바쿠닌이 마르크스의 의견에 동조하여 필요보다 능력을 중시한 사고에서 진일보한 것이다. 즉 바쿠닌의 집산주의는 능력을 평가하고 재화와 서비스의 적절한 분배를 담당하는 권력을 전제로 했기에 부당하다고 크로포트킨은 비판한다.

이와 연결하여 크로포트킨이 예로 든 공공도서관 이야기는 매우 흥미롭다. 즉 "사서는 당신이 사회에 어떤 도움을 주었는지 묻지 않고 당신이 요구한 책을 50권이라도 대출해준다"(빵 52)는 부분이다. 이처럼 그는 강이나 산에 놓인 다리, 박물관, 무상교육, 아이들에 대한 무상급식, 공원, 식물원, 가로등이 세워진 포장도로, 소비하는 양에 상관없이 각 가정에 공급되는 식생활용수 등의 분배도 마찬가지 원리를 따라야 한다고 본다(빵 51). 크로포트킨이 이렇게 선언한 이유는, 자신이 주장하는 코뮌주의가 현실에서 가능하고, 사회가 상호협력을 새로운 삶의 원리로 받아들여 점차 변하는 중이라고 확신했기 때문이다. 그 예로 그는 노동조합이나 적십자 같은 여러 자발적인 단체들을 거론한다. 이것들이야말로 상호협동의 코뮌이 아니겠느냐, 라고 하면서 인류는 자신이 구상하는 미래사회로 가고 있는 게 분명하다고 말한다.

크로포트킨은 이어 "우리의 코뮤니즘은 푸리에주의자들의 코뮤니즘도 아니며, 독일의 권위 있는 이론가들의 코뮤니즘도 아니다. 우리의 코뮤니즘은 아나키즘적 코뮤니즘, 정부 없는 코뮤니즘이다. 즉 자유로운 인간들의 코뮤니즘이다. 그것은 인류가 여러 세대를 통해 추구해온 두 가지 목적인 경제적 자유와 정치적 자유의 종합이다"(빵 54-55)라고 강조한다. 그에 의하면 "인류에겐 정부의 활동을 영(零)으로까지 줄이려는 경향이 있다. 말하자면 불의, 억압, 독점의 화신인 국가를 없애려는 경향이 있다."(빵 56) 사실 국민 대다수는 세금을 내는 것 외에는 국가의 존재에 대해 평생 아무것도 못 느끼고 살아간다. 그러니 법 대신에 자유로운 합의가 더욱 발전하는 것도 무리는 아닐 것이다(빵 58-59).

농업아나키즘

제1장에서 제4장까지가 총론이라면 제5장 이하는 각론에 해당한다. 크로포트킨은 실천방법으로서 주택단지나 거리마다 자원봉사자를 배치하여 의식주를 관리하게 하면 모든 일이 수월하게 처리될 것이라고 보았다. 다만 그곳에 자코뱅식의 폭력적인 제재나 허울 좋은 이론만 좇아가는 학자들을 개입시키지 않으면 된다는 것이다. 이처럼 크로포트킨은 민중을 절대적으로 신뢰했다는 점에서 바쿠닌보다 더욱더 철저하다.

바쿠닌은 지식인이 민중에게 배워야 하고, 민중 자신이 자기에게 필요한 사회생활의 형식을 만들어낸다고 보면서도 노동자 대중을 신격화하지는 않았고, 인류에게 닥친 불평등과 모순을 사회 탓이라고 하면서도 농민 고유의 소유본능이나 다른 민중의 부정적인 면도 지적한다. 그러나 크로포트킨에게 선 그런 측면을 조금도 찾아보기 어렵다.

크로포트킨은 무조건 민중에게 완전한 자유를 주면 된다고 믿었다. 『빵의 쟁취』 초판에서 프루동이 했던 말인 '우리는 파괴하면서 건설한다'를 인용하면서 러시아판의 각주에 "사전에 신중에 신중을 기해 고려하지 않고" 건설하는 것이 얼마나 어려운지를 강조한 뒤 "우리는 건설하면서 파괴한다"고 선언했다. 그리고 인류의 문명은 항상 '인민 혁명의 힘'에 의해 이루어지고 발전한 것이지 결코 '엘리트가 만든 진화'는 아니라고 확신한다.

크로포트킨은 그 가능성을 중세에서 발견했다. 그러나 톨스토이나 간디 또는 카펜터나 모리스와 달리 기계를 거부하지 않는다. 도리어 기계가 노동의 고통과 피곤을 덜어주고 모두에게 흥미로운 일을 하게 도울 거라고 본 고드윈과 결이 비슷하다. 크로포트킨은 아나키-코뮤니즘 건설을 위한 재원을 다룬 제8장에서 "모든 성인은 20~22세부터 45~50세까지 하루 5시간 일할 의무가 있으며, 그리고 필요하다고 생각되는 인간의 노동 분야에서 스스로 선택한 직업에 종사"하고 "각 노동자는 하루에 적어도 5시간은 과학이나 예술" 등에 종사해야 한다고 말한다(빵 147). 그리고 자신이 꿈꾸는 사회에서는 누구나 일을 강요당하지 않고, 모두가 게으르기보다 일하기를 좋아할 게 틀림없다고 하면서, 군사 무기나 부자의 우둔한 허영심만 만족시켜주는 개인적인 사치품을 지원하는 데 노동력을 낭비해서는 안 된다고 주장했다. 또한, 과잉생산은 신화일 뿐이며, 문제는 오히려 과소비라고 지적한다.

그러나 크로포트킨은 기계와 함께 등장한 노동 분업에 대해서는 비판적이었다. 인간 본연의 가치를 무시하고 고정된 역할로 인간의 능력을 규정하는 노동 분업은 고용주에게만 이익이 될 뿐, 노동자에겐 하등 좋은 점이 없다는 것이다. 이러한 제도는 노동자를 우둔하게, 더욱 가난하게 만들 뿐이라고 비판한다(제15장). 크로포트킨은 또한 노동 분업이 노동자의 생산능력을 떨어뜨린다고도 주장했다. 그리고 열악한 공장 환경 및 위생 문제가 노동을 따분하게 만들고 노동자에게는 좌절감을 증폭시켜준다고 지적하면서 이런 문제를 해결하려면 하루 속히 노동 환경을 개선해야 한다고 촉구했다(제10장). 한편으로 크로포트킨은 톨스토이나 간디와 달리 금욕주의를 부정한다. 인간에게는 적절한 여가 활동이 신체적으로나 정신적으로 매우 중요하다고 여겼기 때문이다.

『들판, 공장, 작업장』

크로포트킨이 1898년에 초판을 내고 1912년에 개정판을
낸『들판, 공장, 작업장 또는 산업과 노동의 결합, 두뇌 노동
과 육체노동의 결합*Fields, Factories and Workshops or Industry
Combined with Agriculture and Brain Work with Manual Work*』은
『빵의 쟁취』의 속편 격이다. 그러나 이것을 새롭게 편찬한 콜
린 워드(Colin Ward, 1824~2010)가 서문에서 썼듯이『들판, 공
장, 작업장』은 "아직 자신의 시대를 맞지 못한 19세기의 위대
한 예언서 중 하나"이다.

1983년에 이 책을 번역한 하기락은 첫머리에 실은 역자 서

문에서 "이 책은 19세기 말엽에서 제1차 대전 발발 직전까지 세계 산업 발전의 실태를 통계에 근거해 분석한 경제학적 연구"라고 평했다. 그러면서 이 책의 특징을 '산업의 분산'과 '농업의 무한한 가능성'을 강조한 것이라 하면서(들판 3), 결론은 "인류의 장래는 농업과 공업의 결합, 육체노동과 정신노동의 융합, 종합적 산업과 이를 위한 종합적 교육 등의 성패에 달려 있다"라고 했다(들판 4). 이 점은 저자의 서문에서도 확인할 수 있다. 책의 목차는 다음과 같다.

1.공업의 분산 | 2.공업의 분산(계속) | 3.농업의 가능성 | 4.농업의 가능성(계속) | 5.농업의 가능성(계속) | 6.소공업과 공업마을 | 7.소공업과 공업마을(계속) | 8.두뇌노동과 육체노동 | 9.결론

위 목차에서 보듯 이 책은 4개의 주제를 다루고 있다. 첫째, 공업이 대규모 생산독점으로부터 분산(비집중)되는 경향이다. 둘째, 농업의 자급자족이다. 셋째, 소규모 공업과 이를 기반으로 하는 공업마을이다. 그리고 마지막 넷째, 두뇌노동과 육체노동의 통합이다.

『들판, 공장, 작업장』의 대부분을 차지하는 제1장에서 제7

장까지 크로포트킨은 도시든 농촌이든 모두가 생산자이자 소비자로 살아야 하며, 이런 상태가 가장 자연적이라고 설명한다. 자급자족이 가능한 지역체제를 아나키 사회의 좋은 예라고 하면서, 산업체 규모를 소규모 생산 단위로 줄여 제조업을 시골로 이전할 것을 제안했다. 크로포트킨은 푸리에(Charles Fourier, 1772~1837)나 오언처럼 사람들이 들판에서 즐겁게 일할 것이라고 가정한 다음, 집약적 농업으로 식품생산량을 늘리면 인구가 많은 나라라고 해도 수입에 의존하지 않고 주민들의 식생활을 충분히 책임질 수 있을 것으로 보았다. 더 나아가 공업이 성장하려면 국민을 공업 종사자와 비공업 종사자로 나누지 말고 생산자인 동시에 소비자가 되도록 이끌어야 한다고 강조한다. 그러고는 사회가 진보하려면 공업이 중앙집권화해서는 안 된다고 주장했다.

크로포트킨은 한편으로 선진적인 전원도시를 예언한 것으로 유명하다. 19세기 말에서 20세기 초, 에버니즈 하워드(Ebenezer Howard, 1850~1928)와 패트릭 게디스(Patrick Geddes, 1854~1932), 그리고 20세기 중반의 루이스 멈퍼드보다 앞선 셈이다. 현대 도시 계획의 선조라고 불리는 에벤에저 하워드의 『내일의 전원도시』(1902)는 당시 대도시의 빈곤, 과밀, 저임금, 배수로 없는 더러운 골목, 통풍이 잘되지 않는 주택, 독성 물질과 먼지, 탄소 가스로 가득한 공간, 전염병, 상호작용 부족과 같은 문제점을 극복하여 도시와 자연이 공생하고, 도시의 자율성을 강조하는 협동적인 사회주의로 연결되는 전원도시를 구상했다. 이 점은 크로포트킨의 주장과 유사하다.

한편『진화하는 도시』(1915)를 쓴 게디스는 크로포트킨의 친구로 생물학, 역사학, 사회학까지 포괄하는 유기체의 협력을 강조한 반면 모든 대규모 조직형태를 부정했다는 점에서 동일한 신념을 보여준다. 특히 멈퍼드는 게디스와 크로포트킨, 그리고 모리스를 사숙한 그들의 제자로서 자연을 야만으로 몰지 않는 지역 문명의 가능성을 미국의 전원도시 운동에 반영했다.[36]

통합교육으로서의 노동교육을 강조하다

『들판, 공장, 작업장』의 제8장에서 크로포트킨은 지식노동과 육체노동이 통합되는 교육을 주장했고, 이를 위해서 학교 시스템을 개혁해야 한다면서 현재의 교육을 비판한다. 100년이 훨씬 지난 지금도 우리 교육에 그대로 적용 가능한 타당한 지적[37]이다. 물론 통합교육 개념은 크로포트킨이 독창적으로 세운 것이 아니다. 실제로 아나키즘 교육론의 핵심은 1822년 푸리에의 주장에서 비롯되었다. 그리고 푸리에의 통합교육론은 프루동, 바쿠닌, 폴 로벵(Paul Robin, 1837~1912), 장 그라브, 세바스티안 포르(Sébastien Faure, 1858~1942), 프란시스코 페레

(Francisco Ferrer, 1859~1909)로 이어졌다. 아나키즘이 원시 상태를 지향하여 교육을 무시한다거나 노동교육만을 강조하고 지식교육은 무시한다는 일반적 편견을 전면으로 반박하는 교육 전통이라 하겠다.

『빵의 쟁취』에서 크로포트킨은 당대의 교육을 다음과 같이 비판한다.

> 우리의 교육은 아이들 스스로 실제 사물을 '만들게' 하면서 그 과정에서 필요한 지식을 배우게 하는 대신 그들에게 가장 귀중한 시간을 낭비하게 하고, 공연히 아이들의 마음을 어지럽히고, 좋지 않은 학습방법에 길들게 하고, 독립적 사상을 봉오리부터 죽임으로써 진실한 지식을 전달하는 데 좀처럼 성공하지 못한다. 피상성, 앵무새 같은 반복, 노예근성, 그리고 정신의 타성이 우리 교육법의 결과다. 우리는 아이들에게 어떻게 배워야 할 것인가를 가르치지 않는다(빵 232).

아나키즘 교육의 원칙은 전통교육의 강제, 획일화, 체벌 등을 거부한다. 아이들이 자라면서 발전하는 모습을 세심하게 관찰해야 하지만 그 방법으로 시험을 치르는 것은 거부한다.

즉 이들이 생각하는 교육의 본령은 해방이다. 교회의 도그마로부터의 해방, 자본주의 생산방식으로부터의 해방, 그리고 국가 통제로부터의 해방이다. 대신 어린 시절부터 학교 운영에 민주적으로 참가하게 하고, 정치 활동에 참여하는 것도 장려한다. 19세기 유럽 전반을 지배했던 기독교 교육을 거부한 대신 현실을 중시하고, 인간 본위의 휴머니즘을 강조했으며, 과학정신을 기본으로 하는 합리주의를 중시한다.

크로포트킨은 또한 교회 교육과 반대로 남녀가 함께 공부하는 평등한 교육을 강조한다(프루동은 이 점에서 반동적이었다). 그리고 저마다의 개성을 발전시키기 위해 책을 통해 얻는 교육뿐만 아니라 감성의 계발에 도움을 주는 다양한 활동, 즉 체육활동, 사회훈련, 도덕훈련 등을 병행해야 한다고 주장한다. 그는 특히 정신교육과 신체교육 및 감성교육의 통합인 노동교육을 강조했다.

한편 크로포트킨은 교육이 어떤 일정한 기간에 완료되는 것이 아니라 평생에 걸쳐 계속된다고 보았다. 따라서 학교가 교육의 중심이되 모든 연령의 사람에게 개방되는 '인민의 대학'으로 거듭나서 성인교육까지 담당해야 한다고 주장한다. 그는 노동자계급에게 이러한 교육이 가장 절실하다고 보았는데, 그라브와 포르 같은 신디칼리즘 아나키스트들은 이에 동조하여 자유학교를 건설하고 운영하는 데 주력했다(그들은 크로포트킨의 친구로서 크로포트킨과 같은 교육경력을 가진 사람들이었다). 좀 더 구체적으로 말하면, 18세까지는 학문의 기본과 생산과정에 필요한 실기교육을 받고, 그 뒤로는 하루의 반나절 정도만 생산노동에 종사하며 나머지 시간엔 좋아하는 일을 하며 살아야 한다는 것이다. 가령 누구나 40세쯤 되면 생산에서 완전히 해방되어 자유롭게 학문이나 예술에만 종사하게 해야 한다면서 "이렇게 함으로써 예술과 지식의 새로운 분야에서 자유로운 연구, 자유로운 창조, 자유로운 발전이 충분히 보장될 것이다. 그리고 이와 같은 사회는 빈곤을 모르는 풍부한 사회가 될 것이다"라고 주장했다.

그러나 국가주의적 코뮤니스트들은 이렇게 '자유'를 규정한 것 자체에 문제가 있다고 비판한다. 자신의 주장을 지나치게 이상적이라고 보는 견해에 대해 크로포트킨은 권력이 없는 이상사회가 오면 이 모든 게 당연하게 받아들여질 것이고, 권력병에 대한 해독제로 생산과 학술의 협동체나 노동자연합 혹은 협동조합 같은 상호협력의 사회체제만 한 것이 없다고 강조했다. 그러한 사회조직에는 권력 관계가 있을 수 없으며, 그런 이상사회에서만 인간의 모든 능력, 즉 지능이나 예술적 재능, 독창성 같은 것들이 자유롭게 피어날 수 있다는 것이다.

『국가: 역사에서 국가의 역할』

1893년 3월, 그라브는 새로운 아나키스트 잡지 ≪탄 누보≫의 창간을 맞아 기획한 강연의 연사로 크로포트킨을 파리에 초청한다. 그러나 크로포트킨의 파리행은 수월하지 않았다. 프랑스에서 투옥되었던 과거 때문에 그는 프랑스 북부 도시 디페에 도착하자마자 경찰에 연행되었고, 결국 다시 배를 타고 한밤중에 영국으로 돌아가야 했다. 그 당시 강연 원고로 준비했던 「국가: 역사에서 국가의 역할*The State: Its Historic Role*」은 ≪탄 누보≫ 1896년 12월호에 발표되었고, 이어 1903년에는 영국에서 영어 팸플릿으로 간행된다.

자유롭고 평등한 사회의 탄생에 가장 큰 장애물인 국가의 기원과 본질을 설명한 그 글은 크로포트킨의 팸플릿 중에서 최고 걸작으로 꼽히는 명문이자 1870년대 아나키즘과 마르크스주의가 분열된 원인을 규명하는 자료로서 역사적 의미가 깊다. 그러나 그 내용은 뒤에서 볼 『상호협력』을 비롯하여 여러 글과 중복되므로 여기서는 간단하게 언급한다.

크로포트킨은 바쿠닌과 마르크스를 둘러싼 사회주의권의 분열에 대해 직접 언급하지는 않는다. 흔히 말하듯 두 사람의 성격이나 정치관이 다르기 때문이기도 하지만, 그보다 중요한 것은 국가에 대한 관점의 차이 때문이라는 것이다. 즉 국가를 긍정하고 더욱 강화하여 사회혁명을 이루려는 국가사회주의, 이와 반대로 국가가 혁명에 방해되므로 폐지해야 한다는 아나키즘 간의 대립이 문제라는 것이다(아나키즘 73).

이어서 그는 국가와 사회를 구별하면서 인간이 태생적으로 협력하는 존재라는 가정하에 사회적 평등성과 억압적 제도가 어떻게 생겨났는지 설명한다. 인류는 국가의 탄생 이전에 수천 년 동안 자발적으로 사회를 이루어 살아왔다. 물론 국가체제로 간주할 수 있는 로마제국 등도 존재했지만 진정한 의미의 국가는 16세기 이후에야 발전했다(아나키즘 64). 그러면서 인류 역사는 국가를 정치 조직의 유일한 형태로 받아들여 발전시켰고, 일부 아나키스트들조차 국가와 정부를 혼동하는 경향을 보였다.

하지만, 크로포트킨 자신은 국가의 개념이 정부의 개념과 상당히 다르다고 생각했다. 즉 국가란 각각의 사회 상부에 위치한 권력(을 가진 존재)인 동시에 영토를 장악하고 몇몇의 손에 사회의 많은 기능을 쥐어준 결과이다(아나키즘 75). 이로써 국가 설립 이전에는 존재하지 않았던 새로운 관계가 사회 구성원들 사이에 발생하여 어떤 계급이 다른 계급을 지배하게 되었으며 입법 및 치안의 전체 메커니즘이 개발되었다.

크로포트킨은 홉스(Thomas Hobbes, 1588~1679)나 루소(Jean-Jacques Rousseau, 1712~1778)의 사회계약론이 왕권신수설과의 투쟁에서는 강력한 무기로 작동했지만, 그 내용은 오류라고 비판한다(아나키즘 77). 인간 사회는 투쟁이 아니라 상호협조에 기반을 두기 때문이라는 것이다. 인간은 가부장적 가족제도가 확립되기 전에 이미 씨족이나 부족사회에서 살았고 이때엔 사유재산을 축적하지도 않았다. 부족의 도덕성은 권위에 의해 부과된 것이 아니라 관습 및 전통에 의해서 유지되었다.

이주(移住)의 역사를 보아도 마찬가지다. 초기에는 정착 과정에서 각 가족이 연합하여 마을공동체를 형성했지만, 토지는 개인의 소유가 아니라 공동 소유였다. 유럽에서는 12세기부터 상호협력을 위해 길드(guild)라는 일종의 협회가 형성되었는데, 중세의 공동체인 자유도시는 마을공동체와 길드로부터 연합의 원칙과 개별 시민의 자유를 조화시키기 위한 투쟁의 결과로 얻은 것이다. 크로포트킨은 따라서 중세를 유럽 역사상 가장 이상적인 공동체로 간주했으며, 이들 공동체가 국가 형태의 권위 원칙이 시작된 중세 후기와 르네상스 시대까지 번성했다고 보았다.

크로포트킨에 따르면 서구 사회에는 16세기 이후로 중앙집중식 유럽 국가들이 하나둘 부상했다(아나키즘 103). 상호협조와 공동체 의식을 인간의 자연스러운 본성이라고 믿었던 크로포트킨은 국가가 어떤 과정을 거쳐 우세한 권력으로 고착되었는지 설명하기 위해 전통적인 마을공동체를 예로 든다. 한 마을의 지배적인 소수가 타자를 방어하기 위한 수단이라는 빌미로 군사력을 강조하는 한편 관습법에 대한 전문 지식을 가진 사람들에게는 법적 권한을 주어 이들을 결합했다는 것이다. 처음엔 어느 마을의 한 지도자—대개 한 남자—가 사제의 지지를 등에 업고 이 두 가지 기능을 맡았을 테고, 얼마 지나지 않아 지도자의 권력이 집중되고 강화하면서 농노와 자본주의, 그리고 국가가 탄생했을 것이다. 그 결과 국가는 본질상 그 안에서 자유롭게 형성된 단체를 인정할 수 없게 되었고, 국가와 자매 격인 교회가 자연스레 그 연결 고리 역할을 떠맡게 되었다. 이후로 인간 사회의 역사를 보면 국가는 줄곧 사람들의 직접적인 결사를 막고, 지역 및 개인 주도의 개발을 족쇄로 묶기 위해 기존의 자유를 분쇄하고 대중을 소수의 의지에 종속시켜왔다.

크로포트킨은 경제적 조건이 정치 제도에 미치는 영향을 마르크스만큼이나 충분히 인식하고 있었다. 그는 정치 체제야말로 인간 사회를 지배하는 경제 체제의 가장 적극적인 표현이라고 본다. 또한 역사 전반에 걸쳐 새로운 형태의 정치 조직이 나타날 때마다 새로운 형태의 경제 조직이 뒤따른다고 한다(*Act* 38). 즉 정치와 경제의 관계는 결코 일방적일 수 없다는 것이다. 마르크스는 경제 기반이 정치적 상부 구조를 결정한다고 했지만, 크로포트킨은 그 둘이 항상 공생 관계에 있고 상호 영향을 준다고 보았다. 그리고 이 둘은 상황에 따라 서로 다른 정도의 영향을 주고받는다는 것이다. 그렇지만 크로포트킨은 국가의 기원을 설명하면서 초기에는 정치적 권력이 경제적 권력보다 더 중요하게 여겨졌을 거라고 말한다. 인간의 본성에는 동료를 지배하거나 착취하려는 권력에의 의지가 있게 마련이지만, 그럼에도 불구하고 이타주의에 대한 의

지는 더 강하다고 본 것이다. 이를 두고 크로포트킨이 '기계적 운명론'에 젖었다고 비판하는 사람들도 있었지만, 크로포트킨은 『국가』의 마무리 부분에서 우리가 죽음 또는 갱신을 선택해야 한다면서 다음과 같이 주장한다.

국가는 영원히 개인과 지역의 삶을 압살하고, 인간 활동의 모든 분야를 장악한다. 전쟁과 권력을 위한 국내 투쟁, 하나의 폭군을 다른 폭군으로 대체하는 궁전 혁명일 뿐이다. 이러한 발전의 끝에는 불가피하게… 죽음이 있다! 이와 달리 국가가 파괴된 뒤 수천 개의 지역에서 다시 시작되는 새로운 삶은 개인과 집단의 활발한 주도권과 자유 합의의 원칙 하에 있다. 선택은 당신의 몫이다(아나키즘 140, 번역은 영어판을 기초로 수정).

크로포트킨은 인민이 저항하여 국가라는 새로운 강제 제도를 파괴하고 상호협조를 재건하리라고 확신한다. 다른 모든 부자연스러운 제한과 함께 정치적 권위까지 제거되면 인간은 그 본성에 따라 상호협력적으로 행동할 것이라고 본 크로포트킨은 앞에서 말했듯이 국가와 정부를 구별하면서도 그 둘은 똑같이 억압적이므로 결국 폐지되어 마땅하다고 주장한다.

대의 정부에 대한 분석에서도 그는 경제를 지배하는 사람들에 의해 정치 체제가 조작될 것이기에 노동자들의 보편적 참정권 요구는 결국 아무것도 성취하지 못할 거라고 역설한다. 이 같은 주장은 현재 대한민국의 정치와 경제를 떠올려보아도 충분히 이해할 수 있는 내용이다. 더 나아가 크로포트킨은 항상 그 기능을 집중화하고 통합하는 대의 정부는 '자본 지배'에 해당한다고 비판하면서 입법자들로부터 양보를 이끌어내는 방법은 인민의 직접적인 행동뿐이라고 본다.

한편 크로포트킨은 아나키 사회로 이행하는 과도기에 나타나는 혁명적 정부의 존재, 즉 국가 사회주의자들이 옹호하는 혁명정부를 거부한다. 혁명은 자발적으로 일어나서 성장하는 운동이기 때문에 제아무리 발전한 제도라 해도 그것이 중앙 집중화된 정치인 경우엔 저항할 수밖에 없다는 것이다. 이를 역으로 말하면 중앙집권은 곧 반혁명 세력이라는 뜻이다. 크로포트킨은 인간이 모여 살아가는 사회를 매우 심오하고 복잡한 유기체로 간주한다. 따라서 이를 재조직하고 새로운 형태로 정교화하는 작업은 정부에서 선출된 소수의 독재자가 아닌 전체 인민에 의해, 전 인민의 합의된 마음에 의해서만 유연하게 달성될 수 있다고 본다. 그가 일부 사회주의자들이 옹호하는 민족국가(Volksstaat)나 인민국가(Popular State)를 '독재

정치와 마찬가지로 자유에 큰 위험'이 된다고 주장한 배경이
다. 또한 크로포트킨은 참된 혁명 집단은 권력을 장악해서는
안 되며, 인민 모두의 의식을 일깨우고 고양하기 위해 활동을
제한할 필요가 있다고 보았다.

아나키즘적 사회란 무엇인가

다른 아나키스트들이 그런 것처럼 크로포트킨도 아나키 사회에 대한 정확한 청사진을 제시하지는 않았다. 그러나 이 장에서 다루는 1890~1901년 사이에 그는 위에서 살펴본 몇 권의 저술을 통해 어렴풋이나마 그가 구상한 아나키 사회의 윤곽을 다음과 같이 보여준다.

소비자이자 생산자인 평등한 개인들의 자발적인 네트워크로 구성되는 아나키 사회는 모든 가능한 목적을 위해 지역, 국가, 국제 차원에서 다양한 규모로 결합한다. 그중 가장 기본이 되는 것은 지역 코뮌이다. 이것이야말로 최초의 사회 단위이자 삶의 중심이기 때문이다. 사람들은 법이 아니라 관습의 조합으로 그들의 관계를 규제할 것이고, 이렇게 자발적인 계약이 맺어지면 이를 집행할 때 어떤 종류의 권력이 별도로 개입할 여지가 없어진다. 또한 이 관계를 유지해주는 매력 포인트는 '공통의 관심사'이기에 사유재산이나 빈곤 문제로 범죄가 발생할 일도 별로 없다. 범죄의 4분의 3 정도는 인간 본성이 왜곡되어서가 아니라 부의 분배가 불평등하기에 일어난다. 간혹 범죄가 발생해도 몇몇은 중재인이 쉽게 해결할 수 있고, 만에 하나 반사회적인 행위가 발생한다 해도 곧장 형벌을 내리기보다는 먼저 이해심을 가지고 사정 이야기를 들어야 할 것이다.

크로포트킨의 경제관은 프루동의 코뮤니즘이나 바쿠닌의 집산주의를 뛰어넘는다. 일종의 아나키즘적 코뮤니즘을 옹호한 것인데, 정치적으로는 정부가 없는 사회, 그리고 경제적으로는 임금 체제의 완전한 부정과 생산 수단의 공동 소유권을 주장한다. 모든 사람은 자신의 능력을 최대한 발휘하여 공동의 안녕을 위해 기여하고, 그 결과로 사회 구성원으로서 누구나 최대한의 필요를 누릴 수 있다. 이처럼 아나키즘적 사회는 두 가지 근본 축인 경제적 평등과 정치적 자유의 결합으로 가능해진다.

크로포트킨은 『빵의 쟁취』에서 지적한 바와 같이 생산 수단은 인류 공동의 것이고 부는 집단적 노력의 결과물이므로 분배에 관한 한 경제적 코뮤니즘이 유일하고 공정한 해결책이라고 보았다. 따라서 사유재산은 정당하지도 않고 바람직하지도 않다. 여기서 그의 유명한 선언이 나온다. "모든 것은 모두에게 속한다. 모든 것은 모든 사람에게 필요하기 때문이다." 즉 모든 사람이 자신의 힘을 스스로 평가하고 측정하여 생산에 임하지만 부를 생산할 때 모든 사람의 기여와 역할을 정량적으로 평가할 수는 없기에 결국 모든 것은 모든 사람을 위한 것이 되어야 한다는 뜻이다. 이때 생산 수단은 국가가 아니라 생산자들이 조직한 협회나 공동체가 소유해야 하는데, 이러한 협회는 자발적으로 조직되어 연방으로 연결되어야 한다.

한편 크로포트킨은 전문적인 작업과 단순한 작업을 구분하지 않는다. 노동할 때 의무적인 분업 제도가 없어야만 사람들이 자신의 일을 스스로 선택하여 거기에 그간 쌓아온 정신적, 육체적 기술을 모두 사용할 수 있다. 산업의 분권화, 지역의 자급자족, 도시와 시골의 통합, 보다 집약적인 식량 생산 방법을 모색하고 옹호한 그는 마르크스주의자나 자유주의 경제학자와 달리 자본주의 경제의 문제를 과잉생산이 아니라 과소소비의 결과라고 주장했다. 크로포트킨은 또한 '동시에' '모든 사람을 위한' 복지제도 구축이 가능하다고 생각했다. 1년에 150일간 하루 5시간 일하면 의식주 유지에 들어갈 기본을 충족할 수 있으며, 또 다른 150일 동안엔 보조 필수품을 제공하는 데 시간과 노동을 들이면 된다는 것이다. 어쨌든 그 목표는 인간의 에너지 낭비를 최소화하면서 모두의 복지에 필요한 최대량의 상품을 생산하는 것이다. 일반인들도 다양한 감각을 향유할 수 있어야 하고 예술에서 얻는 쾌감을 누릴 권한이 있다고 주장한 크로포트킨은 따라서 빵을 확보한 다음에는 여가 즐기기를 최고의 목표로 삼아야 한다고 강조했다. 여가는 사람들이 온전한 개성을 키우고 예술과 과학에서 소양을 키우는 데 꼭 필요한 시간이다, 라고 하면서 일부 부르주아 계급이 소유한 고가의 예술품을 전시하는 행태 등을 그만두고 모든 사람이 즐길 수 있는 예술 활동을 추구할 때 모두의 삶이 즐거워질 수 있다고 했다.

크로포트킨은 모든 성인이 육체노동을 해야 한다고 여겼지만, 톨스토이처럼 노동의 존엄성을 찬양하지는 않았다. 그러나 육체노동이 부담 없이 자발적으로 수행된다면 매력적이지 않을 이유가 없다고 말했다. 그는 또한 윌리엄 모리스처럼 가장 중요하고 유일하게 합리적인 경제는 모든 사람의 삶을 즐겁게 만드는 일이라고 믿었다. 하지만 모리스가 기계화를 반대한 점은 비판하면서 고드윈이 주장한 것처럼 고된 노동을 줄이고 보다 만족스러운 일에 시간을 할애할 수 있는 기술의 시대가 임박한 것을 환영한다고 했다. 육체노동자와 정신노동자를 나누어 전문화라는 명목하에 분열을 조장하는 노동 분업은 자본주의 체제에서 흔히 볼 수 있는 파괴적인 특징 중 하나다. 그 폐해가 오늘날의 사회를 장악하고 있음은 두말할 필요가 없는데, 특히 21세기의 한국 사회가 그렇다. "나는 노동자야"라고 말하는 교사나 회사원을 만나기 어려운 배경이다.

사람들이 자신이 하고 싶은 일을 자유롭게 선택하여 원하는 대로 다양하게 해내기를 바랐던 크로포트킨은 고된 집안일로부터 여성을 해방해줄 세탁기의 발명이라든지 공동체의 서비스 소식을 듣고 자기 일처럼 기뻐한다. 하지만 자녀 양육과 교육의 책임은 여성에게 돌렸다. 남성에게는 가사(家事)나 육아의 책임을 공유하라고 요청하지 않았는데, 여기서 우리는 크로포트킨이 집안이라는 특정 노동 환경에서 이루어지는 노동 분업은 인정했음을 알 수 있다. 이 부분에서는 그 역시 비판을 면할 수 없다. 또한 그는 푸리에의 팔랑주(phalange) 같은 집단생활을 옹호하지 않았고, 공동생활을 선택할지 말지는 각자에게 달려 있다고 보았다. 이처럼 크로포트킨은 많은 코뮤니스트와 달리 사생활을 존중하고 지켜야 한다고 역설한다.

크로포트킨은 누구든 40세 이상이 되면 의무노동에서 해방되어 자신이 선택한 활동에 헌신해야 하며, 아나키 사회에서는 어떤 권위나 권력도 인정하지 않기에 누군가가 다른 누군가를 일터로 내몰 수 없고 노동을 강요해서도 안 된다고 말했다. 개인의 절대적 자유를 인정한 것이다. 그리고 이 모든 것은 물질적 보상보다는 자발적인 노동에 기반을 두어야 한다고 설명한다. 자발적인 노동은 임금으로 자극된 노동보다 훨씬 더 생산적이며, 일 자체에 대한 만족감과 행복을 끌어올릴 수 있다는 것이다. 일이 즐겁고 의미 있으면, 일이 인간의 본성을 타락시키지 않는다면, 굳이 노동을 전염병 피하듯 회피하거나 운명의 저주로 볼 이유가 없지 않을까? 크로포트킨이 노동을 인간화하기 위해, 인간의 모든 기능을 자유롭게 쓸 수 있는 즐거운 운동으로 만들기 위해 노력했던 이유다.

마지막으로 그는 경제 제국주의를 끝내려면 각국이 자급자족을 실천해야 한다고 주장한다. 노동 집약적인 환경을 제공하지 말고 지역별로 상호협력을 통한 건강한 생산을 추구할 때 인류의 사회는 완전한 발전을 이룰 수 있다고 본 것이다. 그리고 실천적인 방안으로 산업을 분산하고, 농업과 산업을 결합하여 사람들에게 더 많은 선택권을 줄 때 생산과 유통에 대한 통제력도 온전히 소유하게 될 것이라고 확신했다.

6장

『상호협력』의 아나키즘

『상호협력』

크로포트킨의 대표작 『상호협력』은 1890년부터 1896년까지 ≪19세기≫에 발표된 논문을 모아 1902년에 낸 책이다. 따라서 앞에서 다룬 1890년대 초반의 저술들과 서로 관련된다. 하버드 대학교의 생물학 교수인 애슐리 몬터규(Ashley Montagu, 1905~1999)는 그 책을 "세계에서 가장 위대한 책 중 하나"라고 말했다(*Morris* 135). 우리나라에서도 일제강점기부터 이미 일본어 번역으로 읽혔는데, 앞에서 언급한 신채호도 예외가 아니다.

이 책의 출발이 청년 크로포트킨의 시베리아 경험에서 비롯되었다는 점은 『자서전』을 통해 밝혔는데, 그 일을 크로포트킨은 『상호협력』에서 다시 한번 이렇게 서술한다.

내가 뛰어난 동물학자인 나의 친구 폴리야코프와 함께 비팀 지역을 탐사했을 때, 시베리아 지방의 동물계로부터 받았던 인상이 다시 떠오른다. 당시 우리는 『종의 기원』에서 신선한 자극을 받아 부질없게도 동종의 동물 사이에서 벌어지는 첨예한 경쟁을 찾으려 했다. (…) 우리는 가혹한 환경이나 다양한 적에 대항하여 매우 빈번하게 공동 투쟁을 불사하는 적응의 형태를 수없이 목격했다. 폴리야코프는 지리적 분포에 따른 육식동물, 반추동물, 그리고 설치류들의 상호의존 관계를 상당한 분량으로 기록했다. 우리는 상호지원의 수많은 사례를 특히 조류나 반추동물이 이동하는 시기에 목격했다. 반면에 동물들이 엄청나게 무리 지어 사는 아무르나 우수리 지역에서는 동종의 고등동물들 사이에서 실제로 경쟁하거나 투쟁을 벌이는 사례를 좀처럼 찾아볼 수 없었다(상호 34-35).

『상호협력』을 펼치면 1914년 판 서문이 나온다. 1914년은 제1차 세계대전이 터진 해다. 서문의 첫 쪽에 먼저 전쟁 이야기를 언급한 다음 그는 "이 책의 초판이 출간된 지 12년이 지난 지금, 이 책의 핵심사상, 즉 상호협력이 진화를 이루어가는 중요한 원인으로 작용한다는 점을 생물학자들이 인식하기 시작했다"(상호 6)고 말한다. 그러고는 "동물들 간의 상호협력과 지원의 중요성이 오늘날의 사상가들 사이에서 비로소 인정되기 시작했지만, 여전히 인간의 역사에서는 상호협력과 지원이 사회제도의 점진적 발전에 중요한 역할을 하고 있다는 점을 인정받지 못한다"(상호 7)고 지적한다. 크로포트킨은 이어 제1차 세계대전에 나타난 여러 가지 사례를 들면서 "전 세계를 비참함과 고통 속으로 몰아넣은 전쟁의 와중에서도 인간에게는 건설적인 힘이 남아 있으며, 그러한 힘이 발휘되어 인간과 인간, 나아가 민족과 민족 사이에 서로 이해하는 마음이 깊어지기를 나는 진심으로 희망한다"(상호 9)고 썼다.

그다음 1902년 초판의 서문이 나온다. 여기에는 앞에서 언급한 시베리아에서의 경험과 더불어 "격렬한 경쟁의 시기에는 종의 진화가 이루어질 수 없다"(상호 12)는 말과 함께 "낯선 종에게 먹이를 나눠주는 행위가 자연계 전체에 퍼진 일반적 법칙이라는 점을 받아들인다면 수많은 수수께끼가 풀릴 것이다"라고 한 괴테의 말을 인용하며 상호협조가 일찍부터 인정되었음을 드러냈다(상호 14). 그러나 그 뒤의 연구가 "동물

『상호협력』의 독일어판(1904).

의 사회성을 사랑이나 동정으로 환원"시킨 점에 대해서는 비판한다. 그럴 경우 "보편성과 중요성이 축소"될 위험이 다분하다고 지적하면서, "이는 마치 인간의 윤리를 사랑과 개인적 동정의 관점으로만 파악하면 도덕적 감정을 총체적으로 이해하지 못해 시각이 협소해지는 것과 마찬가지다. 때로 전혀 알지 못하는 이웃의 집에 불이 났을 때 물 양동이를 들고 그곳으로 뛰어가는 이유는 이웃에 대한 사랑 때문만이 아니다. 그러한 행동은 다소 막연하긴 하지만 인간이 본래 지니는 연대성과 사회성이라는 훨씬 더 폭넓은 감정과 본능에서 우러난 것이다"(상호 16)라고 하면서 상호협력의 중요성을 강조했다.

크로포트킨에 의하면 "인간 사회의 근간이 되는 것은 사랑도 동정심도 아니다. 그것은 인간의 연대 의식—비록 본능의 단계에 존재하지만—이다. 이는 상호협력을 실천하면서 각 개인이 빌린 힘을 무의식적으로 인정하는 것이며 각자의 행복이 모두의 행복과 밀접하게 연결되어 있다는 점을 무의식적으로 받아들이는 것이기도 하다."(상호 17) 그리고는 "다양한 종류의 동물에게 상호협력이 중요한 역할을 한다는 점이 드러난 후 나는 똑같은 요인이 인간의 진화에도 매우 중요하다는 점을 피력했다"(상호 18)고 하면서 진화론자 중에는 스펜서처럼 상호협력이 동물들 사이에서는 중요하지만 인간의 경우에는 그렇지 않다고 주장하는 사람이 적지 않았기에 그런 논의가 더욱더 필요하다고 말한다. "스펜서와 같은 부류의 주장에 따르면 원시인 사회에서는 만인에 맞선 개개인의 투쟁이 곧 삶의 법칙이었다. 이 주장은 홉스 이래 충분한 비판이 가해지지 않은 채 너무나도 손쉽게 반복되었다."(상호 19)

서구 근대 정치 철학의 토대를 마련한 책 『리바이어던』(1651)의 저자로 유명한 홉스는 자연을 만인의 만인에 대한 투쟁 상태로 상정하고, 그로부터 자연권 확보를 위하여 사회계약에 따라 리바이어던과 같은 강력한 국가권력이 발생하게 되었다고 주장했다. 홉스에 따르면 자연상태에서 이기적 본성을 지닌 개인들은 자신의 이익을 한없이 추구하며 '만인에 의한 만인의 투쟁'을 전개한다. 하지만 크로포트킨은 서로 다투던 자연상태 속의 인민이 그들 개인이 지닌 권리를 양도함으로써 주권을 창조할 수 있다고 본다.

『상호협력』의 특징

크로포트킨이 쓴 『상호협력』의 본문은 "동물의 상호협력(2개 장), 원시인의 상호협력, 야만인의 상호협력, 중세도시의 상호협력(2개 장), 근대인의 상호협력(2개 장)"과 같이 총 8개의 장으로 구성되었다. 장 구분은 이 글들을 처음으로 잡지에 연재했을 때의 체계를 따온 것으로 보인다. 따라서 크게 4개로 묶을 수 있다. 즉 동물, 원시인과 미개인, 중세도시, 그리고 현대인의 상호협력이다.

원시인(savages)은 선사시대의 사람들을, 야만인(barbarians)은 로마인이 '야만인'이라고 부른 사람들을 말한다. 따라서 이 책에는 고대 그리스 로마의 역사가 생략되어 있지만, 그들 이후의 서양 중심적 사고방식은 여전히 남아 있다. 여하튼 고대 그리스 로마가 중심인 서양사나 세계사를 읽은 우리로서는 당혹할 수밖에 없다. 고대 그리스 로마는 상호협력 사회가 아니라 경쟁 사회였던 것인가? 이 책을 일반적인 역사서로 읽으려고 할 때 여러 문제에 부딪히는 이유다.

우리는 20세기 이전의 한반도를 비롯해 많은 농경사회가 경쟁 사회라기보다 상호협력의 사회였음을 알고 있다. 20세기에도 미국보다는 유럽이, 남한보다는 북한이, 일본보다는 중국이 상호협력적이었다. 그러나 그 어느 사회도 오로지 경쟁적이거나 오로지 협조적이었다고 말할 수는 없다. 마찬가지로 고대 그리스 로마가 상호협력적 사회가 아니었다고 해서 크로포트킨의 설명이 문제라고는 할 수 없다. 도리어 우리가 읽은 세계사나 서양사가 서양, 그것도 그리스 로마 중심으로 서술되었다는 점을 비판적으로 볼 수 있고 그런 점에서 크로포트킨의 책을 더욱 가치 있게 읽을 수도 있다. 그러나 고대 그리스 로마를 제외한 군소 사회가 상호협력적이었기에 인류사 역시 상호협력적이었다고 보기는 어렵다. 또한 크로포트킨이 상호협력적이라고 보았던 사회들에 대한 설명이 현대 역사학의 이해와 다른 점도 많다. 만약 그런 사실들을 모두 설명하고자 한다면 그것은 여러 권의 독립된 저술이 되어야 할 것이다. 따라서 나는 이 책에서 개괄적인 설명을 하고자 한다.

크로포트킨은 먼저 1~2장에서 동물의 상호협력을 설명하는데, 물론 이에 대해서도 복잡한 논의가 있을 수 있다. 무릇 생물학에서 동물과 인간의 본성이 생존경쟁에 무게를 두느냐 상호협력에 방점을 찍어야 하느냐, 라는 논쟁은 정답을 찾기 어렵다. 세상에 존재하는 수많은 생물은 어떤 두드러진 점 하나로만 설명하기 힘들다. 그야말로 보기 나름이고 주장하기 나름이다. 심지어 다윈의 주장조차 그가 과연 자연의 법칙을 염두에 두고 말한 것인가에 대해 의문을 가질 정도다. 인간의 생활에서 드러나는 경쟁성과 협력성의 이슈 또한 마찬가지다.

크로포트킨은 헉슬리 같은 사상가들이 기존의 불평등 구조를 정당화하기 위해 다윈의 진화론을 이용했다고 말한다. 사회적 다윈주의자들이 자본주의, 인종주의, 제국주의를 설명하는 데 잘못된 과학이론을 써먹었다는 것이다. 자연에서처럼 인간의 사회에서도—그것이 개인이든 집단이든 인종이든 국가이든— 생존을 위한 투쟁은 불가피하므로 적자가 생존하고 지배하는 게 당연하다는 관점 말이다. '다윈의 불독'이라 불린 헉슬리는 동물계를 영원한 '검투사의 쇼'로, 원시인의 삶을 '지속적인 자유 투쟁'으로 표현했으나 크로포트킨은 이를 부정하고 나름의 새로운 대안을 제시한다.

그는 생명체 사이엔 경쟁보다 협력의 본질이 더 강력하게 작용한다고 하면서 이를 증명할 근거들이 많이 있다고 주장했다. 생명을 유지하고 종족을 보존하는 데 성공한 종들 사이에서는 상호협조가 거스를 수 없는 원칙처럼 보이는데, 이것이야말로 진화에서 가장 중요한 요소라는 것이다. 그는 더 나아가 어떤 상황에서도 사회성은 삶을 위한 투쟁에서 가장 큰 장점이라고 말한다. 그것을 의식적으로든 무의식적으로든 저버리는 종들은 없어질 운명에 처한다. 반면 조화를 이룰 줄 아는 동물은 생존하고 진화할 가능성이 훨씬 크다.

이처럼 크로포트킨은 생명 존재의 투쟁이란 같은 종 사이에서 일상적으로 발생하는 게 아니라 불리한 상황에 맞서 싸워야 하는 투쟁 상황에서 일어난다는 것을 분명히 한다. 즉, 다른 사회적 다윈주의자들이 개체 간의 투쟁이 적자생존으로 이어진다고 주장한 데 비해 크로포트킨은 경쟁 단위를 종 전체로 보았으며, 구성원들 사이에서 가장 높은 수준의 협력과 지원을 받는 종이 가장 번성할 가능성이 높다고 주장한 것이다. 그는 다음과 같이 결론을 내린다. "개별 투쟁은 가장 좁은 범위에서, 상호협력의 실천은 가장 넓은 범위에서 구현하는 종이 가장 오래 지속 가능하며, 개체수를 가장 많이 불려

갈 수 있고, 가장 발전할 수 있다. 이들이야말로 가장 개방적인 종이다. 이 경우 상호지원, 고령화의 가능성 촉진, 다양한 경험 축적, 지적 발달, 사회적 관습 형성, 종의 성장과 유지 및 확장, 진보적인 진화를 보장할 수 있다. 생물학적 진화나 사회적 진보는 힘이나 교활함이 아니라 상호지원과 협력을 바탕으로 할 때 가장 멋지게 개진된다."

크로포트킨은 동물계에 대한 이러한 관찰을 인간 종에 적용하는 것을 주저하지 않는다. 그에 따르면 사회는 인간의 출현에 앞서 존재한 자연 현상으로 인간은 인위적인 규제 없이 그 사회 안에서 살아가는 데 자연스럽게 적응했다. 인간은 항상 '사회적인 종'이었다는 뜻이다. 그 근거로 크로포트킨은 인류학의 이론을 예로 든다. 전통 사회의 인간은 씨족과 부족 중심으로 살았는데, 이때 항상 관습과 금기가 협력과 상호지원을 보장했다는 것이다. 우리가 요즘 입에 달고 사는 자유로운 개인주의는 근대의 산물이다.

그가 주목한 것은 중세도시다. 중세도시 사람들의 공동생활에서 상호협력이 정점에 도달했다는 것이다. 16세기에 접어들면서 사회 곳곳에 강압적인 제도들이 형성되기 시작했지만, 이들 역시 자발적인 상호협력을 근절하지는 못했다. 애당초 내세웠던 바와 달리 국가는 개인들의 느슨한 집합과 결합을 지원하지 않았다. 도리어 결합을 훼손하는 것처럼 보였다. 우리의 현재 삶이 그렇듯 인간이 살아가는 데 필요한 모든 것을 개별적으로 소유하도록 부추겼고, 결국 이를 통해 무한 경쟁이 나타나 더욱 강화되었기 때문이다. 만일 근대 국가가 진화 이론을 제대로 이해했다면 자본주의 경쟁의 불가피성이나 그 필요성을 정당화하지 못했을 것이다. 따라서 매우 역설적이지만, 가장 강력한 국가란 오히려 아나키 상태일 가능성이 크다고 할 수 있는데, 이 신념이 바로 크로포트킨 철학의 초석을 형성했다. 즉 아나키즘은 진화하는 인간 본성에 반하는 것이 아니라 인간 본성을 유지하는 것이라는 사상 말이다. 실제로 크로포트킨은 아나키스트 사상가야말로 인간의 사회를 연구하고, 그곳에서 어떤 경향성을 발견하며, 이상적인 진화의 방향을 지적할 수 있다고 한다. 그러면서 아나키스트의 이상이란 상상할 수 있는 가장 발전한 진화의 다음 단계이며, 이는 더 이상 믿음의 문제가 아니라 과학적 논의의 문제로 다루어야 한다고 강조했다.

다윈과 맬서스

크로포트킨은 『상호협력』 1장에서 다윈의 생존경쟁 이론을 설명한다. 다윈은 주위의 여러 조건에 가장 적응을 잘하는 개체가 살아남는다고 했다. 이들은 생존 능력이 뛰어나서 긴 시간을 거치며 번식하는 동안 변화하는 조건과 함께 진화한다는 것이다. 그러나 다윈은 생존투쟁과 적자생존을 주장하면서도 이는 "다른 생물에 의존하는 것을 포함하여 아주 폭넓고 비유적인 뜻"이라고 하면서 이를 과대평가하지는 말라고 『종의 기원』 제3장에서 말했다. 또한 다윈은 『인간의 유래』에 다음과 같이 썼다.

높은 수준의 애국심, 충실성, 복종심, 용기, 동정심이 있어
서 남을 도울 준비가 항상 되어 있고 공동의 이익을 위해 자
신을 희생할 준비가 되어 있는 구성원이 많은 부족은 다른
부족에 비해 성공을 거둘 것이다. 이것이 바로 자연선택이
다.[38]

이처럼 다윈은 생존경쟁을 설명하면서 '협력'을 중시했으나
이에 대한 설명이 충분하지 못했고, 맬서스의 주장과 비슷한
이론도 전개했기에 헉슬리를 비롯한 추종자들은 생존경쟁이
라는 개념만을 강조하여 다윈의 이론 자체를 협소하게 만들
었다고 크로포트킨은 비판한다. 나아가 그는 다윈의 생존경
쟁 이론이 맬서스(Thomas Robert Malthus, 1766~1834)의 '협소
한 개념'에서 유래했다고 본다(상호 27).[39] 맬서스는 『인구론』
[40]을 고드윈과 콩도르세(Marquis de Condorcet, 1743~1794)[41]의
낙관론에 대한 비판으로 썼는데, 그는 인류의 장래에 빈곤과
비참함이 닥치는 것을 막을 도리가 없다고 보았다. 당시 영국
은 경제구조가 전면적으로 공업화되지 않은 상황이었는데 사
람들이 무작정 도시로 밀려들면서 농촌은 인구감소와 경제쇠
퇴라는 상황에 부닥치게 되었다. 한편 도시에서는 인구 급증
으로 인해 잉여인력이 많아지면서 대다수가 저임금에 시달렸

고 빈곤하게 살아야 했다. 맬서스의 『인구론』은 이 같은 사회 상을 반영한 것이다. 당시 사회문제였던 인구 과밀화에 대안을 제공하려 했던 것이 구빈법(救貧法)인데, 맬서스는 이 법이 대가족제를 그대로 유지하게 함으로써 빈민을 공적으로 원조할 뿐 아니라 범죄 유발을 촉진하고 노동의 유동성을 제한한다는 이유에서 반대했다.

생활물자 공급이 어려운 시대를 살았던 맬서스는 식량을 비롯한 물자는 산술급수적으로 증가하는데, 인구는 기하급수적으로 증대한다는 점에 관심을 가졌다. 그는 여기서 나타나는 성장률의 불균형이 인구의 무제한 증대를 제지하리라고 보았다. 그러고는 빈곤, 질병, 전쟁, 기아, 그리고 '모든 종류의 과잉'에 의해 생기는 높은 사망률과 같은 자연의 '강제적 억제' 대신 '예방적 억제'라는 구조적인 억제 메커니즘(가령 혼전순결과 만혼 및 6인 가족제)을 작동해야 한다고 역설했다. 단간통, 매춘, 성적 일탈, 출산 조정(피임), 중절 등을 통한 억제는 '여성에 대한 부당한 관습'이라며 반대했다. 그러나 맬서스의 후계자들은 인구 증대를 막는 방법으로 맬서스가 반대한 출산 조정을 채택했다. 서양의 신교국가에서는 개인주의가 강하고 출산율이 높았기에 출산을 억제하는 정책을 채용했으나, 이는 국가적인 인구 정책에 의해서가 아니라 핵가족이 행복하다, 라는 통념 아래 행해졌을 뿐이다.

맬서스의 이론은 다윈의 진화론에 영향을 미쳤다. 맬서스는 적응에 크게 실패하는 종일수록 과잉 사망에 이르기 마련인데, 이때 생존투쟁이 주로 종의 내부에서 생긴다고 보았다. 톨스토이는 맬서스를 "악의적인 평범한 사람"으로 낙인찍었다. 고드윈과 같은 유토피아주의자나 사회주의자나 전체주의자 그리고 가톨릭은 도리어 맬서스를 잔혹한 보수주의자로 보고, 인구가 성장할 때의 장점을 강조했다. 나아가 마르크스는 인구 과잉 문제는 생활 수단이나 물자가 부족해서 생긴 것이 아니고 소득의 분배가 공정하지 않기 때문에 발생한다고 보았다. 사회주의 사회 건설을 희망했던 급진주의자들은 맬서스주의를 부르주아 정치 경제학의 반동적 흐름으로 보았다. 차르 러시아의 공동체적 미덕을 보존하기를 희망했던 보수주의자들은 그것을 '영국 민족 유형'의 표현으로 보았다.

소련과 중국은 물론 다른 파시즘 국가에서도 인구 증대 정책을 실시했지만, 그들 가운데 일부는 이를 곧 포기했다. 대부분의 국가는 맬서스'적' 인구 정책을 채택했고, 그 결과 출산율이 낮아지는 현상이 일반화되었다. 한국도 예외가 아니다. 최근 낮은 출산율이 문제시되어 출산 정책을 수정하고 있으나 아이를 낳을 경우 가정 경제에 부담이 크다는 인식이 만연한 탓에 저출산 풍조엔 크게 변화가 없을 전망이다.

맬서스의 영향을 받은 다윈의 자연선택론 덕분에 사람들은 자연 현상을 일종의 마술처럼 보던 시각을 극복하게 되었다. 그러나 다윈의 이론은 두 가지 상반된 방향으로 갈라졌다. 하나는 자연과 인간의 관계를 약육강식의 관계로 보아 자연을 경제적으로 착취하고 개발하는 일을 합리화하며, 나아가 생존에 적합하지 않은 원시적 인민을 식민지로 지배하는 것을 정당화하는 방향이었다. 이와 다른 또 하나의 방향은 인간이라는 존재가 다른 존재들과 함께 전체로서의 자연계를 형성한다는 점을 강조했다. 이 같은 시각은 인간을 자연적 세계에 대치되는 가장 지적인 존재로 상정하여 우월시했던 데카르트적 세계상을 파괴하는 데 기여했다. 즉 사람들이 환경을 이용하고 싶은 대로 이용하는 '대상' 내지 '자원'으로 취급하던 태도에 이제 책임을 져야 한다는 뜻이었다. 크로포트킨은 루소가 인간에 의해 파괴된 사랑과 평화와 조화를 자연에서 재발견하는 낙관론에 기운 것과 마찬가지로 헉슬리는 지나친 비관론에 젖었다고 비판한다.[42] 그는 "사회성 역시 상호투쟁과 마찬가지로 자연법칙"이라고 보았다(상호 31).

동물들의 상호협력

크로포트킨은 동물의 상호협력을 『상호협력』 1~2장에서 여러 가지 예를 들어 설명한다. 먼저 개미와 흰개미에 대한 설명을 보자(상호 38-41).

개미나 흰개미는 '홉스적인 전쟁'을 포기함으로써 오히려 이득을 얻었다. 상대적인 규모로 볼 때 인간의 솜씨보다 우수한 놀라운 집과 건축물들, 잘 닦인 통로와 아치형의 회랑, 널찍한 방과 곡물창고, (…) 이런 삶의 방식은 필연적인 결과로서 개미들 삶의 또 다른 본질적인 특성을 발전시켰다.

즉 개체들이 엄청나게 발전된 독창성을 지니게 되었다는 점인데 이에 대해 인간 관찰자들조차 놀라움을 금할 수 없었다(상호 40).

따라서 크로포트킨에 의하면 상호협조와 개체의 독창성은 동물이 진화하는 과정에서 상호투쟁보다 훨씬 더 중요한 요인이다(상호 41). 이를 꿀벌(상호 42-44), 흰꼬리독수리, 제비갈매기, 검은머리물새떼새, 꼬까도요, 동고비 같은 조류(상호 45-66), 바다코끼리, 물범, 고래, 야생말, 야생 당나귀, 야생 양, 늑대, 북극여우 같은 포유류나 다람쥐나 쥐 같은 설치류(상호 67-82)를 통해서 설명한 다음 고등동물일수록 사회성이 더욱 두드러지게 나타난다고 분석했다. 특히 진화의 단계에 따라 "군집은 이제 자연적인 성격을 잃게 되어 더는 단순한 본능에 따르지 않고 이성에 의해 이루어"지며 "사회생활은 모든 부류와 더불어 그리고 무한한 개체의 다양성과 고유한 특성과 더불어 나타난다."(상호 82-83) 나아가 "사회성은 어떠한 환경을 만나든 생존경쟁에서 이기게 해주는 가장 강력한 특장점"(상호 87)이며, 이를 잘 보여주는 것이 가장 고도화된 사회적 능력인 인간의 지능이라는 것이다. 그러면서 "사회성은 직접적으로는 에너지 낭비를 최소화하면서 종의 안락한 삶을 보장해주고 간접적으로는 지능의 성장을 도움으로써 진화의 가장 중요한 요인이 된다"(상호 88)라고 결론 짓는다.

크로포트킨은 이어서 다윈이 말한 대로 현실에서 경쟁과 절멸(絶滅)이 있는지 의문을 던진다. "설령 경쟁이 있었다 하더라도 환경에 새롭게 적응하면 경쟁은 완화"되고(상호 95) 따라서 "경쟁은 동물에게도 인간에게도 철칙이 될 수 없다."(상호 105)

경쟁하지 말라! 경쟁은 항상 치명적이다. 경쟁을 피할 수 있는 방법은 많다! (…) 그러므로 결합해서 상호협조를 실천하라! 이것이야말로 각자 그리고 모두가 최대한의 안전을 확보하고, 육체적으로든 지적으로든, 그리고 도덕적으로 살아가면서 진보하게 해주는 가장 든든한 버팀목이자 확실한 수단이다(상호 106).

원시사회의 상호협력

크로포트킨은 『상호협력』 3장에서 헉슬리나 홉스가 개인들이 벌이는 영속적인 투쟁을 자연상태라고 본 점을 비판한다. 그들은 원시사회에서는 소규모로 '가족'을 이루어 여기저기 흩어져 생활한 것으로 보았지만 실제로는 그렇지 않았다는 것이다. 즉 "가족은 원시적인 조직형태가 아니라 인간의 진화과정에서 아주 최근에 나타난 산물"(상호 111)이며, 동물이든 사람이든 본래는 군집을 이루어 살면서 사회적 규칙을 따랐다. 하지만 원시사회 인간들이 군집을 이루어 살았다고 해서 자유로운 성관계를 가졌다는 뜻은 아니다. 오히려 씨족의 규

율을 따르고 지켰기에 씨족사회가 수만 년 동안 지속된 것이
다. 또한 원시인들은 "원시공산제하에서 우두머리 없이 분쟁
도 거의 없이 살았"고, 공동으로 육아하고, 밤에는 화려하게
치장하고 춤을 추며 살았다. 그리고 마을마다 '긴 집'을 뜻하
는 바를라(barla) 또는 '큰 집'을 뜻하는 발라이(bala)라는 미혼
남성들을 위한 장소를 마련해두고 그곳에서 사교적인 모임을
열거나 공동관심사를 토론했다(상호 128).

크로포트킨에 의하면 "에스키모의 삶은 공산제를 기반으
로"(상호 131) 했으나 몇몇 부족에서는 유럽의 영향을 받아 사
적 소유제도를 인정했다. 그러자 차츰 지나치게 부를 축적하
는 개인이 생겨났고, 이에 부족의 단결에 위협을 느껴 포틀래
치(Potlach)를 시행하게 되었다. 포틀래치란 부자가 된 자가 씨
족 구성원들을 모두 불러 성대한 잔치를 베풀고 재산을 나누
어주는 제도다. 이는 재화를 선물로 나누어줌으로써 물질적
필요를 충족하는 선물 경제(gift economy)로 발전된다. 이것은
개인 또는 일정한 집단이 재화를 물물교환하거나 시장에서
형성된 가격이라는 메커니즘에 따라 상품을 거래하는 교환경
제와 대비되는 개념이다.

크로포트킨은 원시사회를 무조건 미화하지 않는다. 유아
살해나 노인 유기, 유혈 복수 등은 비판한다(상호 135). 그러나

여기엔 이유가 있다고 보았는데, 이를테면 유아살해는 무지한 탓이고 노인 유기는 노인 자신이 짐이 되기 싫어 자발적으로 선택한 것으로 보았다. 또한 "원시사회 사람들은 미덕의 전형도 아니지만 '포악함'의 전형도 아니다"(상호 146)라고 하면서 다만 혹독한 생존경쟁으로 인해 자신의 존재를 종족의 존재와 동일시한 것으로 간주했다.

크로포트킨에 의하면 부족을 단결시키는 연대의 원리는 부족의 범위 내에서만 작용했다. 그러다 보니 부족 사이에 종종 분쟁이 생겼고, 이를 평화적으로 해결하기 위한 일반법의 필요성이 부각되었지만, 이때에도 그 법의 유효성은 부족 간의 이해관계에 따라 결정될 뿐 어떤 독재적인 권위에 의해 결정되지 않는다. 기존의 전통과 통일성을 저해한 것은 씨족 사이에 나타난 독립된 가족이다. 가족과 더불어 사유재산 개념이 공고해졌고 부의 축적이 이루어졌다. 지식은 종종 마술과 혼동되었고, 이것이 어느 개인의 손에 넘어가면서 종족을 지배하는 권력으로 자라나기 시작했다.

하지만 그 어떤 경우에도 생존경쟁의 가장 극적인 단계인 전쟁을 정상인 환경으로 받아들인 적은 없었다. 투쟁이 아닌 형평성과 상호협력이 민중의 사회조직 유지수단으로 작용해 왔기 때문이다. 심지어 포악한 신정정치나 독재정치하에서도 그러했다.

이상의 내용은 크로포트킨이 원시사회를 설명한 것인데, 과연 어느 정도 타당한지 살펴보기로 하자.

첫 번째 증거로 최초의 유럽인이라고 하는 네안데르탈인이 소규모 부족을 이루어 상호협력하면서 살았음을 보여주는 주거지가 발견된 것을 들 수 있다. 두 번째, 크로마뇽인들이 돌로 만든 도구들을 개량하거나 이를 응용하여 기능이 더 좋은 도구들을 발명한 것은 부족 내부에서는 물론이고 타 부족들과 도움을 주고받았다는 사실을 보여준다. 즉 상호협력의 범위가 확대된 것이다. 현대 역사학은 이러한 주장을 일면 인정하면서도 크로포트킨의 원시사회 설명에는 여전히 미흡한 점이 있다고 본다. 원시사회에서도 점차 전문화와 노동 분업, 생산 증대, 가축 사육 등을 통해 부유한 자들과 가난한 자들 사이에 격차가 발생했기 때문이다. 또한 크로포트킨이 노예제 사회였던 그리스를 충분히 고려하지 않은 것도 문제라고 지적할 수 있다.

미개인의 상호협력

크로포트킨에 의하면 원시인에서 미개인으로 넘어가면서 투쟁과 분쟁이 나타났다. 『상호협력』 제4장에서 크로포트킨이 미개인이라고 부르는 사람들은 우리가 보통 고대라고 하는 중세 이전의 역사에서 볼 수 있는 로마인 이외의 사람들이므로 주의가 필요하다.

크로포트킨은 고대에는 투쟁과 분쟁이 일상적이지 않았고 도리어 평화로웠다고 본다. 특히 기원전 1세기 무렵의 민족 대이동은 정복욕 때문이 아니라 건조한 날씨와 물 부족 현상을 극복하기 위해 벌어진 것이라고 한다. 또한 대이동 시에도 사람들은 기존의 질서를 유지했다. 변화는 독립된 가족이 생기면서 나타났다. 부족 안에서 꾸준하게 증가한 가부장적 가족제는 부와 권력을 축적하여 가족에게 세습하거나 이양했다. 그 과정에서 대다수 부족이 사라졌고, 강력한 부족은 마을공동체로 남았다.

이 제도는 가족의 독립성을 인정하였을 뿐 아니라 더 나아가 강조하였다. 마을공동체는 가족의 울타리 안에서 벌어지고 있는 일에 대해서 간섭할 권리를 전부 포기했고 개인의 독창성을 더 많이 발휘하도록 자유를 부여했다. 다른 가계 사람들과의 연합을 원칙적으로 반대하지 않으면서도 동시에 필요한 만큼 부족 안에서 결합하는 방향을 유지했으며, 마법사나 성직자 그리고 탁월한 전사 같은 소수층이 지배권을 행사하는 추세에 반대 의사를 표명할 수 있을 만큼 강력했다(상호 157-158).

씨족과 달리 마을공동체에서는 땅을 제외한 일정한 정도의 사적 소유가 인정되었다. 로마법과 기독교의 영향으로 개인의 소유화가 점점 기세를 불렸으나 마을공동체가 이를 통제하고 조정했다. 그 기능을 담당한 것이 민주적 의사소통과 의

사결정을 공동으로 진행하는 민회였다. 또한 마을공동체는 씨족사회와 달리 필요에 따라 물질을 공동으로 분배하기도 했다. 시간이 지나면서 씨족은 부족으로, 부족은 종족으로 확대되었고, 그 과정에서 전쟁도 벌어졌지만, 일단 정착한 뒤에는 가급적 전쟁을 멀리했다. 이처럼 전쟁보다 평화를 선호한 탓에 전사라는 직업이 특화되었고, 로마제국의 해체 시에 벌어진 민족 대이동은 부족 사회의 기반을 흔들었다. 부족은 해체되어 느슨한 공동체인 개별 가족으로 대체되었고, 이때부터 부족이 아닌 마을 단위로 움직이게 되었다. 지역 안에서 통용되던 관습은 법이 되었고, 가족의 우두머리는 곧 재판관이 되었다.

크로포트킨은 법전에 존재하는 모든 법개념과 모든 사법절차의 전통이 마을공동체에서 비롯되었다고 한다. 부족 사회를 지배했던 관습법은 새롭게 권위를 획득한 지도자, 전통과 통념 혹은 힘이나 지식을 무기 삼아 힘을 행사한 극소수 사람들에게 밀리면서 점차 지배력을 상실하게 되었다. 이들 소수의 지배는 점차 강력해져서 가족 단위로 사적인 부를 축적하게 되었고, 상속의 개념도 견고해졌다. 물론 어느 정도 공동소유는 있었다. 하지만 본질적으로 농업공동체였던 마을공동체는 차츰 자신의 특별한 가치를 이용해 권력을 행사한 군사 지도자에게 복속했다. 이후로 민중은 공동의 논의 아래 법을 만들었던 전통을 잊고, 소수 권력자와 그 가족에게 입법 권한을 양보했다. 예를 들어 이탈리아 에트루리아인들의 12개 성곽도시는 우두머리인 왕보다 영향력이 월등했던 부유한 귀족들에게 장악되었고, 알프스 이북의 켈트인들이 조직한 부족 사회에서는 왕가의 사람들과 전사 귀족이 함께 지배층을 형성했다. 게르만 사회의 기반은 자유민(전사)이었는데 이들은 평소에는 일종의 길드에 결속되어 있다가 전시가 되면 수장의 명령에 절대적으로 복종하며 살았다.

중세도시의 상호협력

크로포트킨은 '중세도시의 상호협력'이라는 제목의 5~6장 처음에서 1세기의 '미개인'들을 언급하면서 자기가 사는 19세기에도 몽골인(중국인을 비롯한 아시아인을 말한다)이나 아프리카인이나 아랍인은 비슷한 미개 상태에 있다고 하는 등 오리엔탈리즘적 시각을 그대로 보여준다(상호 193). 그들은 민족 대이동 이후 즉시 농업공동체로 정착했는데, 아이러니하게도 그 평화를 지키기 위해 전사 집단을 형성했고, 농부들은 이에 종속되었다는 것이다. 전사 집단은 농부들이 낸 세금으로 부를 축적하고 권력을 강화했으며, 그 권력은 법을 통해 더욱 강화되었다.

중세 봉건제하에서도 마을공동체는 유지되었다. 그리고 농민들은 토지의 공동소유와 자치 사법권을 유지(상호 203)했으며, 이로부터 중세도시가 탄생했다(상호 204). 크로포트킨은 "역사상 10~11세기보다 일반 대중의 힘이 건설적으로 드러난 예는 어디에도 없다"고 했는데(상호 205), 중세에 대한 이러한 긍정적인 평가는 중세를 영주와 농노로 상징되는 암흑시대로 배운 우리에게는 매우 놀랍고 생경하다.

특이한 점은 중세도시의 형성에 마을공동체의 원리와 함께 길드의 원리가 적용되었다는 것이다. 크로포트킨에 의하면 사람들이 공동의 목적을 위해 모이는 곳에서는 어디든 그런 조직이 생겼는데(상호 210), 그들은 "서로를 평범한 인간으로 평등하게 대하기로 합의하고, 서로 도우며, 분쟁이 발생하면 모든 사람이 선출한 재판장 앞에서 해결"했다(상호 210). 또한 "길드 구성원은 서로를 형제나 자매로 부르고 서로를 대우했다. 모든 사람은 길드에서 평등하게 대접받았다. 이들은 약간의 공동 '재산'(땅, 예배소, 자본금)을 소유"(상호 212)했고, 갈등이나 분쟁은 자체적으로 해결했다. 또한 "특수한 목적을 위해 소집되었다가 그 목적이 달성되면 해산"하는 임시 길드도 있었고, 반면 몇백 년 전통을 가진 길드도 있었다(상호 213). 자치권과 상호지원이라는 이중원리에 의해 조직되고 운영된 길드는(상호 214) "개인에 대한 국가의 형식적인 간섭과 달리 모든 경우에 형제애를 기반으로 하며, 개인에게서 독창성을 빼앗지 않으면서도 집단의 욕구를 충족시키는 데 상당히 잘 들어맞는 조직"이다. 그는 이 점이야말로 길드가 확산되고 나날이 발전하며 강화될 수 있었던 배경이라고 했다. 덕분에 마을공동체와 도시 안에서 수월하게 연합할 수 있었다(상호 217).

중세도시의 목적은 "자유, 자치경영권, 그리고 평화의 보증"이었는데, 그 원칙은 빈민에게나 부자들에게나 똑같이 필요한 음식과 주거를 공급하고 독점과 선매(先買)를 금지(상호 222)하는 것으로 지켜나갔다. 요컨대 "중세도시란 마을공동체보다 훨씬 커다란 규모로 상호원조와 지원, 소비와 생산을 위한 연합"(상호 226)이었던 것이다.

이처럼 크로포트킨에 의하면 원시사회부터 작동한 사회제도인 관습이 마을공동체를 낳았고, 이것이 자유도시의 민중정치로 이어졌다. 하지만 중세 후기, 국가는 사회협력제도를 파괴하고 그 자신이 하나의 통합원리로 군림하고자 했다. 이로써 "마을공동체는 점차 세속 영주나 성직 영주에게 예속되었다."(243) 이제 도시는 더 이상 자율성을 유지할 수 없었다. 결국 남은 길은 전쟁뿐이었고, 전쟁을 치르는 과정에서 수많은 도시 동맹이 결성되었다. "10세기에서 16세기까지 인간 사회에는 연합과 단결의 원리가 모든 면에서 표출되었고, 최대한 지속되었으며, 이를 기반으로 대규모 상호협력과 상호지원을 확보하려는 광범위한 시도가 있었다. 이것이 바로 도시 동맹이다."(상호 251)

그런데 이후 도시와 농촌을 아울렀던 자유로운 연합 조직이 타격을 입는다. 군사 권력과 사법 권력, 토지 소유자와 자본가 사이에 암묵적으로 상호보험의 성격이 강한 협동체로서의 '국가'가 등장했기 때문이다. 크로포트킨은 국가의 반자연적인 성격을 강조하면서 그 예로 몽골이나 투르크 같은 외부의 침략 세력을 교묘히 이용하는 교회와 법률가 등 일부 특권층의 반동적인 국가 찬양을 거론했다.

근대인의 상호협력

크로포트킨이 『상호협력』 제7~8장에서 다루는 근대인의 상호협력은 종교개혁에서 시작한다. 그것은 가톨릭의 부패에 대한 저항이자 "형제애로 뭉친 자유롭고 새로운 공동체"(상호 269)를 건설하려는 시도였다. 가령 모라비아 형제회(Herrnhuter Brüdergemeine)[43]에는 많은 사람이 가담해 재산을 기부하고 공동체 생활을 하며 공동으로 생산하고 공동으로 분배했다(상호 270). 그러나 국가는 이를 철저히 탄압했고, 대학과 교회는 그 탄압을 정당화했다. 19세기까지의 학문이란 그런 것이었다.

국가가 강화되자 "필연적으로 방종하고 편협한 개인주의
가 발달"(상호 272)했는데, 국가에 대한 의무가 늘어나면서 시
민들은 서로에 대한 의무를 확실히 덜게 되었다. 그럼에도 중
세적인 상호협력 전통은 완전히 사라지지 않았다. 그중 러시
아 등지에서 농노해방 뒤에도 계속 남아 있던 농촌 공유제는
개인주의를 제어하는 윤리적 역할을 감당했다는 것이다. 이
같은 주장을 펼쳤다는 점에서 크로포트킨은 도시 노동자를
중시한 마르크스와 결이 다르다. 물론 그렇다고 해서 크로포
트킨이 노동자를 무시한 것은 아니다.

『상호협력』 제8장에서 크로포트킨은 노동조합을 중세의
길드처럼 상호협력을 구현한 사례로 보아 중요시한다. 노동조
합에 대한 국가의 통제가 강력했으나 저항도 끊이지 않았다
고 하면서, 하나의 예로 웨브 부부(Sidney Webb, 1859~1947, Be-
atrice Webb, 1858~1943)의 『노동조합의 역사』(1894)를 인용한
다. 1825년, 결사에 관한 법률이 폐지되면서 오언의 전국 총연
합 노동조합이 결성되었지만, 다시 한번 탄압을 목적으로 한
법집행이 이루어지자 노동조합은 해체되고 파업은 억압당한
다. 하지만, 노동조합운동은 21세기인 오늘날에도 여전히 존
재하고 있다.

이와 함께 사회주의를 비롯한 정치적 단결도 무수히 등장

(상호 315)했고, 협동조합을 비롯한 다양한 단체들이 결성되어 발전에 발전을 거듭(상호 320)한다. 크로포트킨은 그중 종교단체에 대해서 언급했는데, 그들 조직은 상호협력의 감정을 초자연적 기원에서 찾았다면서 비판했다. 상호협력과 동정심에 호소한 초기 기독교와 달리 그 후의 기독교는 국가와 결탁하여 상호협력 제도를 파괴했다는 것이다. 또한 교회가 강조하는 자비란 받는 자보다 주는 자를 우월하게 바라보게 만드는 것이라면서 비판의 날을 세웠다(상호 327).

크로포트킨은 『상호협력』의 마지막 '결론'에서 상호협력과 함께 그것이 지원하는 '개인의 자기주장'을 진보의 두 요인이라며 특히 강조한다(상호 344). 즉 상호협력으로 개인의 삶을 통제하지 않는 동시에 개인을 강조하여 상호협력의 틀을 계속 갱신해야만 진정한 진보가 가능해진다는 것이다. 그러나 역사상 인류는 상호협력보다 개인을 과도하게 강조해왔다고 지적한다. 한편 그는 결론 부분에 와서야 중세와 함께 고대 그리스 사회의 '씨족' 안에서 행해진 상호협조를 찬양한다(345). 아마도 당시 고대 그리스에 대한 담론이 무성했기 때문일 것으로 짐작된다. 이어서 그는 초기 불교와 이슬람교에 대해서도 언급한다(상호 347-348).

크로포트킨 학설의 문제점은 무엇일까

상호협력이 생존에 필요한 직접적 수단을 얻기 위한 투쟁이
아니라 종에게 불리한 자연조건을 없애기 위한 투쟁 과정이
라는 크로포트킨의 견해는 생물학의 차원에서 일리가 있다.
한정된 범위 안에서는 자연법칙을 인간의 사회생활로까지 확
대할 수도 있다. 그러나 상호협력을 생물 사회학적인 법칙으로
보아 인간의 본성은 국가와 합치되지 않는 반국가적인 것이며
이것이 바로 아나키즘의 원리라고 주장한 관점에는 문제가 있
다. 특히 그의 견해 가운데 인간의 자유를 과장한 점이나 계

급구조를 무시한 측면은 비판을 받을 여지가 다분하다. 물론 인류 역사를 상호협력과 연대의 입장에서 윤리적으로 분석한 크로포트킨의 시도 자체는 휴머니즘적이라고 평가할 수 있다. 하지만 이를 너무 강조한 나머지 역사에 대한 참된 과학적 분석이 실종되었다면 문제가 있다고 볼 수밖에 없다.

크로포트킨이 과학적 아나키즘을 주장하면서 내세운 논리 중 하나가 다윈의 진화론이다. 이는 그리스 로마 문화가 추구한 완전한 이상사회는 물론 기독교의 창조설을 부인하는 것이었다. 다윈이 말한 자연선택이란 어떤 종이 환경변화에 잘 적응하면 할수록 미래에 살아남을 가능성이 더 높아진다는 것인데, 다윈은 생존투쟁이라는 말을 "다른 생물에 의존하는 것을 포함하여 아주 폭넓은 의미로 사용했다."[44] 따라서 경쟁만이 아니라 협조 역시 생존투쟁의 요소로 보았다. 그런데 스펜서는 적자생존이라는 개념으로 이를 경쟁과 연결지었고, 크로포트킨은 협력을 강조한 것이다.

크로포트킨이 주장한 동물의 상호협력은 그 뒤의 학자들도 인정한 것인데, 가령 20세기 초 러시아의 메레츠코브스키(Konstantin Mereschkowski, 1855~1921)와 파민친(Andrei Famintsyn, 1835~1918)은 생물체의 공생관계를 연구했다. 그러나 이들의 견해는 대체로 무시되었다. 1930~40년대에 시카고 대학교의 알리(Warder Allee, 1885~1955)와 에머슨(Alfred Emerson, 1896~1976)은 살아 있는 생물체에서는 투쟁으로부터 협동과 관용으로의 진화적 진보가 나타나며, 몸 안의 세포가 전체 생물체의 이익을 위해서 기능하는 것처럼 개인도 커다란 집단에 종속된다고 보았다. 그러나 제2차 세계대전 중 그들은 나치의 독재를 정당화시켰다는 비판을 받았고, 이후 개인의 자유와 국가의 통제 사이에 타협안을 제시했다. 즉 "1인은 만인을 위해, 만인은 1인을 위해"라는 원리에 따르는 사람과 동물의 개체군이 가장 살아남기 쉽다는 것이다. 하지만 아이러니하게도 이들은 공생을 '보다 높은 사회적 기능들'로 진화하는 데 방해되는 요인이라고 보았다.[45] 그 뒤 1952년에 몬터규는 협력을 강조한 학자들의 견해를 모은 책인 『다윈, 경쟁과 협력』을 펴냈다.

그러나 동물에게 상호협력이 본질적이라고 해서 이를 인간에게 바로 적용할 수 있는지는 여전히 의문이다. 엥겔스는 이 점을 다음과 같이 지적했다.

생존경쟁이라고 하는 모든 다윈주의자의 학설은 홉스의 만인의 만인에 대한 투쟁이론과 맬서스의 인구론과 같은 경쟁적인 부르주아 경제학 이론을 사회에서 자연으로 간단하게 변용시킨 것에 불과하다. (…) 이 주장은 다시 자연에서 인간의 역사로 변용되어서, 이제는 그것이 마치 인간 사회의 불변의 법칙인 것처럼 통용된다(알피 39, 재인용).

굴드(Stephen Jay Gould, 1941~2002)는 적자생존을 경쟁과 연결하는 것이 문화적 편견이라고 비판했다. 굴드에 의하면 "자손을 더 많이 남기는 게 성공이라면 그 목표는 상호협력과 공생을 포함하는 다양한 전략을 통해 얼마든지 달성될 수 있다."(알피 35) 따라서 자연선택이 선험적으로 경쟁이나 협력 중 어느 것을 선호한다는 것은 사실이 아니다. 몬터규도 "자연선택은 우리가 흔히 생각하듯 경쟁에 의해서가 아니라 협력에 더 많이 의존한다. (⋯) 경쟁을 통해 자연선택된 개체나 종들도 결국 생존을 위해 협력을 택하는 수밖에 없었다"고 말했다.[46] 사실 인간의 본성에 대한 논의에는 정답이 있을 수 없다. 만에 하나 정답이 존재한다면 아마도 다음과 같을 것이다.

우리의 뇌는 우리를 공격적이거나 평화적으로 만들기도 하며, 지배적이거나 복종적이게 만들고, 악의적으로 만들기도 하며, 관대함을 갖게도 한다. 그런데 왜 공격, 지배, 악의 등의 특수한 유전자를 더욱 중요시할까? 폭력, 성차별, 이기적 행동은 모두 생물학적 특성이다. 그러나 평화, 평등, 배려 역시 생물학적 특성이다. 그리고 어떤 특성들이 더 많이 드러나느냐는 우리를 둘러싼 사회적 구조에 따라 달라진다.[47]

경쟁이나 협력이 인간의 본성이고 따라서 불가피하다는 주장에 대한 반론으로 경쟁이나 협력을 지향하는 태도는 학습된 것에 불과하다고 보는 견해도 있다. 1937년 마크 메이(Mark A. May, 1891~1977)와 레너드 두브(Leonard Doob, 1909~2000)에 의해 연구[48]된 이론인데, 지금까지 이를 뒤집는 견해는 나오지 않았다. 나도 그렇게 생각한다. 즉 경쟁이든 협력이든, 그것은 인간 본성의 문제가 아니라 특정 사회나 시대에 교육된 것에 불과하지 않을까?

상호협력론과 생물학적 결정론

'생물학적 결정론'이란 인간의 행동이 생물학적 특성에 의해 결정된다고 보는 것이다. 가령 홉스가 인간을 공격적이라고 본 것처럼 말이다. 물론 크로포트킨처럼 인간을 협력적이라고 보는 견해도 생물학적 결정론이다. 생물학적 결정론과 반대되는 것은 인간의 행동을 문화와 환경이 결정한다고 보는 '문화적 결정론'이다. 마르크스는 인간의 본성이란 것은 없으며, 이는 결국 사회적 관계들의 총체일 뿐이라고 말했다. 따라서 사회적 관계들의 총체를 바꾸면 인간 본성도 바뀔 수 있다고 보았다. 이는 플라톤 이래 서구 관념론을 지배해온 완전한 사회 건설이라는 이상의 계승이었다. 마르크스주의 역시 그런 사상을 계승하면서 다른 입장을 취한 생시몽이나 푸리에 등의 유토피아주의는 공상적이라고 비판했다. 그는 자신의 사상이야말로 과학적이라 하면서, 역사의 발전법칙에 따라 계급투쟁은 프롤레타리아의 승리로 나아갈 수밖에 없다고 단언했다. 물론 이 사상도 공상적이기는 마찬가지다. 그러나 생물학적 결정론과 문화결정론 중 그 어느 주장도 옳다고 할 수 없다. 인간의 행동은 생물학적인 요인에 따른 것이기도 하고 문화적인 요소에 따라 달라지기도 하니 말이다.

그런데도 생물학적 결정론의 인기는 여전하다. 대표적인 것이 윌슨(Edward Osborne Wilson, 1929~)의 사회생물학[49]과 도킨스(Richard Dawkins, 1941~)의 이기적 유전자론[50]이다.[51] 이 두 가지는 인간 행동의 차이, 능력의 차이, 사회적 성취의 차이를 각자가 갖는 유전자 때문이라고 본다는 점에서 사회적 불평등을 옹호하는 보수주의적 이데올로기가 된다는 비판을 받아왔다.[52] 그렇다면 이에 반하는 크로포트킨의 주장을 진보주의적 이데올로기로 볼 수 있을까? 그런 평가도 가능하지만, 역시 생물학적 결정론이라는 점에서는 자유롭지 못하다. 물론 크로포트킨은 상호협력만을 생물학적 결정론으로 주장하지 않았다. 오히려 인간의 본성엔 경쟁과 협력성이 공존한다

고 강조했다.[53]

월슨이나 도킨스는 크로포트킨을 논의하지 않았지만 리들리가 쓴 『덕의 기원』(1996)이란 책은 도킨스에 입각하면서도 크로포트킨을 다루었다는 점에서 매우 흥미롭다. 이 책은 우리나라에서 『이타적 유전자』라고 번역되었는데, 제목 때문에 마치 도킨스의 『이기적 유전자』에 반대하는 주장을 펼친 것처럼 오해될 수 있으나 실제로 리들리는 '이타적 유전자'라는 말을 사용한 적이 없다. 그의 책은 단적으로 "인간의 정신은 이기적 유전자에 의해 만들어졌다. 그럼에도 불구하고 인간의 정신은 사회성과 협동성과 신뢰를 지향한다"(리들리 343)라고 강조한다.

리들리의 주장은 도킨스의 주장과 크게 다르지 않다. 도킨스의 『이기적 유전자』는 개체의 행동을 결정하는 일관된 기준은 그 소속집단이나 가족의 이익이나 그 개체 자신의 이익이 아니라고 말한다. 개체는 오로지 유전자의 이익을 위해 행동한다는 것이다. 일례로 도킨스는 군체 곤충은 자매(여왕벌, 여왕개미)의 번식을 도움으로써 스스로 번식한 것보다 더 많은 유전자를 다음 세대에 전할 수 있는데, 이것은 이타주의 때문이 아니라 종족 번식을 위한 이기적인 목적 때문이라는 것이다. 리들리도 그와 같은 이기적 유전자를 인정했다. 그에 의하면 개미와 흰개미가 개별적으로 홉스주의적 전쟁을 포기한 것은 맞지만, 그들의 유전자는 결코 전쟁을 포기하지 않았다는 것이다(리들리 32).

리들리는 크로포트킨이 동물의 세계에서 상호협력성을 찾았다는 것이 의인주의적인 억측이자 오류라고 비판했다. 즉, "인류가 진화를 통해 집적한 사회적 본능은 다른 종들과 인류를 구별해주는 특징이며, 우리 인간의 생태학적 승리를 설명해준다"(리들리 16)고 하면서 "동물의 세계에서 도덕적인 사례를 발견한다고 해서 인간의 본성이 도덕적이라는 사실을 입증할 수 있는 것은 아니다. 오히려 동물 세계에서 인간과 같은 도덕적 사례들이 발견되지 않을 때 인간의 본능적 도덕성은 입증될 수 있다"(리들리 59)고 강조했다.

그러나 인간의 유전자를 이기적이라 보는 견해는 홉스주의와는 다르다. 유전자는 이기적이지만 때로는 목적을 달성하기 위해 개체의 이타성을 활용한다고 보기 때문이다. 그래서 리들리는 "대부분의 경우 크로포트킨이 바라는 것처럼 대의가 승리한다"(리들리 54)고 말했다. 그러고는 "크로포트킨이 희망했던 자유로운 개인들의 세계가 실현되도록 해야 한다"(리들리 366)고 역설한다.

리들리는 그가 분명히 읽었을 『상호협력』의 다른 부분, 즉 동물들의 협력이 아닌 인간의 협력에 관한 설명을 대놓고 비판하지는 않았지만, 그가 원시사회를 비롯한 여러 사회를 설명한 부분들에 비추어 보면 반드시 동의하지는 않았을 것이다. 가령 크로포트킨은 에스키모가 재산을 나누어 갖는 포틀래치를 상호협력의 예로 제시했지만(상호 132), 리들리는 같은 내용을 상호경쟁의 예, 그것도 "부의 경쟁적 시스템의 극단적인 표현"으로 보았다(리들리 171-173).

이러한 차이가 생기는 이유는 포틀래치를 보는 관점이 다르다는 데 있다. 크로포트킨이 말하듯 그것은 분명히 부의 분배였다. 그러나 리들리는 "포틀래치를 호혜주의의 미덕을 축적하기 위한 합리적 전략으로 보는 것은 확대 해석이다. 그것의 실상은 호혜주의에 빠져드는 인간의 속성을 악용하는 교활하고 이기적인 방법으로서 호혜주의에 기생하는 일종의 기생충이다"(리들리 174)라고 꼬집었다. 여기서 중요한 것은 확대 해석이냐 아니냐를 구분하는 것이다. 이기적 유전자의 문제나 경쟁 및 협력의 문제는 이 같은 해석의 차이에서 비롯되기 때문이다.

그러나 우리는, 그 어떤 행위도 순수하게 이기적인 경쟁이거나 순수하게 이타적인 협력에 의해서 이루어질 수 없다는 것을 알고 있다. 이타적인 행위라고 보이는 경우에도 그것이

이기적인 자기만족을 위한 것일 수 있고, 당연히 그 반대의 경우도 가능하다. 이것은 상식이다. 따라서 리들리가 크로포트킨을 비판하며 예로 들었던 동물의 협력행위도 마찬가지다. 그야말로 보기 나름의 문제가 아닐까?

7장

노년 아나키스트 크로포트킨
1902~1921

두 차례 미국을 방문하다

1900년에 영국의 중소기업을 조사하고, 1901년에는 보스턴에
서 러시아문학을 강연하기 위해 미국을 방문했던 크로포트
킨은 40대 이후부터 미국에 적극적인 관심을 두기 시작한다.
미국 문학은 물론이고 에머슨, 롱펠로, 소로, 헨리 조지, 루이
스 모건, 유진 뎁스 등의 사상에도 주목했으며, 1886년 헤이
마켓(Haymarket) 재판[54]에 항의하는 시위에도 참가한다. 앞에
서 살핀 『빵의 쟁취』나 『들판, 공장, 작업장』에서는 미국의 경
제발전과 연방주의를 찬양했지만 이 무렵에는 자본주의 체제
와 정부의 권력 남용을 비판한다.

미국의 아나키스트들은 일찍부터 크로포트킨의 글을 자신들의 잡지에 싣고 애독했는데, 특히 『청년에게 호소함』은 다른 나라와 마찬가지로 많은 미국인을 아나키스트로 전향하게 했다. 크로포트킨을 최고의 학자이자 아나키스트로 본 엠마 골드만은 그에게 미국에 방문해달라고 계속 요청했으나, 크로포트킨의 건강 문제와 아나키스트들 사이의 갈등 문제로 이 요청은 1897년에야 실현된다. 토론토에서 열린 영국학술발전협회에서 두 편의 지리학 논문을 발표한 뒤 크로포트킨은 캐나다를 여행하고 미국으로 가서 몇 차례 강연을 하고 많은 아나키스트를 만난다. 한편으로 미국 여행 중 자서전 집필을 청탁받아서 1897년부터 ≪어틀랜틱 먼스리≫에 글을 연재하기 시작하여 1899년에 이를 단행본으로 간행한다(프랑스어판과 러시아어판 자서전은 1902년에 출판되었다). 크로포트킨이 영국으로 돌아오고 난 4개월 뒤에 매킨리(William McKinley Jr., 1843~1901) 대통령의 암살 사건이 터진다. 이에 1903년부터 아나키스트의 미국 입국이 금지되었다. 하지만 그의 글들은 미국에서 계속 인기를 끌었다.

망명 생활이 길어지는 동안 크로포트킨은 차츰 대영제국에 염증을 느끼게 된다. 러시아로 돌아가고 싶은 마음이 점점 커졌던 그는 1890년대 말부터 러시아 민중에게 접근하려고 노력하여 1900년 말부터 아나키즘 총서를 발간하기 시작한다. 1903년 러시아 서부의 비알리스토크(Bialystok, 지금은 폴란드에 속한다)에서 러시아 최초의 아나키스트 집단이 나타났고, 이어 러시아 남서부 지역 도시에 아나키즘이 확산되었다. 국외에서는 쥬네브와 런던이 중심이었다. 그들은 크로포트킨을 존경했지만, 동시에 그가 없는 쪽이 자신들에게는 바람직하다고 생각했다. 국외 최초의 러시아 아나키스트 집단은 '빵과 자유'(Khleb i Volia)이다. 이 단체의 이름은 크로포트킨의 저서인 『빵의 쟁취』를 러시아어로 번역할 때 채택한 책의 제목으로서 크로포트킨에 대한 존경의 뜻을 담은 것이었지만, 결국 크로포트킨이 참가하지 않은 상태로 쥬네브에서 결성되었다. 그럼에도 1903년 8월에 같은 이름으로 발행한 기관지에서 빵과 자유가 동시에 필요하다는 취지의 권두언을 읽고 크로포트킨은 매우 만족해했고, 이어 열렬한 성원을 보내며 많은 글을 기고하는 등 적극적으로 협력했다. 바쿠닌의 "파괴의 충동 역시 창조적 충동이다"라는 말로 권두를 장식한 창간호는 러시아가 거대한 혁명 '전야'에 있다고 당당하게 선언했다. 그 잡지는 이후 러시아에서 은밀하게 유포되었다.[55]

그러나 1904년 1월에 발간된 5호에 테러와 혁명 권력의 필요를 부추기는 글이 나오자 크로포트킨은 분노하면서 그들을

1900년경의 크로포트킨.

니체적인 시니시스트이자 자코뱅주의자라고 비판한다. 하지만 그들과의 협력은 불가피했고, 크로포트킨은 결국 입장을 바꾸어 아나키스트당의 창당 필요성을 역설하면서 다른 좌파 정당과의 연대를 제안한다. 그러나 아나키스트당은 끝내 창당되지 못했다.

1905년 러시아혁명

1881년의 알렉산드르 2세 암살 이후 즉위한 알렉산드르 3세
는 정치 개혁과 함께 정치 경찰을 통해 혁명 운동과 민주화
운동을 철저히 억압했다. 최초의 러시아인 마르크스주의 단
체는 1884년에 결성되었지만, 1898년까지는 소규모 집단에 불
과했다. 1894년에 차르로 즉위한 니콜라이 2세는 일반인의 정
치 활동을 더욱 철저히 탄압했는데, 1898년에 결성된 마르크
스주의 정당인 러시아사회민주노동당은 1903년 멘셰비키와
볼셰비키로 분열되었다. 1890년대의 호황이 정체기에 접어들
면서 노동자들은 최악의 상황에 불만을 품게 되었고, 1903년

서부 러시아군의 3분의 1이 '진압 활동'에 투입된다.

1905년 '피의 일요일' 사건을 발단으로 하는 러시아혁명을 크로포트킨은 러시아 인민의 각성이라고 보았다. 1905년에 낸 팸플릿 『러시아혁명*Russian Revolution*』에서 그는 "러시아혁명의 현저한 특징은 그곳에서 일하는 노동자들의 놀라운 역할이다. 혁명의 선두에 선 것은 사회민주파도 아나키스트도 아니었다. 그들은 바로 노동자 대표, 일하는 사람들이었다"라고 썼다. 그러면서 러시아혁명은 단순히 정치기구의 개혁에 그치지 않고, 1848년 프랑스혁명처럼 정치문제의 근본적인 해결을 시도할 것이라고 예상했다.

당시 크로포트킨은 아나키스트 정당 창립이야말로 아나키스트들의 진정한 과제라고 생각하고 '빵과 자유'파가 그 역할을 해야 한다고 주장했다. 그러고는 그해 여름부터 러시아 귀국 길을 계획했지만, 실행에 옮기기란 쉬운 일이 아니었다. 실제로 그의 추방형은 10월 20일의 대사면으로 풀린 셈이었지만, 1905년 12월의 무장봉기가 실패로 끝나고 러시아 내에서 반동의 분위기가 높아지면서 러시아 아나키스트들은 크로포트킨의 이론으로부터 점점 멀어져 테러에 가까워졌기 때문이다. 그러나 크로포트킨은 1906년 10월 런던에서 열린 아나키스트 대표자 회의에서 "혁명은 목적의 도덕적 위대함에 그 힘이 있다"고 주장하면서 노동조합의 조직과 노동운동의 강화를 역설했다. 그 후 1907년 4월에는 런던에서 열린 왕립지리학협회 모임에 참석하여 유라시아 대륙의 기후 건조화 문제에 대해 강연한다. 그러고 나서 5월부터 6월까지 런던에서 레닌, 스탈린을 비롯한 러시아 사회민주노동당원들이 모였을 때 크로포트킨도 내빈으로 참석했고, 그곳에서 고리키와 교유한다.

1905년 혁명의 실패로 1907년부터 1909년까지 2만6천 명 이상이 정치범으로 재판을 받았고, 그중 5천 명 이상은 사형선고를 받았다. 1909년 러시아 전국의 감옥에는 재판도 심리도 없이 투옥된 17만 명이 신음하고 있을 정도였다. 이때 크로포트킨이 쓴 영문 팸플릿 『러시아의 테러*The Terror in Russia*』 (1909)는 정부나 우파에 의한 테러의 실상을 다룬 책으로서 성직자들이 기도할 때 크로포트킨을 인용할 만큼 많은 독자의 공감을 불러일으켰고 프랑스어로도 번역되었다.

러시아혁명 실패 후 아나키즘 운동은 침체한다. 그러자 쥬네브에서 러시아 망명 아나키스트들이 발간한 잡지 ≪아나키스트≫는 공공연히 테러를 주장하기 시작한다. 평화롭고 점진적인 선전활동을 강조했던 크로포트킨도 1907년 여름에 ≪빵과 자유≫의 발행을 중단해야 했을 만큼 상황은 악화일로로 치달았다. 이후 1908년, 복간을 위해 크로포트킨에게 편집을 의뢰했지만 그는 저술 작업을 이유로 거절한다. 대신 1912년부터 『아나키』를 비롯한 여러 팸플릿을 발간하는 작업에 들어간다.

1890년대와 1900년대에 크로포트킨이 행한 저술과 강연을 보면 경탄이 절로 나온다. 그가 다룬 다양한 주제도 그렇지만 당시의 건강 상태를 고려해볼 때 그 양이 엄청나기 때문이다.[56] 1901년 11월, 미국에서 러시아문학사를 강의하면서 심장발작이 생기자 의사는 과로하지 말라고 단단히 경고한다. 그러나 그는 경고를 무시했고 1904년 말 다시 중태에 빠진다. 이후로도 크로포트킨은 건강을 돌보지 않았기에 1년 후 또다시 몸져누워야 했다. 그래서 1907년, 영국 남부 라 만샤 해변에 있는 조용한 브라이턴 마을로 이사를 단행하지만, 생활은 여전히 분주했다. 세계 각지에서 찾아온 아나키스트, 농부, 목사, 학자, 의원, 장군 등 각계각층의 손님들과 다양한 주제를 놓고 대화를 나누어야 했기 때문이다.

『프랑스 대혁명』

크로포트킨은 역사를 서로 적대적인 민중과 지배자의 갈등으로 본다. 특히 그런 투쟁의 단적인 보기로 프랑스혁명을 주목한다. 1878년 봄, 그는 1789년 혁명에 앞선 농민 반란을 분석했다. 그리고 1889년부터는 여러 잡지에 프랑스혁명사에 대한 글을 실었는데, 이 글들은 『프랑스 대혁명 1789-1793*The Great French Revolution 1789-1793*』으로 묶여 1909년 영어와 프랑스어로 동시에 출판되었고, 그 후 여러 나라 말로 번역된다. 레닌은 뒤에 이 책을 "민중의 눈으로 쓴 최초의 프랑스혁명사"라고 평가했다. 크로포트킨은 프랑스혁명이 구체제를 파괴한 민중의 운동일 뿐 아니라 건설의 운동이었음을 강조한다. 특히 권력, 지방자치, 연합주의를 둘러싼 새로운 모색이 파리의 48개 지역, 도시 코뮌, '아래로부터 위로의' 조직 원리로 나타났음을 강조하면서 프랑스혁명이야말로 민중의 참된 요구와 기대를 체현했다고 평가한다.

그러나 크로포트킨은 프랑스혁명에 긍정적 요소와 함께 부정적 요소도 있었음을 분명하게 지적했다. 즉 중앙권력의 책동으로 생겨난 공안위원회가 테러를 주도하는 바람에 혁명은 파멸로 나아갔는데, 각 지구의 조직 안에 혁명위원회를 둔 중앙권력은 그것을 공안위원회와 경찰의 감시조직에 종속시켰다. 혁명의 운명에 테러가 초래한 파멸적인 부정적 역할에 대한 크로포트킨의 고뇌는 1917년에 쓴 『혁명 시의 아나키스트 임무*The Role of Anarchist in Revolution*』에서 다음과 같이 표현되었다.

혁명의 승리를 위해 부르주아를 제재하는 것은 무분별한 처사다. 아무리 보아도 그것은 불가능하다. (…) 조직적 테러든 합법적 테러든 이는 실제로 민중을 쇠사슬로 묶는 것으로, 혁명의 정신이기도 한 개인의 자발성을 파괴하는 것이다. (…) 지배자의 무기가 된 테러는 지배계급의 상부에 봉사하고 양심 없는 무리가 권력을 장악하는 앞잡이 역할을 한다.

그러나 크로포트킨의 혁명론에는 계급투쟁에 대한 언급이 없다. 그가 말하는 민중에는 계급 논의가 없다. 바로 이 점에서 그는 마르크스주의자와 다르다. 그는 혁명에서 모든 노동자와 모든 농민의 동맹이 불가결하다고 보았고, 1906년『혁명가의 말』에서 다음과 같이 말한다.

프롤레타리아의 해방은 혁명 운동이 농촌 지역을 포함하지 않는 한 실현될 수 없다. 봉기 시에 농민의 지지를 받지 못하면 1년도 지탱하지 못한다. 혁명의 성패는 여기에 달려 있다. 노동자와 토지 소유 농민이 서로 손을 맞잡고 만인에 대한 평등의 획득으로 나아갈 때 비로소 혁명은 승리하고 전 인류를 행복하게 만든다.

노동자와 농민의 혁명적 단결은 크로포트킨 이전에 바쿠닌도 강조한 바였다. 임시혁명정부를 부정하는 점에서도 두 사람의 생각은 일치하지만, 바쿠닌이 혁명의 동기를 민중의 빈곤과 절망으로 본 것에 반해 크로포트킨은 절망과 빈곤은 민중을 반란으로 이끄는 것이며, 혁명으로 이끄는 것은 희망과 개선에 대한 기대라고 강조했다. 또 바쿠닌이 혁명에서 정당의 역할을 부정한 것에 반해 크로포트킨은 혁명의 준비기에는 혁명적 정당이 지도적인 역할을 한다고 보았다. 바쿠닌은 혁명의 기본 목표를 존재 기반의 파괴라고 보았지만, 크로포트킨은 투쟁이 무의식적이고 그 목적에 분명한 실체적 계산 의식이 없다면 성공할 수 없다고 생각했다.

크로포트킨은 왜 1차 대전 시
연합국을 지원했을까

영국에서 아나키즘 이론을 발전시키는 동안 크로포트킨은 아나키즘이나 코뮤니즘에 대한 근본적인 생각을 바꾸지 않았다. 다른 아나키스트와 마찬가지로 유럽 아나키즘 운동에 중요한 역할을 한 국제주의와 반군국주의도 지지했다. 그러나 1890년대부터는 민족적 성격의 중요성을 강조하기 시작하고, 마르크스주의 사회민주당과 독일의 정치 체제가 국가의 군국주의적이고 권위주의적 성격을 그대로 드러낸다고 비판한다. 동시에 그는 혁명적 전통을 가진 프랑스와 정치적 난민을 용인하는 자유주의 문화를 가진 영국엔 호감을 표시했다. 프랑스와 영국을 사회혁명의 가능성이 가장 높은 나라라고 여겼고, 1871년 독일이 프랑스를 패배시킨 사건을 유럽 혁명 실패의 주된 원인으로 꼽았다.

1905년 이후 크로포트킨은 독일과의 전쟁을 준비하기 위해 추가 징병을 요구하기 시작한다. 그러고는 혁명적 대의를 지원하기 위해 즉시 러시아로 돌아갈 준비를 마쳤다. 그는 자신의 조국이 처한 상황을 설명하고, 아나키즘으로 이어질 사회혁명이 촉발되기를 희망하면서 ≪19세기≫에 '러시아의 혁명'이라는 제목으로 기사를 게재했다. 혁명이 진압된 후에는 런던의 러시아위원회와 협력하여 피해자들을 돕기 위해 일하고, 『러시아의 테러』(1909)라는 팸플릿을 제작한다. 당시 그는 주로 사회 혁명당과 함께 일했는데 그중 한 사람이 크로포트킨의 딸과 결혼한다. 1905년의 혁명은 그가 20년 동안 작업하고 있었던 『프랑스 대혁명 1789-1793』을 마무리하는 데 영감을 주었다. 이 책의 최종판에서 그는 당시의 대중 행동에 초점을 맞추어 자코뱅 독재 정권의 위험성을 지적한다.

1912년 12월 9일 크로포트킨은 70세 생일을 맞는다. 서유럽과 아메리카 여러 도시에서 축하연이 베풀어졌고, 영국에서는 자연과학 분야에 끼친 영향(다윈 학설의 수정) 및 지리학과 고전경제학에 대한 그의 연구 덕분에 인류가 사회생활을 더

1909년경의 러시아 농민들의 모습.

욱 거시적 관점에서 보게 되었다는 극찬이 쏟아졌다. 또 사회생활과 사회발전의 가장 중요한 원리인 자발적 동의의 원리—어느 시대에나 가장 훌륭한 사람들에 의해 관행이 된—를 준중하도록 가르쳐주었는데, 그것은 인간이 자립적으로 사고하고 행동하는 능력을 잃게 만드는 불필요한 법칙인 국가원리와 대칭점에 서 있다는 예찬도 나왔다.

중환으로 생활은 즐겁지 않았으나 크로포트킨은 여전히 원기 왕성하게 열심히 일했다. 1913년에는 앞에서 본 『현대과학과 아나키즘』을 출간한다. 그러나 이미 제1차 세계대전의 전운이 짙게 깔린 터였다. 크로포트킨은 독일이 만약 전쟁에서 이긴다면 유럽문화를 노예화하고 전체의 발전을 멈추게 할 것이며 반세기에 걸친 사회운동을 질식시킬 것이라고 주장하면서 중립을 거부했다. 아나키즘의 국제주의를 믿었던 그의 아나키스트 동료들은 대부분 그 의견에 찬성하지 않았지만, 크로포트킨은 "도덕의 기초는 소극적인 것이 아니라 적극적인 것이어야 한다"라고 하면서 총을 드는 것을 신성한 의무로 인정하고 학대받은 인민을 지키려고 하지 않는 한 국제주의는 있을 수 없다고 강력하게 주장했다. 크로포트킨의 주장을 거부한 동료들과 반대로 일반인들은 적극적인 환영의 뜻을 나타냈다.

1914년 제1차 세계대전이 발발하자 그는 연합국(영국, 프랑스, 러시아, 미국 등)을 즉시 지원한다. 먼저 ≪탄 누보≫의 편집자인 그라브에게 1914년 11월, 다음과 같은 글을 써서 보냈다.

무기를 들어라! 초인적인 노력을 기울여라. 이것이 프랑스가 문명과 자유, 코뮤니즘, 형제애에 대한 생각으로 유럽 사람들에게 영감을 줄 수 있는 권리와 힘을 되찾을 유일한 방법이다.

그 결과 그는 아나키스트 운동의 주류로부터 고립된다. 그의 오랜 친구들은 전쟁에서 연합국 정부를 지원하는 것이 국가주의, 애국주의, 민족주의를 지지하는 것과 같다고 주장하면서 반군사주의 원칙을 상기시킨다. 1916년 말, 말라테스타는 크로포트킨과 그라브 등이 독일의 완전한 패배를 바라는 '친정부 아나키스트'라고 비난했다.[57] 트로츠키 역시 "젊어서부터 포퓰리스트들에게 약했던 크로포트킨은 전쟁을 이용하여 거의 반세기 동안 가르쳤던 모든 것을 부인했다"라며 비판한다.[58] 하지만 전쟁이 끝나고 베르사유조약이 체결되지 크로포트킨은 진심으로 기뻐한다. 그 후 1917년 혁명이 다시 발발하지만, 그를 막을 수 있는 것은 아무것도 없었다. 크로포트킨은 마침내 40년 이상의 망명 생활을 마치고 고국으로 돌아가는 길에 오른다.

41년 만의 귀향

1917년 6월 1일 새벽, 크로포트킨이 탄 귀향 열차는 스칸디나비아를 거쳐 러시아 땅에 닿았다. 1876년 6월 러시아를 탈주한 지 꼭 41년 만에 고향으로 돌아온 것이다. 그때 크로포트킨은 75세였다. 34세 청년이 75세의 백발이 무성한 흰 수염의 노인으로 마침내 귀향한 터였다. 늘 그랬듯이, 그는 감격의 순간에 대해 단 한 줄의 말이나 글도 남기지 않았다. 6만 명에 이르는 엄청난 군중이 그를 열렬히 맞이하면서 군악대는 '마르세예즈'를 연주했으나 역시 그는 감격하지 않았다. 당시 임시정부 수상인 케렌스키(Alexander Kerensky, 1881~1970)[59]를

1917년 하파란다에서의 크로포트킨.

비롯한 몇 명의 각료가 그를 맞아 환영의 인사를 건넸는데도 크로포트킨은 간단히 답하고 딸이 마련한 집으로 떠났다. 케렌스키가 보낸 자동차도 거부하고 마차를 타고 말이다.

1917년 7월 4일, 임시정부가 위기에 처하자 크로포트킨은 침묵한다. 그 뒤 케렌스키는 크로포트킨에게 교육부 장관 직을 제의하며 입각을 요청했지만, 크로포트킨은 아나키스트인 자신은 구두닦이가 되는 것이 더 좋다고 답하며 그 제안을 거부한다. 마찬가지로 케렌스키가 제의한 국가 연금도 수령하기를 거부한다. 크로포트킨은 케렌스키를 비롯한 사회민주주의자들을 좋아하지 않았다. 그 뒤 임시정부의 위기는 더욱 심화

320

했는데, 그해 8월 모스크바 볼쇼이 극장에서 여러 정당, 대자본가, 토지소유자 대표들이 모여 국정 회의를 열었다. 크로포트킨은 개인 자격으로 회의에 참가한다. 여기서 그는 아나키스트라고는 믿기 어려울 정도로 조국을 강조하면서 조국과 혁명이 불가분의 관계임을 역설하고, 혁명을 끝까지 완수해야 하며, 전쟁도 계속해야 하고, 전쟁 후의 노동을 더욱 중요하게 간주해야 한다고 주장[60]한다. 그리고 탄압정책으로는 아무것도 할 수 없다고 강조한다. 좌우 모두 국민의 생활이 더욱 즐겁도록 희망의 빛, 자유, 교육을 향해 전력을 다해야 한다고 역설하면서 이를 러시아 국민에게 알릴 필요가 있고 새로운 사회주의 원칙하에 새로운 생활을 수립할 필요가 있다고 주장했던 것이다.

그의 이러한 계급 지양적인 주장은 회의에 참석한 사회주의자들이 아니라 자본가의 열렬한 환영을 받았다. 특히 그가 자본가들에게 자본보다도 중요한 것이 생활과 생산과 교환을 위한 지식을 물려주는 것이라고 하자 그들은 더욱 열렬하게 그를 지지했다. 연설 마지막에서 크로포트킨은 더 이상 좌우로 나눠지지 않겠다고 서약할 것을 제안하고 "우리에게는 단 하나의 조국이 있을 뿐"이라고 강조한다. 이처럼 그가 애국자로서 러시아를 공화국으로 선언하고 계급 융화를 외친 것은 아나키스트로서는 의외였다. 그러나 당시 사람들에게 그의 연설은 큰 감동을 주었다. 성자처럼 보이기도 했고, 장래를 책임질 유일한 대통령 후보로 비춰기도 했다.[61]

위에서 나는 크로포트킨이 러시아에 돌아온 것을 귀국이라고 하지 않고 '귀향'이라고 했다. 그가 러시아에 돌아왔을 때는 아나키스트로서 분명 그런 기분이었으리라. 그러나 역시 러시아는 그의 조국이었고, 그는 돌아온 지 두 달 만에 조국을 이야기하게 된다. 아나키스트에게도 분명 조국은 있다. 아나키스트라면 그 조국을 국수주의적으로 주장하지 않으면 되는 것이지 자기 조국을 사랑한다고 해서 아나키스트가 아닌 것은 아니다. 누구에게나 조국은 있다. 누구에게나 부모 형제와 친척 친구가 있듯이 말이다. 그들을 사랑한다고 해서 아나키스트가 아닌 것이 아니다. 그러나 그들을 무조건 사랑한다면 아나키스트는 아니다. 그들을 인간으로 사랑하면 아나키스트다. 자신이 생각하는 인간이 아니라면 그들과 인연을 끊는 것이 아나키스트답지 않을까?

1917년 10월혁명

크로포트킨은 오랫동안 프랑스 대혁명의 역사를 연구하면서 '혁명에서 민중이 차지하는 역할'에 큰 의미를 부여한다. 이런 맥락에서 그는 러시아혁명이 아직 완료되지 않았다고 보고 혁명의 새로운 단계는 코뮤니즘과 연합주의(아나키즘) 이념이 승리하는 것이어야 한다고 생각한다. 1917년의 10월혁명에 대해서도 마찬가지다. 이미 1890년대에 혁명의 필연성을 주장한 그는 최소 규모로 국내전을 치러야 한다고, 즉 희생자 수를 최소한으로 하고 서로의 증오를 최소한으로 하여 최대의 성과를 올려야 한다고 주장했다. 그러나 1917년에는 러시아혁명이 최소한의 희생으로는 달성되기 어려울 것이라고 예견한다.

1917년의 10월혁명은 성공했다. 그러나 4년에 걸친 전쟁의 상처는 너무나 컸다. 부르주아는 도시와 농촌에서 사보타지를 벌였고 그 결과 혼란과 기근은 가중되었다. 혁명 직후 크로포트킨은 자신이 관여한 연합주의자 연맹의 백과사전을 만드는 작업에 몰두한다. 1918년 여름에 1권이 출판됐으나 그 뒤 크로포트킨이 모스크바에서 북쪽으로 64킬로미터 떨어진 시골인 드미트로프로 이사함에 따라 작업이 중단되었다.

크로포트킨은 10월혁명을 인정하면서 뒤에 레닌에게 이렇게 말한다. "우리는 혁명으로 끝난 프롤레타리아트의 10월 운동, 즉 사회혁명이 가능하다는 것을 모든 사람에게 증명했다는 점을 절대 잊지 말아야 한다. (…) 나는 이전의 2월혁명을 코뮤니즘과 연방주의로의 전환이라는 논리적 결론으로 가져오려고 했던 시도가 바로 10월혁명이라고 본다."

그는 코뮤니스트들이 참된 사회주의자로서 사회혁명의 가능성, 즉 노동자계급을 자본의 압제로부터 해방해줄 가능성을 실천적으로 보여주었다고 생각했다. 민중이 아직 성숙하지 않았다고 본 사회민주주의자의 사회혁명이 실패한 것과 달리 볼세비키는 그런 사회주의를 흉내 내지 않고 신념을 실천에 옮겼다는 점에서 위대한 공적이 있다고 본 것이다. 또한 크로포트킨은 서유럽 노동자들에게 자신들의 나라가 러시아를 무력으로 간섭하게 놔두어선 안 된다고 역설했다. 즉 러시아가 영국의 1639~1646년 혁명, 프랑스의 1789~1794년 혁명과 같은 혁명을 겪고 있다고 하면서 프랑스 대혁명 시에 영국, 프로이센, 오스트리아, 러시아가 반동적인 태도를 보인 것처럼 하면 안 된다고 강조한 것이다. 그는 노동과 기술 및 과학지식의 결정체인 모든 생산물이, 전체로서의 사회에 귀속하는 체제를 만들고자 하는 러시아혁명은 당파 간 싸움 속의 단순한 에피소드가 아니라고 힘주어 말한다. 즉 이 혁명은 로버트 오언, 생시몽, 푸리에의 시대로부터 거의 1백 년에 걸쳐 코뮤니즘과 사회주의의 선전에 의존하여 꾸준히 준비된 것이라고 말이다.

크로포트킨은 1909년에 쓴 『프랑스 대혁명 1789-1793』 결론에서 그다음의 혁명은 러시아에서 일어날 것이라고 예언했다. "만일 러시아가 혁명적인 수단에 의해 토지문제에 부딪히면 과연 어디까지 갈 것인가? 프랑스 국민의회가 범한 잘못을 피해 공유화된 토지를 경작자에게 돌려줄 수 있을까?"[62] 1920년, 크로포트킨은 프랑스혁명에서 실질적 평등이라고 한 것, 즉 경제적 평등을 러시아에서 이룩할 수 있다고 단언했다. 그리고 각 개인의 노동으로 국민의 부를 형성하는 것을 인정하는 노동소비에트의 이념이 1905년 혁명으로 시작되어 1917년

1919년경의 아내 소피아와 크로포트킨.

의 2월혁명 후 차리즘의 전복과 동시에 드러난 정치 경제를 총괄하는 위대한 이념이라고 보았다. 그러나 1917년 11월 볼셰비키가 권력을 장악하자 크로포트킨은 "이들이 혁명을 매장할 것이다"라고 예언했다. 그러고는 1919년 4월에 덴마크의 비평가 브렌데스에게 "볼셰비키가 독재적 방법으로 토지, 산업 및 상업을 사회화함으로써 자코뱅처럼 행동하고 있다"라고 비판했다.

레닌과 크로포트킨

크로포트킨은 프롤레타리아 독재의 필연성을 인정하지 않았다. 이미 그는 20년 전에 새로운 사회를 건설하려면 총이나 대포에 의존하지 말고 당면한 전망을 개척하려는 건설적인 세력과 도덕적 목표를 향해 나아가는 의지가 융합되어야 한다고 천명한 바 있다. 1918년부터 매년 그는 레닌에게 테러를 중단하고 소비에트의 형식적인 자주 활동을 확충하며 대중적인 협동조합운동을 전개하라고 요구했다(테러는 10월혁명 직후부터 시작되었다).

레닌은 크로포트킨에게 호의적이었다. 크로포트킨의 저

레오니드 파스테르나크가 그린 1919년경의 크로포트킨.

작집 4권(『자서전』『들판, 공장, 작업장』『상호협력』『프랑스 대혁명』)을 6만 부나 인쇄하자고 했을 정도다. 그는 특히 『프랑스 대혁명』을 높이 평가했다. 크로포트킨 역시 레닌을 존경했다. 레닌이 국가와 국가권력의 사멸을 예측한 것이 마르크스주의 사상가로서는 매우 파격적인 진보라 평가하고, 이는 사회민주주의자의 경우 누구도 생각하지 못한 일이라며 긍정적인 의견을 피력했다. 즉 마르크스나 엥겔스는 국가권력의 사멸을 예측하면서도 이를 숨기고 의회 투쟁으로 좁혔던 반면 레닌은 그런 생각으로 마르크스주의를 대담하게 해명했다면서 이것만으로도 존경받아 마땅하다고 한 것이다.

크로포트킨과 레닌은 1919년 5월, 크렘린에 있는 레닌의 서재에서 처음으로 만난다. 그 자리에서 크로포트킨은 레닌이 협동조합을 억압한다고 비난하면서 협동조합의 중요성을 강조했다. 하지만 레닌은 협동조합만 언급하는 크로포트킨을 이해할 수 없다면서 "협동조합만으로 사회주의를 이룰 수 없다"라고 주장한다.[63] 이후 두 사람은 프롤레타리아 독재에 반대한 사람들의 모임인 '전술센터' 재판에서 재회하게 된다. 여기서 레닌은 크로포트킨의 요구에 따라 피고를 석방했지만, 그 뒤로는 다시 만나지 않았다. 레닌은 크로포트킨에게 혁명의 오류에 대해 편지로 알려달라고 요청한다. 그러나 크로포트킨은 볼셰비키의 독재에 점점 더 비판적이 되었고, 이러한 감정을 「서유럽 노동자들에게 보내는 편지*Letter to the Workers of Western Europe*」라는 글에서 다음과 같이 표현한다.

불행히도 이러한 노력은 강력하게 중앙집권화된 정당 독재 하에 러시아에서 이루어졌다. 바뵈프의 극도로 중앙집권적이고 자코뱅적인 노력과 동일한 방식으로 말이다. 당의 독재 아래 중앙집권화된 국가 코뮤니즘을 기반으로 코뮤니즘 공화국을 건설하려는 이러한 노력은 실패로 끝날 것이다.

우리는 구체제와 새로운 통치자들의 실험에 반대하지 않는 사람들과 함께 러시아에서 코뮤니즘을 도입하지 않는 방법을 배우고 있다."[64]

1920년 3월, 크로포트킨은 지방 공무원들의 참상에 대해 레닌에게 편지를 썼고, 처형에 반대하는 편지도 쓴다. 앞 편지의 마지막을 읽어보자.

우리가 지금 직면하고 있는 사태에서 벗어나는 방법은 하나뿐입니다. 즉 더욱 정상적인 생활 상태로 조속히 돌아가는 것입니다. 이러한 사태는 길어지지 않고 결국 유혈의 파국으로 치달을 것입니다. 동맹국으로부터의 기관차도 본래 우리에게 필요한 러시아의 곡물이나 마, 아마, 가죽을 수출한 것이고, 주민에게는 도움이 되지 않습니다. 설령 당의 독재가 자본주의 체제에 타격을 주는(이 점에 나는 강한 의문을 갖습니다) 절호의 수단이라고 해도 새로운 사회주의 체제를 수립함에는 오로지 유해할 뿐입니다. 지방의 건설, 지방의 세력이 필요불가결함에도 그것이 없습니다. 어디에도 없습니다. 그 대신 실상을 전혀 모르는 인간들에 의해 한 발자국마다 조잡하기 짝이 없는 잘못이 중첩돼 수많은 생명이 상실되고 수많은 지역에서 위태롭게 되었습니다. (…) 지방 세력의 참가가 없으면, 밑으로부터 농민과 노동자에 의한 건설이 없으면, 새로운 생활의 건설은 불가능합니다. 이러한 밑으로부터의 건설이야말로 본래 소비에트가 해야 할 일이라고 생각합니다. 그럼에도 러시아는 이미 이름만의 소비에트 공화국이 되어버렸습니다. 대부분 새로 태어난 공산당의 인간이(관념적이고 중앙의 무리에 비교적 많습니다) 무리를 지어 멋대로 지배하고, 소비에트라는 장래성 있는 기관의 영향력과 건설력을 일찍부터 배제했습니다. 지금 러시아를 지배하고 있는 것은 소비에트가 아니라 당위원회입니다. 그 건설은 관료에 의한 건설이라는 결함을 보여줍니다. 지금 같은 혼란에서 벗어나기 위해서 러시아는 지방 세력의 창조력에 의지할 수밖에 없습니다. 이것이야말로 새로운 생활을 수립하는 요인이 된다고 생각합니다. (…) 이러한 탈출책의 필요성이 하루속히 인식되면 좋겠습니다. 지금의 상태가 이대로 계속된다면 사회주의라는 말은 그 자체로 저주가 될 것입니다. 자코뱅파의 지배로부터 40년이 지나 프랑스에서 평등의 관념이 그렇게 된 것과 마찬가지로 말입니다.[65]

1920년에 쓴 위 편지는 1918년 크로포트킨이 모스크바에서 아나키스트 혁명가 마흐노(Nestor Ivanovych Makhno, 1888~1934)를 만나고 드미트로프 시골로 이사한 뒤 농부들의 협동조합운동에 관심을 가지면서 그들과 깊이 사귀었던 점과 연결된다. 이 편지에서 크로포트킨은 계속해서 "내전에서 붉은 군대에 의해 인질을 잡는 관행은 중세 최악의 시기로 복귀하는 것과 다름없다"라고 지적한다. 그러나 그의 탄원은 먹혀들지 않았다. 레닌은 곧 크로포트킨의 편지에 지쳤고, 그의 동료 중 한 명에게 "크로포트킨은 정치가 무엇인지 잘 이해하지 못할 뿐 아니라 그의 충고 대부분은 매우 어리석다"고 말했다.

1921년, 크로포트킨은 다시 러시아에 외세가 개입하는 것을 반대하는 『서방 노동자에게 보내는 편지』를 쓴다. 외국의 개입이 볼셰비키 통치자들의 '독재적 경향'만을 강화한다고 비판한 것이다. 이어 『무엇을 할 것인가?』에서 그는 엠마 골드만과 알렉산더 버크만이 그랬듯이 볼셰비키가 '영속적인 공포'이며 전국을 파괴하고 있다고 주장했다. 마침내 완전히 성숙한 아나키즘으로 돌아온 것이다.

『윤리학』

드미트로프 시골에서 크로포트킨은 『윤리학*Ethics: Origin and Development*』 집필에 몰두한다. 벌써 20년 이상 집필하던 것이었지만 만년의 2년간 특히 여기에 집중했다. 그는 종교에서 해방되어, 종교적 도덕을 넘어, 자연과학에 근거한 도덕을 수립하는 것이 중요하다고 생각했다. 실제 생활 속에서만 참된 도덕을 발견할 수 있다고 믿은 그는 아나키즘적 개인주의에 대해 사회적 도덕, 사회성과 연대의 윤리를 제기하고 싶어 했다. 또한 인간의 도덕관념은 어디에서 유래하는지, 도덕적 명령과 규범은 무엇을 목표로 하는지에 대해서도 확실하게 해명하고

드미트로프에 있는 크로포트킨 기념관.

자 노력했다. 그래서『윤리학』을 두 부분으로 나누어 1부에서는 도덕의 발생과 발달을, 2부에서는 실체적인 윤리의 근본을 서술한다. 2부는 비록 미완으로 그쳤지만, 초고를 통해 그가 주장했던 윤리학의 윤곽과 핵심을 살펴볼 수 있다.

크로포트킨은 도덕의 중요한 요소로 상호협력, 공정, 자기희생을 든다. 상호협력과 연대는 각각 자유와 평등에 일치한다. 연대와 평등은 사회적 공정에 불가결한 조건이다. "평등 없이 공정 없고, 공정 없이 도덕 없다." 이것이 바로 크로포트킨 윤리의 공식인데, 그는 이 원칙이 자연과 인간 종에 대한 정확

334

하고 참된 설명이라고 주장할 뿐만 아니라 그것이 기본 형식성을 제공한다고 보았다. 또한 생물학적 관점으로 인간 사회를 연구함으로써 '인류의 사회적 요구와 습관에서 도덕 과학의 법칙을 추론'하는 것이 가능하고 바람직하다고 믿었다.

그는 자신의 미완성 『윤리학』에 이렇게 썼다. "자연은 인간의 최초의 윤리적 교사로 인정받아 마땅하다. 인간과 모든 사회적 동물에게 나타나는 타고난 사회적 본능, 이것은 모든 윤리적 개념의 기원이자 이후의 모든 도덕성 발달의 기초가 된다." 그러므로 인간은 본질적으로 도덕적이다. 더욱이 인간은 사회생활을 통해 성장하는 동안 자연적이고 집단적인 정의감을 계발한다. 따라서 인간의 도덕성은 진보적이며, 문명화가 이루어짐에 따라 인간의 원초적 연대 본능은 더욱 세련되고 포괄적으로 발전할 것이다, 라고 생각했다. 실제로 크로포트킨은 자연과 인류 역사에 대한 연구에서 "양면성을 띤 영구적인 존재, 한쪽에서는 사회성의 점진적 발전을 이루고, 다른 한쪽에서는 삶의 강도에 따라 더 큰 개인적 발전을 향해 나아가는 영구적인 존재를 추론한다. 즉 개인의 행복을 증가시키고, 육체적, 지적, 도덕적으로 발전하는 존재 말이다"라고 썼다. 앞서 말했듯이 윤리에 대한 저술 작업을 완료하지 못한 탓에 우리가 볼 수 있는 내용은 주로 그리스에서 19세기 말에 이르는 윤리의 역사와 도덕적 감각의 진화적 기원에 대한 설명이 전부라는 점이 못내 아쉬울 따름이다.

크로포트킨은 인류가 추구해야 할 목표로 모든 개인이 자신의 능력을 마음껏 발현하고 자유롭게 계발해나가는 것을 들었다. 이는 슈티르너와 니체가 주장한 이기주의적인 개인주의에 대한 비판인 셈인데, 크로포트킨의 관점에서 볼 때 그것은 파괴적이고 이기적인 쾌락주의다. 대신 그는 "최고의 코뮤니즘적 사회성을 실천함으로써 가능한 한 최고의 개인 발전을 이룰 수 있는 개성"을 추구한다. 그러나 칸트처럼 자신의 의무 수행을 필연적인 불쾌함으로 이해하지 않고, 도리어 고드윈처럼 가장 큰 즐거움은 자비에서 오는 것이라 주장했다. 즉 "개인적 만족은 다른 사람의 만족에서 오는 것"이라고 믿었다.

윤리학의 최종 분석에서 크로포트킨은 도덕적 행동에 대해 '형제 가운데 일부가 고통을 겪을 때 (함께) 고통을 겪을 수 있는 개인'을 언급하면서 이 단계를 제3의 도덕체계라 이른다. 그리고 종교적인 윤리와 공리주의적 윤리를 모두 거부한다. 크로포트킨은 인간을 '극도로 복잡한 동물'이라고 인식한 최초의 사람으로서, 그는 우리 모두가 습관과 제2의 본성에 따라 천천히 정교해지고 완성된 삶으로 나아간다고 보았다.

크로포트킨은 또한 우리의 무의식적인 삶이 우리의 의식적인 삶보다 훨씬 더 넓다고 생각했다. 실제로 그것은 다른 사람들과의 관계에서 4분의 3을 차지한다는 것이다. 또한, 우리는 자연에 뿌리를 두고 있는데, 사회가 자연의 일부인 것처럼 인간도 사회의 일부라고 주장하면서 "인간은 사회를 창조하지 않았다. 사회는 인간보다 먼저 존재했다"라고 표현한다. 그리고 사회생활을 하는 모든 동물의 주된 특징은 연대감이며, 인간 발달에서 가장 중요한 요소는 상호협력이고, 우리가 이타적인 생명체로 살아가게 돕는 것은 타고 난 도덕적 감각이라고 말한다. 따라서 크로포트킨은 인간을 '자연스럽게 공격적인 존재'라고 생각하지 않았는데, 이것이 바로 프루동과 다른 점이다. 즉 그는 "인간은 항상 평화와 고요함을 선호한다. 치열하기보다는 소소하게 다투기, 가축과 땅, 오두막 같은 것을 무기나 병사보다 선호한다"고 보았다. 나아가 "인류의 발전은 마르크스의 관점에서처럼 반대 세력과 변증법적 통합을 바탕으로 이루어지는 게 아니라 협력의 승리를 통해 이루어진다. 그러나 이런 일이 항상 쉬운 것은 아니다"라고 했다. 그 또한 역사가 "지배자와 피지배자 사이의 투쟁"이며 그 과정에서 두 그룹 모두 권위에 의해 타락했음을 인식하고 있었다. 따라서 인간은 누구나 고등한 교육을 받을 수 있고, 평등한 조건 아래 살아갈 때 노예 본능과 노예적인 삶에서 벗어날 수 있다고 말했다. 크로포트킨이 인간 종과 다른 종의 유사성을 강조했다고 해서 그가 문명과 문화의 이득을 거부한다는 의미는 아니다. 실제로 크로포트킨은 인간이 지적 능력이 뛰어난 사회적 존재라고 칭찬했다. 인간 역시 다른 동물처럼 기본적인 욕구를 충족해야 하는 생명체이지만, 그 어느 종보다 '창의적이고 상상력이 풍부'하다는 것이다.

인간이 지닌 기본 욕구 외의 창의력에 대한 그의 생각은 『빵의 쟁취』(1892)에서 잘 드러난다. 크로포트킨은 현재의 불균등한 재산 분배로 인해 사람들이 제대로 여가를 누릴 수 없게 되어 완전한 인간으로 발전할 수 없게 되었다고 주장한다. 인간 삶의 포괄적 목적이 풍요로운 의식주 생활에만 있지 않다는 것이다. 인간은 타고난 물질욕이 충족되는 즉시 예술적 요구를 충족하기 위해 앞으로 나아간다는 것이다. 그는 또한 "이러한 요구는 매우 다양하며, 개개인에 따라 다르다. 그리고 사회가 문명화할수록 더 많은 개성이 계발되고 더 많은 욕망이 생겨났다가 사라질 것이다. 문명이 발전함에 따라 인간은 사회 안에서 예술적이고 지적인 능력을 점점 더 진화시킬 것이며, 이에 의해 더욱더 개성 있는 개인으로 거듭날 것이다"라고 역설했다.

크로포트킨에게 아나키즘의 강점은 "인간의 모든 기능과 모든 열정을 이해하고 아무것도 무시하지 않는" 바로 그 지점에 있다. 그는 후일 엠마 골드만과 그녀의 동료들이 '성별 문제'를 논의하면서 너무 많은 시공간을 낭비하고 있다고 느꼈지만, 30세의 페미니스트가 57세의 사상가에게 "이 문제가 젊은 이들에게 얼마나 중요한지"를 상기시키자 그는 눈을 반짝거리며 "아마도 당신이 옳을 것입니다"라고 대답했다고 한다. 크로포트킨의 아나키즘은 따라서 고드윈의 아나키즘처럼 확고한 관점에 기반을 둔다. "상호협력은 인간의 본성이고, 자연 및 인간 진화의 주요 요소다. 인간이 정의감을 갖도록 보장하는 도덕적 원칙이기도 하다. 즉 인간은 자연스럽게 사회적이고 협력적이며 도덕적이다. 그러나 국가로 상징되는 강압적인 제도들은 인위적이고 악의적이다"라는 것이 크로포트킨의 결론인 셈이다.

노(老)전사의 죽음

1920년 12월, 크로포트킨의 건강은 급격히 악화한다. 이듬해 1월 그가 중태에 빠지자 레닌은 의사단을 꾸려 보냈다. 레닌이 의사단을 보냈다는 소식을 듣고 마을 사람들은 기겁한다. 평소 자신들이 크로포트킨을 평범한 노인으로만 알았던 탓이다. 의사단은 크로포트킨이 육체적으로는 위험한 상태지만, 정신만은 또렷하다고 진단한다. 크로포트킨은 병상에서도 "완전한 승리를 위해서는 공정하고 고매해야 하며 보복해서는 안 된다"라고 주장했다. 프롤레타리아는 '보다 우월한 존재'라는 이유에서다.

1921년 2월 8일, 크로포트킨은 세상을 떠난다. 볼셰비키 정부는 국장을 제의했지만, 그의 가족은 이를 거절한다. 다음 날 중앙의 여러 신문은 모스크바 소비에트의 조사(弔辭)를 신고 '전제와 부르주아 권력에 대항해 싸운 혁명 러시아의 불굴의 노전사'의 죽음을 알린다. 공산당 기관지인 〈프라우다〉는 크로포트킨이 바쿠닌과 마찬가지로 러시아 사회의 역사를 서유럽 혁명 운동의 역사와 연결했다면서 그의 아나키 코뮤니즘의 평화성을 강조했다. 2월 10일, 특별 열차가 크로포트킨의 시신을 모스크바의 사보에롤라 역 부근 조합회관으로 운송한다. 그곳에 이틀간 안치된 사이 많은 사람이 그를 찾는다. 아나키스트들 중에는 그의 장례에 참석하기 위해 감옥에서 일시 석방된 사람들도 있었다. 그리고 2월 13일, 장례가 치러졌다. 혁명가와 함께 행렬은 마호반, 볼혼카, 프레치스쳉카를 지나 톨스토이 기념관 앞에서 잠시 멈추어 영원히 잊지 못한다는 말을 제창한다. 노보데비치 수도원 묘지에는 더욱 많은 사람이 모여 조사(弔詞)를 한다. 크로포트킨의 친구이자 동지인 엠마 골드만은 알렉산더 버크만과 함께 모스크바에서 열린 크로포트킨의 장례식에서 추도사를 낭독했다. 외국에서도 많은 사람이 조사를 썼다. 그의 장례식은 흡사 소비에트 러시아에서 아나키스트들의 마지막 공개 시위와도 같이 행해졌다.

세르게이 말루친이 그린 영원히 잠든 크로포트킨의 모습(1921).

크로포트킨의 장례식에 모인 군중들.

크로포트킨의 친구이자 동지인 엠마 골드만이 장례식의 군중들 앞에서 추도를 전하는 모습. 이때 알렉산더 버크먼도 동행했다.

크로포트킨의 운구 행렬.

노브데비치 공동묘지에 있는 크로포트킨의 묘지.

그리고 그해 말, 아나키즘 운동은 무너진다.

크로포트킨이 태어난 집은 '크로포트킨 박물관'이 되었지만 1938년에 문을 닫았다. 아나키즘에 대한 그의 저작들은 러시아에서 구할 수 없었지만, 그에 대한 기억은 지하철역, 코카시아(Caucasia)의 한 마을, 그리고 그가 1866년에 처음으로 횡단했던 시베리아의 어느 산맥의 이름에 여전히 남아 있다. 그리고 2014년에 드미트로프에 크로포트킨기념관이 개장했다. 최근 소련의 글래스노스트 이후 시대에 그의 통찰력과 권고는 점점 더 높이 평가되고 있다.

최후의 승리자는 누구인가

프랑스에서 출간되는 ≪가난한 사람≫이라는 잡지의 1921년 2월 9일(818호) 자에 크로포트킨의 조사를 쓴 프랑스 소설가 로맹 롤랑(Romain Rolland, 1866~1944)은 "내가 좋아한 톨스토이가 손으로 쓴 것을 크로포트킨은 몸으로 살았다"고 썼다. 즉 톨스토이가 예술로 꽃피웠던 도덕적 순결과 자기희생과 인류애라는 이상을 크로포트킨은 솔직하고도 자연스럽게 삶에서 체현했다는 것이다. 또한 폴 애브리치는 크로포트킨이 "신 없이도 성인이 되는 과업을 달성했다"라고 말했다(애브리치 136).

혁명가로서 크로포트킨은 다른 혁명가들이 이기주의나 권력을 욕망했던 것과 달리 평생 고결하고 가난하게 살았다. 그는 물질적 성공과는 담을 쌓았고, 어떤 인간관계에서도 문제를 만들지 않았다. 그 누구도 지배하려 들지 않았고, 자신 역시 지배되지 않았다. 19세기 당시 바쿠닌이나 바그너가 지녔던 반유대주의나 물욕과도 무관했다. 그는 관대하고 사려 깊었으며 훌륭하고 깊은 지성과 성실함, 그리고 따뜻함을 지닌 사람이었다. 그는 친구든 낯선 사람이든 도움이 필요한 누군가를 돕기 위해 항상 자신의 길을 떠날 준비가 되어 있었다. 러시아 최고의 귀족으로 태어났지만, 자신의 지위와 부의 특권을 포기하고 가난하고 억압받는 사람들과 함께 살았다. 덕분에 두 차례 감옥살이를 했고, 삶의 대부분을 망명자 신분으로 지냈다. 그러나 이 같은 개인적인 어려움에도 불구하고 그는 인생이 끝날 때까지 자유의 대의라고 생각한 신념을 위해 계속 일하고 계속 글을 썼다.

사상가로서 그는 아나키즘이 정치적 자유와 경제적 평등을 지향한다는 것을 보여주려고 노력했다. 또한 아나키즘의 모든 결론이 과학적으로 검증될 수 있음을 보여주기 위해 정확한 과학적 방법론을 채택하려 시도했다. 그 결과로 그는 진화론, 사회학, 인류학, 역사학에서 확증을 얻는 것이 하나의 철학이라는 것을 증명했으며, 그의 지리적 발견과는 별개로 진화의 요인으로서 사회성 있는 종들 사이에 상호협력이 있음을 강조함으로써 과학에 공헌했다. 당시 인간 행동의 생물학적 뿌리에서 자본주의와 제국주의에 대한 정당성을 찾으려고 노력한 사회 다윈주의자들에 대한 반대 이론에 설득력을 부여한 것이다. 인간이 협동적이고 사회적인 동물이며, 강압적인 권위에 의해 최소한의 간섭을 받지 않을 때 대부분 연대와 상호협력을 실천하는 경향이 있음을 정확하게 파악한 크로포트킨은 모든 사회는 관습이 강압적이고 여론이 폭력적이더라도 결국은 조화와 협력의 원칙에 의존할 수밖에 없다고 주장했다.

크로포트킨이 인류 사상사에 미친 영향은 지대하다. 일본의 고도쿠 슈스이, 중국의 바진[巴金, 1904~2005],[66] 인도의 간디, 미국의 루이스 멈퍼드와 폴 굿맨(Paul Goodman, 1911~1972)에게 영향을 주었을 뿐만 아니라 그가 살았던 러시아와 영국은 물론 프랑스, 벨기에 및 스위스의 아나키즘 운동에 도움을 주었다. 그는 농업과 공업의 조화로운 균형에 기초한 탈중앙화 사회를 지향하고 정신과 육체적 기술의 통합교육을 주장했다. 그의 실용적이고 창의적인 접근 방식은 기존 국가의 껍질 안에서 대안 제도를 개발하고 아나키즘적 발전을 장려하려는 사람들에게 높이 평가되었다.

드미트로프에 있는 크로포트킨 기념비.

348

　"개인이 사회의 일부이듯 사회는 자연의 일부"라는 그의 예리한 인식은 그를 현대 사회생태학의 선구자로 자리매김하게 해주었다. 크로포트킨은 지루할 정도로 반복적인 글을 썼지만, 글의 스타일이 명확하고 단순하여 읽기 쉽고 이해하기도 쉽다. 복잡한 철학적 주장이나 어려운 과학적 데이터를 다루면서도 그는 항상 읽기의 대상을 평범한 사람으로 정했다. 그는 또한 자발적인 조직이 얼마나 멋지게 성공할 수 있는지를 보여주는 구명정 협회, 중앙기관의 복잡한 계약 없이도 얼마든지 서비스를 제공하고 받을 수 있음을 보여주는 국제철도, 코뮤니즘 사회에서 분배가 어떻게 조직되는지 설명해주는 좋은 예인 영국박물관의 도서관 등을 생생한 근거로 들어 자신의 이론을 설명했다.

말라테스타의 크로포트킨 비판

이탈리아 아나키스트 말라테스타는 〈사회연구〉 1931년 4월 15
일 자에 쓴 「피터 크로포트킨: 옛 친구 피터 크로포트킨에 대
한 회고와 비평」에서 당시까지 아나키스트들은 크로포트킨
의 사상을 답습하는 데 그쳤다고 하면서, 그의 사상을 비판적
으로 볼 필요가 있다고 말한다.

크로포트킨의 과학적 방법은 귀납적 방식이라기보다 연역
적이며 모든 것을 하나의 관점에서 원리로 설명하려고 노력
한 것이었다. 그는 항상 자신의 관점이 과학적이라고 주장

했지만, 그의 계획에 맞지 않는 증거를 고려하기를 거부하면서 그의 사회적 갈망을 정당화하기 위해 과학을 오용하기도 했다. 실제로 그의 접근 방식에는 경직되고 융통성이 없다는 단점이 있다. 그는 아나키를 자연법칙에 부합하는 사회조직으로서 보는 유물론적 철학을 채택한 '기계적 숙명론'의 희생자였다.[67]

말라테스타는 아나키 상태가 자연질서이고 그 조화가 자연의 법칙이라는 크로포트킨의 견해는 옳았지만, 자연을 일종의 섭리처럼 보는 견해는 실수였다고 비판한다. 즉 아나키 상태는 불가피하게 승리해야 하는 기계적인 우주 내의 경향이라고 주장함으로써 창조의지의 역할을 과소평가했다는 것이다. 또한 다가오는 혁명의 불가피성을 강조한 점에서도 크로포트킨은 역사를 너무나 결정론적으로 보았다고 지적한다. 그러면서 "러시아혁명 이후, 크로포트킨은 점점 더 치명적이 되었고, 개인이 역사적인 과정에서 거의 역할을 하지 않았다고 했지만, 그 주장엔 일관성이 없었다. 그는 마르크스처럼 정치체제에 영향을 미치는 경제 조직의 중요성을 인식하면서도 역사를 형성하는 데 있어 의식의 중요성과 '반란의 정신'을 강조한다"고 비판했다.

크로포트킨은 결코 엄격한 평화주의자가 아니었다. 그는 다가오는 혁명이 억압과 불의를 종식해주기를 갈망했지만, 그것이 불가피하게 폭력적일 것이라는 점 역시 인식하고 있었다. 그는 항상 이상주의가 행동으로 옮겨져야 한다고 믿었고, 반란을 촉발할 수 있는 심각한 반역 행위를 환영했으며, 신디칼리즘과 노동운동의 혁명적 잠재력을 인식했다. 그러나 그는 애브리치의 말대로 "융통성이 없었고 때때로 독단적인 사상가"였다(애브리치 131). 그의 아나키즘 사상은 그가 죽은 뒤 벌어진 제2차 세계대전이나 더욱 거대해진 현대국가, 특히 전체주의 국가들의 대두를 설명하지 못했다. 그는 중세의 부정적인 측면을 과소평가하고 반면 긍정적인 면을 과장했다. 중세의 농노들은 비참하게 살았고 국가가 봉건귀족들을 궤멸시킨 뒤에야 겨우 해방되었다. 그는 아나키즘을 소규모 공동체에서 찾았으나 소규모 공동체에도 억압의 문제는 있다.

크로포트킨은 비인간적인 상황에 대한 필사적인 반응이라는 관점에서 테러리스트들의 행동을 설명했고, 테러리스트들을 비난하기를 거부했다. 민족주의적 정서가 성장하는 것을 대수롭지 않게 여겼으며, 공개적이고 진지한 선전선동을 선호한 반면 바쿠닌이 행한 일종의 속임수와 조작적 홍보를 거부했다. 크로포트킨은 인격적이고 혁명적인 도덕성을 갖추어야 한다고 주장했지만, 그렇다고 해서 어떤 수단이든 정당화될 수 있다고 생각하지는 않았다. 오히려 수단은 필연적으로 목적과 합치되어야 한다고 생각했다. 이 같은 인식은 그를 러시아혁명의 방향에 대한 논의에서 레닌과 정면충돌하게 이끌었다.

실제로 그의 논리는 당시 국가 체제에는 많은 영향을 끼쳤지만, "국가의 힘이 급격히 감소할 것"이라고 예측한 것은 오산이었다. 이는 20세기부터 드러난 명백한 사실이다. 자연철학에서 객관적인 윤리를 추론하려 한 크로포트킨의 시도도 문제가 된다. 자연 현상의 관찰에서 도덕적 결론을 도출함으로써 그는 '자연주의적 오류', 즉 사물의 상태에 대한 진술에서 사물이 어떻게 되어야 하는지를 끌어내는 오류를 범했다는 것이다. 다시 말해 'is'(상태, kann sein)에서 '해야 할 것'(당위, muss sein)을 부당하게 추론했다는 뜻이다.

크로포트킨에 의하면 인간의 가치는 창조적인 특성을 갖는다. 자연이 특정한 방식으로 작용한다고 해서 반드시 따라야 하는 것은 아니라는 뜻이다. 사실 그의 과학적 오류에도 불구하고 크로포트킨은 주로 모럴리스트인 것처럼 보인다. 그의 아나키즘은 궁극적으로 과학적, 역사적, 경제적 이론이 구축된 도덕적 기반에 의존한다. 하지만 자연과 사회를 연구할 때조차 접근하는 방식의 상이함을 보려고 하지 않았다. 이에 대해 말라테스타는 "꽃에서 사람으로, 또는 비버의 정착지에서 인간 마을로 넘어갈 때 갑자기 조사 방법을 바꾼 것에 대해 그는 '원인이 없다'고 『현대과학과 아나키즘』에서 썼다"고 지적한다. 그러나 자연을 지배하는 법과 사회를 지배하는 법 사이엔 차이가 있게 마련이다. 반복 가능한 조건의 실험에서는 자연법칙이 반증될 수 있는 반면, 인간 사회의 역사에서 드러나는 조건은 끊임없이 변화하고 있기에 법칙을 검증하는 실험은 애초 불가능하다. 기껏해야 사회의 법칙이 아닌 사회적 '경향'에 대해 이야기할 수 있을 뿐이다. 일례로 크로포트킨은 관습을 설명할 때 인간이 만든 법의 기원은 훌륭하지만 교도소나 범죄자 개혁 및 처벌 문제에 있어서는 부도덕함을 드러냈다고 지적한다. 하지만 법을 여론으로 대체하려 한 그의 시도는 그것이 도덕적 강압으로 이어질 수 있다는 점에서 고드윈과 동일한 비판을 받아 마땅하다. 실제로 크로포트킨은 여론의 중요성을 지나치게 강조했으며, 독단적인 권력자에 대해 무력을 사용하는 것 역시 타당하다고 믿었는데, 바로 여기에 무시할 수 없는 권위주의적 요소들이 있다는 것이다.

크로포트킨은 진화론적 관점에서 자연과 사회의 밀접한 관계를 주장했다. 기술을 적절히 사용하고 자원을 신중하게 개발하여 쓸 때 경제적 풍요를 달성할 수 있다고 보았다. 그러면서 상호협력이 산업의 발전을 가져오는 데 있어 상호투쟁보다 훨씬 더 유리하다고 주장했지만, 크로포트킨은 여전히 그것이 '자연 정복'과 관련되어 있음을 강력하게 부인하지는 않았다. 이는 자신의 진화론적 논증과 자연의 전체적인 조화에 대한 깊은 인식에 반하는 현대적 견해다.

크로포트킨과 함께 아나키즘은 19세기에 가장 발전된 형태로 나타났다. 일반적으로 아나키즘에 적대적인 사람들조차도 크로포트킨을 읽을 만한 가치가 있다고 말한다. 그는 과학적 발견을 기반으로 하는 아나키스트 철학을 주장했을 뿐 아니라 사회 내의 기존 경향에 호소하여 그 타당성을 입증하려고 노력했다. 폭력을 반박했지만, 특정 상황에서는 전쟁을 지원했고, 더는 인간 사회에 존재하지 않는 사회를 만들고자 평생 노력했다. 상호협력의 중요성, 진화의 원조, 사회의 연대를 강조했으나 결코 개성을 희생하라고 요구하지는 않았다. 실제로 그의 가장 중요한 통찰은 진정한 공동체만이 자유로운 개인의 완전한 발전을 가능하게 해준다는 주장에 있다.

이 책의 머리말에서 인용한 위키 문서에는 없지만, 내가 크로
포트킨을 말할 때 무엇보다 먼저 떠올리는 것은 그가 윤리학
자라는 점이다. 그는 윤리학 연구자일 뿐 아니라 그 자신 누구
보다도 도덕적이며 윤리적인 사람이었고, 그의 아나키즘 역시
윤리적 아나키즘이다. 누구도 지배자일 수 없고 서로 도와야
한다는 윤리 말이다. 그는 그런 윤리가 없다는 이유에서 마르
크스주의를 거부했고, 볼셰비키주의로는 정의와 평등에 기초
한 윤리적인 사회를 만들 수 없다고 보았다. 그의 판단은 적중
했다.

그런데 윤리라는 말은 요즘 세대에겐 매우 생경하다. 1971
년에 대학에 입학해 소위 '국민윤리'라는 과목을 교양필수로
배운 나 같은 세대에게는 매우 지겨운 말이기도 하다. 도덕과

윤리가 어떻게 다른지 구별하기도 애매하고, 특히 크로포트킨을 도덕군자라고 부를 생각은 추호도 없지만, 그가 누구보다도 윤리적인 사람이었다는 점은 인정할 수밖에 없다. 그 윤리란 개인적이거나 가족적인 차원이 아니라 인류적 차원, 즉 인류애를 말한다. 그러니 '국민윤리'가 아니라 '세계윤리'일 것이다. 이 책을 끝까지 읽은 독자라면 잘 이해하겠지만, 크로포트킨은 우리의 '국민윤리'에 나오기는커녕 그것과 가장 적대적인 사람이다.

나는 그의 삶과 생각을 한마디로 "모든 것은 모두의 것이다"라고 정리할 수 있다고 본다. 그런 차원의 윤리를 잣대로 하자면 나는 윤리적이지 못하다. 나는 크로포트킨처럼 윤리적이지 못해 항상 부끄럽다. 그가 주장하는 인류애나 사회주의에 대해 공감은 하지만 그대로 따르지는 못해서 평생 열등감 속에서 살아왔다. 가령 그는 『청년에게 호소함』에서 "법이란 애당초 힘센 자의 권리였으며 인류에게 피로 물든 역사로 대물림된 압제에 언제나 봉헌해왔음을 인식한다면, 법에 대한 최상의 경멸을 갖게 될 것"이므로 그것과 절연하고 혁명가가 되라(청년 46)고 썼다. 그러나 나는 오랫동안 법학을 공부하고 가르쳤고, 법에 문제는 많지만 유익한 점도 있다고 생각했다. 그래서 학생들에게 "지금 여러분이 공부하는 것은 모두 거짓이니 당장 혁명가가 되라"는 말을 하지 못했다. 그 점에서 나는 크로포트킨과 다르다.

다른 점은 그 밖에도 많다. 그는 오늘 당장 혁명을 해야 하고 그것이 가능하다고 했지만, 나는 그렇게 생각하지 않는다(또는 못 한다). 나에게 혁명은 그렇게 쉬운 일이 아니다. 내일 당장 세상이 바뀐다고, 또는 바뀌어야 한다고 말할 자신이 없다. 그런 점에서 크로포트킨은 낙관주의자이지만 나는 그 무엇에도 구속되거나 사로잡히지 않고 자유롭게, 자치하면서 자연 속에 사는 것(이를 나는 자유-자치-자연의 삼자주의라고 한다), 즉 소박한 아나키즘을 믿는다.

최근 아나키즘에 대한 관심이 높아지고 있다. 크게 높지는 않지만 과거보다는 월등하게 높아진 것 같다. 그 과거란 내가 아나키즘에 관심을 갖게 된 1970년대를 말한다. 그때만 해도 사람들은 아나키즘에 거의 관심이 없었다. 아니 관심이 없었다기보다 '아나키즘이라니, 무슨 미친 개소리냐'라는 식의 부정적인 매도가 일반적이었다. 일제강점기만 해도 신채호 같은 위대한 독립운동가를 비롯하여 많은 아나키스트가 있었고, 해방 후에는 최초의 여론조사에서 우리가 나아갈 방향은 자본주의도 공산주의도 아닌 제3의 길이라고 했으며, 인민위원회라고 하는 민중자치기구가 존재했음에도 우리나라 상황은 그러했다. 신채호에 대해서도 아나키즘에 기운 것은 일시적이라거나 잘못된 것이라는 식의 견해가 유명한 학자들 사이에서 비일비재하다. 그러다가 2000년에 개봉된 영화 〈아나키스트〉를 비롯하여 일제하의 아나키스트들을 다룬 영화나 책 덕분이랄까, 요즘에는 아나키즘에 대한 부정적인 인식이 상당히 희석된 듯하다. 그러나 그런 영화나 소설에 의해 아나키스트를 폭력적 독립운동가나 테러주의자로만 보는 잘못된 경향도 생겨났다.

내가 나름대로 꾸준히 아나키즘을 소개해온 데엔 위와 같은 분위기도 분명 한몫했다. 그러나 더 중요한 이유는 다른 나라에 비해 한국에서 유난히 기세등등한 물질주의, 경제주의, 국가주의, 애국주의, 권위주의, 계급주의, 자본주의, 보수주의, 경쟁주의, 출세주의, 파벌주의, 기복종교 등의 힘을 조금이라도 누르려면 그것들을 철두철미 부정하는 아나키즘을 제대로 소개하면 되지 않을까 하는 생각 때문이었다. 아나키즘의 대표적 이론가인 크로포트킨의 책을 오랫동안 읽어오고 그를 공부한 것도 같은 맥락에서다.

크로포트킨은 이 세상 누구보다도 자유를 사랑했다. 그가 사랑한 아나키즘은 무엇보다도 자유를 존중한다. 그것은 크로포트킨에게 무슨 권위 같은 것을 인정할 필요가 없다는 것이다. 그러니 특별히 존경할 필요도 없다. 그냥 한 인간으로 보면 된다. 아나키즘에는 아무런 권위가 없다. 자유롭게 살며 생각하는 데 도움이 되는 하나의 소재로 여기면 충분하다. 아나키즘도 크로포트킨도 숭배할 필요는 없다.

크로포트킨은 대단한 명문 귀족 집안에서 태어났지만 그런 신분으로 살기를 거부하고 아나키스트의 길을 갔다. 그래서 실패자, 소위 루저였고, 덕분에 『상호협력』 같은 책을 썼다고 말한 사람도 있다. 어쩌면 나도 그와 마찬가지일지 모른다. 그래서 아나키즘에 관심이 많은지도 모른다. 이 책이 나처럼 크로포트킨이나 아나키즘에 관심이 많은 루저들에게 조그마한 위안이라도 되면 좋겠다. 크로포트킨은 『아나키의 철학과 이상Anarchism: Its Philosophy and Ideal』 마지막에서 다음과 같이 말한다.

우리와 함께 자유를, 그 결과 개인의 생명을 존중하기 원한다면, 형태에 관계없이 여러분은 인간에 대한 인간의 지배를 단호히 거부해야 합니다. 여러분이 지금까지 경멸해온 아나키즘의 원칙을 받아들여야 합니다. 그것을 받아들이고 나서, 여러분은 우리와 함께 무엇보다 이 이상에 적합한, 그리고 우리를 분노하게 만드는 모든 폭력 행위에 종지부를

찍을 사회형식의 모색을 위해 노력해야 할 것입니다(아나키
즘 69).

그 『자서전』에서 크로포트킨을 '나의 위대한 스승'으로 부
른 엠마 골드만은 크로포트킨이 동지는 물론 적으로부터도
"19세기의 가장 위대한 정신과 가장 독특한 개성을 가진 사람
들 중 한 사람"이라는 평가를 받았다고 말한다.[68] 그 밖에 수
많은 사람이 그렇게 평가했다. 그는 그 뒤를 잇는 세계의 아나
키스트들만이 아니라 많은 사람의 스승이었다. 한국에서도 마
찬가지다. 머리말에서 말한 것처럼 신채호를 비롯하여 많은 한
국인의 스승이었다. 물론 지금도 그는 여전히 우리의 스승이다.

그러나 골드만이 크로포트킨을 비롯한 스승 아나키스트들
의 사상을 받아들인 다음 자신만의 길을 걸어갔듯이 우리도
우리의 길을 가야 한다. 종교윤리, 결혼, 풍습 같은 사회적 억
압으로부터 사생활을 해방하는 데 역점을 둔 골드만에 대해,
여성이 교육을 받고 정치적으로 진보하면 성생활은 자연스럽
게 해결된다고 믿은 크로포트킨은 '너무 자유롭다'고 느끼고
심지어 '이단'이라고도 했다. 행복한 결혼생활을 한 크로포트
킨에게 골드만의 고뇌는 쉽게 이해될 리 없었을 것이다. 말하
자면 '꼰대'였던 셈이다. 그러나 크로포트킨은 골드만과의 논

쟁에서 결국 "내가 참으로 멍청하군"이라고 인정하며 껄껄 웃었다.[69] 어쩌면 지금 우리의 눈에는 크로포트킨이 더욱더 한심한 꼰대로 보일지도 모른다. 지금 10대의 청소년들에게 70대에 들어서는 나도 마찬가지로 꼰대일 수 있다. 그런 지적이 온다면 나 역시 "내가 참으로 멍청하군"이라면서 웃을 수밖에 없지 않을까?

이 책의 머리말에서 크로포트킨의 만장에 쓰인 "권력 있으면 자유 없다"는 말은 당연히 모든 시대, 모든 분야의 권력에 대한 비판으로서 지금의 우리에게도 절실하다. 내가 좋아하는 크로포트킨은 반항아, 이단자, 방랑자, 망명인, 혁명가 등의 이미지와 연결되는 아나키스트 크로포트킨이다. 그는 19세기 러시아의 금수저 중의 금수저로 태어났지만 고통받는 인류를 위한다는 대의 아래 20세에 모든 출셋길을 저버리고 유형지의 대명사인 시베리아로 스스로 떠났다. 그 뒤로 크로포트킨은 이단과 방랑, 망명과 혁명, 투쟁과 빈곤의 흙수저로 살다가 79세에 죽었다. 평생을 여러 정부 당국자는 물론 이웃에게도 감시와 핍박, 탄압과 멸시로 정말 힘들게 투쟁 속에서 살았을 텐데 협력이라니, 얼마나 거룩한 일인가! 사소한 문제만 생겨도 인간성을 믿지 못하는 나 같은 속물로서는 도저히 따라갈 수 없는 이타적 인간이기에 나는 그의 삶에, 그리고 생각에 감탄한다. 그리고 항상 그를 본받고자 노력한다.

이 글을 쓰는 나는 지금 69세다. 크로포트킨처럼 앞으로 10년 더 살지, 아니면 곧 죽을지 모르지만, 남은 생애는 그처럼 살고 싶다는 열망에서 이 책을 썼다. 69세의 크로포트킨은 망명지인 영국의 시골에서 아내와 딸과 함께 외롭게 살면서 평생의 숙원이었던 상호협력에 관한 연구에 집중했다. 그리고 6년 뒤인 1917년, 75세였을 때 러시아혁명이 터져 41년 만에 조국으로 돌아갔지만, 정부의 입각 권유를 거부하고 시골에 묻히는 내부 망명을 선택했다. 그리고 마지막 저서 집필에 몰두하다가 4년 뒤에 죽었다. 레닌 정부는 국장을 제의했지만 가족은 이를 거부했다. 그 뒤 러시아의 아나키즘은 끝났고 그의 이름은 잊혔다. 그러나 그는 우리의 신채호를 비롯하여 여러 나라, 많은 사람의 가슴에 남았다. "모든 것은 모두의 것이다. 그러니 서로 공평하게 나누고 도우며 살자"라는 어린 시절의 깨달음을 평생 한순간도 잊지 않고 실천한 그를 어떻게 잊을 수 있겠는가?

지금 여기 우리에게 크로포트킨이 갖는 의미, 그가 우리에게 가질 수 있는 최소한의 소용이나 효용이 있다면 그것은 무엇일까? 리처드 도킨스의 『이기적 유전자』 등이 소개되면

서 '이기주의와 이타주의' 또는 '경쟁과 협력'에 대한 논의가
생겨났지만, 2012년에 번역된 『이 폐허를 응시하라』에서 레베
카 솔닛이 이타주의의 전형으로 크로포트킨을 다루면서, 또
한 2014년에 번역된 『한계비용 제로 사회』에서 제러미 리프킨
이 자본주의와 사회주의를 넘어서는 새로운 사회로 제시한 협
력적 공유사회가 바로 크로포트킨이 말한 상호협력 사회라는
점에서, 그리고 그 직후 코로나19가 전 세계를 강타하면서 크
로포트킨은 우리에게 더욱 가까이 다가왔다. 코로나19와 같
은 비극적인 재난이 생긴 이유를 나는 과도한 경쟁이라고 본
다. 그리고 이를 극복할 길은 경쟁이 아닌 협력이라고 생각한
다. 그러나 아무리 협력이 좋다고 해도 인간 세상은 경쟁을 포
기하지 않을 것이다. 크로포트킨도 그 점을 잘 알았다. 하지만
경쟁만이 살길이 아님을 알았기에, 아니 경쟁만으로는 죽을
수밖에 없음을 간파했기에 협력을 강조한 것 아닐까? 아나키
즘도 마찬가지다. 아무리 지배자 없는 세상을 주장해도 지배
자는 쉽게 사라지지 않을 것이다. 그러나 그런 세상으로 나아
가야 한다. 조금이라도 권력의 지배를 벗어나야 한다. 그래야
우리는 비로소 자유로워진다.

　우리는 가능한 한 그런 세상을 만들기 위해 노력해야 한다.
그런 노력에 크로포트킨을 비롯한 아나키스트들의 삶과 생각

이 도움이 되면 우리의 길 안내로 삼으면 된다. 길을 찾아가는 것은 우리다. 우리의 창조다. 따라서 우리가 궁극적으로 배워야 하는 것은 그 창조 정신이다. 창조는 비판에서 나온다. 따라서 크로포트킨을 비롯해 우리보다 앞선 아나키스트들을 비판할 줄 알아야 한다. 그것이 창조인 아나키스트 크로포트킨의 참된 창조 가르침이다.

1842년 11월 27일 모스크바에서 출생

1846년 (4세) 4월 어머니 사망

1847년 (5세) 아버지 재혼

1853년 (11세) 모스크바 제일중학교에 입학

1856년 (14세) 형과 함께 잡지를 발행

1857년 (15세) 페테르부르크 소년사관학교에 입학

1862년 (20세) 5월 소년사관학교를 수석으로 졸업하고 시베리
아 카자크 기병연대에 부임

1863년 (21세) 6-9월 군량수송부대를 이끌고 아무르강 항행

1864년 (22세) 4-6월 흥안령 탐사

1866년 (23세) 5-6월 레나강 항행

1867년 (25세) 1월 퇴역. 9월 모스크바 대학교 수학과 입학

1868년 (26세) 러시아 지리학회 회원

1870년 (28세) 모스크바 자연과학자협회 명예회원, 러시아 지
리학협회 사무국원

1871년 (29세) 7-9월 핀란드와 스웨덴 답사, 러시아 지리학협
회 사무국장 사양

1872년 (30세) 2-5월 스위스 여행, 쥐라연합 아나키스트들과
접촉, 귀국 후 차이코프스키단 가입

1873년 (31세) 차이코프스키단 강령 작성

1874년 (32세) 3월 체포되어 페트로-파블로프스키 요새감옥
에 수감

1876년 (34세) 6월 감옥 병원을 탈출하여 핀란드와 노르웨이
를 경유하여 영국에 도착

1877년 (35세) 쥬네브로 옮겨 쥐라연합 기관지를 위해 일함

1878년(36세) 프랑스 경찰을 피해 스위스로 돌아와 소피아 그
리고리예브나와 결혼

1879년 (37세) 쥬네브에서 〈르 레볼테〉창간

1881년 (39세) 7월 런던의 아나키스트대회 참석, 스위스에서
추방당해 영국으로 갔다가 프랑스로 감

1882년 (40세) 12월 프랑스 경찰에 의해 리옹에서 체포.

1883년 (41세) 클레르보 감옥에 수감

1886년 (44세) 루이제 미셸과 함께 조기 석방되어 영국으로
  이주

1889년 (47세) 프랑스 대혁명 100주년을 맞아 ≪라 레볼테≫
  창간

1892년 (50세)『빵의 쟁취』발간

1897년 (55세) 캐나다와 미국 여행

1899년 (57세) 자서전『어느 혁명가의 회상』발간

1901년 (59세) 제2차 북미 여행, 보스턴에서 러시아문학사 강의

1909년 (67세)『프랑스 대혁명』발간

1913년 (71세)『현대과학과 아나키즘』발간

1914년 (72세) 연합국의 대(對)독일을 지지하여 아나키스트
  동료들의 비난을 받음

1917년 (75세) 6월 스칸디나비아를 거쳐 러시아 귀국

1918년 (76세) 6월 모스크바 근교의 드미트로프로 이주

1919년 (77세) 5월 레닌과 회견

1921년 (79세) 2월 8일 드미트로프에서 별세

1922년 모스크바에서『윤리학』발간

더 읽어볼 만한 책들

1장

레프 톨스토이, 『고백*A Confession*』(1880)

레프 톨스토이, 『마지막 정거장*The Last Station*』(1990)

레프 톨스토이, 『전쟁과 평화*War and Peace*』(1869)

레프 톨스토이, 『카자크*The Cossacks*』(1863)

매트 리들리, 『이타적 유전자*The Origins of Virtue: Human
Instincts and the Evolution of Cooperation*』(1996)

빅토르 세르주, 『러시아 혁명의 진실*L'An 1 de la révolution russe*』
(1930, Paris)

빅토르 세르주, 『한 혁명가의 회고록*Mémoires d'un
révolutionnaire*』(1951, Paris)

아우구스티누스, 『참회록*Confessiones*』(398)

알렉산드르 푸시킨, 『예브게니 오네긴*Eugene Onegin*』(1833,

1837)

요한 볼프강 폰 괴테, 『시와 진실Aus meinem Leben. Dichtung
　　und Wahrheit』(1833)

장 자크 루소, 『고백Les Confessions』(1769 완성, 사후 발표)

찰스 다윈, 『종의 기원The Origin of Species』(1859, 원제는 『자연
　　선택에 의한 종의 기원, 즉 생존경쟁에서 유리한 종족의 존속
　　에 대하여On the Origin of Species by Means of Natural Selection, or the
　　Preservation of Favoured Races in the Struggle for Life』)

2장

E. H. 카, 『낭만의 망명객The Romantic Exiles: A Nineteenth-
　　Century Portrait Gallery』(1933)

니콜라이 고골, 『감찰관The Inspector-General』(1836)

니콜라이 체르니셉스키, 『무엇을 할 것인가What Is to Be
　　Done?』(1863)

레프 톨스토이, 『안나 카레니나Anna Karenina』(1878)

마르쿠스 아우렐리우스, 『명상록Meditations』(1558/9)

미하일 바쿠닌, 『신과 국가God and the State』(1871)

미하일 자고스킨, 『유리 밀로슬라브스키, 혹은 1612년의 러시
　　아인』(1829)

밀란 쿤데라, 『농담*The Joke*』(1967)

볼테르(프랑수아마리 아루에), 『철학사전*Dictionnaire philosophique*』(1764)

아나톨리 리바코프, 『아르바트의 아이들*Children of the Arbat*』(1987)

알렉산드르 푸시킨, 『대위의 딸*The Captain's Daughter*』(1836)

알렉상드르 뒤마, 『왕비 마고*Marguerite de Valois*』(1845)

이사야 벌린, 『러시아 사상가*Russian Thinkers*』(1978)

존 스튜어트 밀의 『정치경제학원리*Principles of Political Economy*』(1848)

3장

이광수, 『유정有情』(조선일보 연재시작 1933.10.01.~연재종료 1933.12.31.)

이반 투르게네프, 『아버지와 아들*Fathers and Sons*』(1862)

피에르 조제프 프루동, 『경제적 모순의 체계 또는 빈곤의 철학*The System of Economic Contradictions, or The Philosophy of Poverty*』(1846)

허버트 스펜서, 『생물학의 원리*Principles of Biology*』(1864)

4장

루이즈 미셸, 『새로운 시대, 마지막 사상, 칼레도니아의 추억

　　L'Ère nouvelle, pensée dernière, souvenirs de Calédonie』(1887)

요한 볼프강 폰 괴테, 『파우스트*Faust*』(1832) {*초고(初稿) 〈파

　　우스트〉(1775, 1871 사본발견), 〈단편 파우스트〉(1790), 〈파

　　우스트 제1부〉(1808), 〈파우스트 제2부〉(1832)}

자비에르 고티에, 『붉은 처녀*La Vierge rouge*』(1999)

존 시모어, 『자급자족에 대한 완전한 책*The Complete Book of

　　Self-Sufficiency*』(1976)

프랜시스 후쿠야마, 『역사의 종언*The End of History and the Last

　　Man*』(1992)

5장

에벤에저 하워드, 『내일의 전원도시*Garden Cities of Tomorrow*』

　　(1902)

패트릭 게디스, 『진화하는 도시*Cities in Evolution*』(1915)

6장

리처드 도킨스, 『이기적 유전자*The Selfish Gene*』(1976)

매트 리들리, 『덕의 기원*The Origins of Virtue*』(1996)

시드니 웨브, 베아트리스 웨브, 『노동조합의 역사*History of Trade Unionism*』(1894)

애슐리 몬터규, 『다윈, 경쟁과 협력*Darwin, Competition and Cooperation*』(1952)

찰스 다윈, 『인간의 유래와 성선택*The Descent of Man, and Selection in Relation to Sex*』(1871)

토머스 로버트 맬서스, 『인구론*An Essay on the Principle of Population*』(1798, 초판의 제목은 "인구의 원리에 관한 일론(一論), 그것이 장래의 사회개량에 미치는 영향을 G.W.고드윈·M.콩도르세 그리고 그 밖의 저작가들의 사색에 언급하며 논함"이다.)

토머스 홉스, 『리바이어던*Leviathan*』(1651)

1 다윈은 영국의 생물학자이자 지질학자로서 모든 종이 공통의 조상으로부터 이어졌고 자연선택이 진화의 기본이라고 주장했다. 이는 당시까지 지배적이었던 창조설, 즉 지구상의 모든 생물체는 신의 뜻에 의해 창조되고 지배된다는 신중심주의 학설을 뒤집고 새로운 시대를 열어 인류의 정신문명에 커다란 발전을 가져왔다.

2 이 책의 원제는 『자연선택에 의한 종의 기원, 즉 생존경쟁에서 유리한 종족의 존속에 대하여*On the Origin of Species by Means of Natural Selection, or the Preservation of Favoured Races in the Struggle for Life*』였다. 1872년의 제6판에서 'On'이 생략되었고, 그 뒤로 흔히 'The Origin of Species'라고 알려졌다.

3 퍼스널리스트(personalist)를 개인주의자라고 번역하기도 하지만 그래서는 individualist나 egoist 등과 구별하기 쉽지 않다. 굳이 번역하자면 개성주의자라고 할까? 이 점을 강조하는 이유는 혁명가는 획일적인 인간이 아니라 개성을 존중하는 창조적 인간임을 강조하기 위해서다.

4 크로포트킨의 저술은 대부분 팸플릿이다. 팸플릿은 설명이나 광고, 선전, 계몽 등을 목적으로 얄팍하게 만든 작은 책자로 '소책자' '작은 책자'로 순화되어야 한다고 국립국어원은 밝혔지만, '소책자' 등으로 번역하는 경우 그 선전적 성격을 알 수 없게 한다는 이유에서 이 책에서는 팸플릿이라고 한다. 크로포트킨의 저술이 대부분 팸플릿이라고 하는 점은 그것들이 엄격하게 학문적인 작업이라기보다는 대중적인 작업임을 뜻한다. 따라서 그 내용상 중복이 많고, 경우에 따라 서로 모순되는 내용이 보이기도 한다. 그런 점 때문에 나는 이 책에서 크로포트킨의 사상을 엄밀하게 체계화하려고 시도하지 않았

다. 그런 짓은 대학교수 같은 자들이 하는 짓 아닌가? 이 글을 쓰는 나는 그 지긋지긋한 교수짓을 그만두어 너무나 행복한 사람인데, 내가 왜 그런 짓을 하겠는가? 게다가 크로포트킨은 대학을 중퇴하기는 했어도 그 뒤로는 교수 는커녕 대학과 무관하게 지냈다.

5 내가 쓴 『소크라테스 두 번 죽이기』(2005), 『플라톤 다시 보기』(2009), 『인문학 의 거짓말』(2017) 등을 참조하라.

6 토머스 헉슬리는 영국의 생물학자로 가난한 집안에서 태어나 초등교육을 제 대로 끝내지 못했으나 독학으로 의사가 되었다. 다윈의 진화론에 감동해 그 것을 널리 알렸다. 헉슬리는 삶은 검투사들이 벌이는 '끊임없는 난투극'이고 동일한 종의 개체들 사이의 경쟁이 자연의 법칙이자 진보를 이끄는 힘이라 고 주장했다. 그의 아들인 레너드 헉슬리(Leonard Huxley, 1860~1933)와 손자 올더스 헉슬리(Aldous Huxley, 1894~1963) 또한 저명한 작가이다. 특히 후자는 『멋진 신세계』(1932)의 작가로 유명하다.

7 코뮤니즘을 한국에서는 흔히 공산주의라고 번역하지만, 코뮌은 '지역 자치 체'를 가리키는 말이니 차라리 지역자치주의라고 함이 옳을 것이다. 게다가 코뮌에서 나오는 코뮤니티를 자치체가 아니라 공동체라고 번역하는데, 우리 는 공동체라는 말을 너무나 광범위하게 사용하는 경향이 있어서 반드시 정 확하다고 볼 수 없다. 그래서 이 책에서는 코뮤니즘이라고 그대로 표기한다.

8 니콜라이 베르자예프, 이경식 옮김, 『러시아지성사』, 종로서적, 1980, 65쪽.

9 "형제애를 기반으로 한 반(半)공산주의적 조직"으로 이익을 본 두호보르파에 게서 그는 "문명의 영향력이 없이도 복잡한 사회조직이 만들어질 수 있음"(자 서전 289)을 깨달았다. 그리고 "명령과 규율에 따라 행동하는 것과 상호이해 를 원칙으로 행동하는 것의 차이점"을 깨닫고 "그때까지 견지해온 신념을 시 베리아에서 모두 버렸다. 나는 이미 아나키스트가 될 준비를 하고 있었다."(자 서전 290).

10 가령 푸시킨의 저작권이 소멸된 1887년에는 여러 종류의 전집이 나왔는데 10 권에 3실링(영국화폐로 75센트)이라는 엄청난 염가로 10만 부나 팔렸고 12권인 고골 전집, 콘차로프 전집, 투르게네프 전집도 1년 만에 각각 20만 부나 팔렸 다고 한다(러시아 15).

11 1812년 프랑스 황제였던 나폴레옹이 러시아제국을 침공하여 일어난 전쟁을 가리킨다. 제6차 대프랑스 동맹의 시발점이 되었고, 이 전쟁의 완패를 계기로 나폴레옹의 몰락이 시작되었다. 러시아에서는 '조국전쟁'이라고 부른다.

12 러시아 말로 12월을 '데카르브르'라고 한다.

13 이를 한글 번역본 48쪽에서는 '동맹주의'로 번역한다.

14 이를 『자서전』의 51쪽에서는 '트랜스모스크바 강'이라고 했는데, 오역이다.

15 이는 1918년 1월 이전 러시아에서 사용된 율리우스력에 의한 것이다. 율리우스력은 서양의 그레고리력보다 12일 빠르다.

16 크로포트킨이 『러시아문학의 이상과 현실』에서 "자유에 대한 사랑과 학대에 대한 증오를 끊임없이 불러일으킨다"(Russian 50)고 예찬했던 시인 릴레예프는 데카브리스트였다. 그는 처형장에서 밧줄이 끊어지는 바람에 사면을 받았다가 이 일을 두고 '러시아는 제대로 하는 일이 하나도 없다'고 소리친 탓에 결국 처형당한 일화로 유명하다. 그러나 크로포트킨에게 그는 어디까지나 자유의 시인이었다.

17 러시아어로 Пажеский корпус(Corps of Pages)는 1759년 상트페테르부르크에서 귀족과 고급관료의 자제를 장교로 만들기 위해 설치한 군사교육기관으로 유년사관학교, 귀족유년학교, 근위사관학교 등으로도 번역되지만 10대 청소년을 대상으로 장교 군사교육을 실시한 곳이므로 소년사관학교라고 번역했다. 19세기 유럽이나 일본 등에 있었다. 나폴레옹 보나파르트도 프랑스의 소년사관학교(Corps des Pages) 출신이다. 고등학생을 대상으로 벌였던 한국의 '교련'도 그것을 모방한 것이다.

18 스텐카 라진은 일제강점기에 항일독립군의 애창곡이었고 1970년대 운동권의 애창곡이던 노래 '스텐카 라진'의 주인공으로 그가 사랑한 페르시아 공주와의 비극적인 사랑을 그린 것이다. 반란에 방해된다는 이유로 공주를 볼가강에 빠트린 내용이다. "넘쳐 넘쳐흐르는 볼가강물 위에 /스텐카 라진 배 위에서 노랫소리 들린다. /페르시아의 영화의 꿈 다시 찾은 공주의 /웃음 띤 그 입술에 노랫소리 드높다. /돈 카자크 무리에서 일어나는 아우성 /교만할손 공주로다 무리는 주린다. /다시 못 올 그 옛날의 볼가강물 흐르고 /꿈을 깨친 스텐카 라진 장하도다! 그 모습."

19 이사야 벌린, 헨리 하디 에일린 켈리 엮음, 조준래 옮김, 『러시아 사상가』, 생
    각의나무, 2008.

20 전 국토에서 귀족 및 지주가 소유한 토지 비중은 80%에서 50%로 감소한 반
    면, 농부가 소유한 토지의 비중은 5%에서 20%로 증가했다.

21 중국과 러시아의 경계를 이루는 헤이룽강의 지류.

22 1724년 표트르 대제가 세운 학교로 러시아 최초의 대학이었다. 1860년대는
    대학을 비롯한 러시아 사회 전체가 부르주아적 개혁을 맞은 시대였다.

23 스펜서는 영국 출신의 사회학자, 철학자이자 심리학자로서 프랑스의 오귀스
    트 콩트 (Auguste Comte, 1798~185)의 체계에 필적할 대규모의 종합사회학 체
    계를 세워 영국 사회학의 창시자가 되었다. 빅토리아 시대에 활약한 스펜서
    는 주 활동 분야인 사회학과 정치철학뿐만 아니라 인류학, 심지어는 당시 형
    태를 갖춰나가던 진화론을 비롯한 생물학에도 뚜렷한 발자취를 남겼다. 진
    화가 우주의 원리라고 생각한 그는, 인간이 살아가는 사회에서도 강한 사람
    만이 살 수 있다는 적자생존설이 적용된다고 믿었으며, 사회 유기체설을 주
    장하였다. 그의 진화론에 관한 이해는 오해된 부분이 많았고, 또한 인문사회
    과학 분야에서 이러한 진화론적 입장은 더는 지지를 얻지 못하지만, 당시에
    그의 영향력은 대단한 것이었다.

24 드미트리 클레멘츠(Dmitri Clements, 1848~1914)라고 보는 견해도 있다. 그는 뒤
    에 '토지와 자유' 파에 속했고 1879년에 체포되어 시베리아로 유형을 가서 유
    형지인 야크츠크에서 인류학적 연구로 유명하게 되었다.

25 1864년 9월 28일 영국 런던에서 결성된 최초의 국제적인 노동운동 조직으로,
    1863년 폴란드 봉기 탄압에 항의하는 집회를 계기로 결성되었다. 1866년 스
    위스 쥬네브에서 제1차 대회가 열렸으며, 다양한 아나키스트, 사회주의자,
    공산주의자들이 참여했다. 마르크스는 제1인터내셔널의 결성 선언문과 규약
    을 작성하는 등 제1인터내셔널의 결성을 적극적으로 지도했으며 1870년에는
    마르크스파가 바쿠닌파를 이겨 주도권을 장악했다. 하지만 1871년 프랑스에
    서 수립된 파리코뮌이 붕괴한 이후 제1인터내셔널을 비롯한 사회주의 운동
    에 대해 적극적인 탄압이 벌어지면서 제1인터내셔널은 쇠퇴하게 되었고 1876
    년에 해체되었다.

26 스위스의 아나키스트 운동 리더로 바쿠닌과 친했다. 쥐라연합에 속하면서 바쿠닌과 함께 인터내셔널에서 제명되었으나 방대한 인터내셔널 역사를 남겼다.

27 스위스의 프루동파 아나키스트로 1865년부터 제1인터내셔널에 속하면서 파리코뮌에 참가했고, 한때 바쿠닌의 '동맹'에 공감했다.

28 우리나라에서도 1920년대 서울과 동경 유학생들 중심으로 일어난 농촌계몽운동과 1930년대 당시 민족지였던 〈동아일보〉와 〈조선일보〉가 펼친 한글보급운동 및 위생계몽운동 등을 통칭해 '브나로드운동'이라고 한다.

29 크로포트킨은 바쿠닌이 말한 집산주의 개념을 그대로 사용했다.

30 집산주의적 아나키즘은 노동조합을 통한 노동운동에서 시작된다. 집산주의적 경제체제가 되면 점진적으로 생산 수단의 집단화가 진행될 것이고, 이 상태에서는 벌어들인 자본이 곧 근로자의 임금으로 분배될 것이며, 이때 임금은 작업 난이도와 시간의 양에 따라 각 개체가 생산에 이바지한 만큼 받게 된다. 크로포트킨은 바로 이 부분에 반대했다.

31 크로포트킨이 1863년부터 1889년까지 저술하거나 번역한 단행본 목록을 정리하면 다음과 같다.

1863년 『1862년 치타, 농산물 등 물산의 제1회 전시회 기록』

1865년 『1864년 2회의 만주 여행』

1867년 데이비스 페지 / 『지질철학』 번역

1870년 허버트 스펜스 『생물학의 기초』 번역

1871년 『북해 탐험준비위원회 보고』

1873년 『동시베리아 산악지 개설』 『에니세이 현 미누신스크, 크라스노얄스크 지구 산악의 특징』 『오료크마 비침 탐사보고』, 게 크레도나, 『지질학 안내』 번역

1875년 『행복한 만남 또는 조국애』

1876년 『빙하기 연구』

1879년 『소로비요프 또는 러시아 니힐리스트』 『소로비요프 재판. 러시아 사회주의자의 생애』

1880년 『혁명 정권』 『루마니아 학생연합에 보내는 편지』

1881년 『청년에게 호소함』, 『러시아 처형의 진상』, 『혁명가의 마음』

1882년 『법과 권위』

1885년 『네 형제 이야기』, 『혁명가의 말』

1886년 『착취』, 『사회주의 진화 속의 아나키즘 위치』, 『전쟁』

1888년 『와야 할 아나키와 아나키스트의 과학적 기초』, 『대의정치』, 『감옥』

1889년 『임금제도』, 『아나키』, 『아나키즘의 도덕』

32 부랑자와 범죄자들에게 관심이 컸고 크로포트킨의 『청년에게 호소함』을 영어로 번역했다.

33 영어로는 〈리버테리안〉, 지금은 〈르 몽드 리버테어〉라고 불린다.

34 롬브로소는 19세기 이탈리아의 범죄학자, 법의학자, 범죄인류학자로서 세계 최초로 범죄인의 성격을 연구하여 생래적 범죄인설을 주장한 사람이다.

35 영어판 『The Conquest of Bread』는 1906년에 영어로 번역되었고, 1913년엔 통계 수치를 보충하여 수정되었다.

36 박홍규, 『메트로폴리탄 게릴라 루이스 멈퍼드』, 텍스트, 2010, 95쪽.

37 이 내용은 원래 1890년에 발표되었다가 1898년에 『들판, 공장, 작업장』에 들어간 것이다.

38 찰스 다윈, 김관선 옮김, 『인간의 유래』 1권, 한길사, 2006, 215쪽.

39 케인즈는 『종의 기원』이 리카도 경제학을 과학적 용어로 번안한 것이라고 보았고 스티븐 제이 굴드는 자연선택이란 스미스의 경제학을 자연에 적용한 것이라고 보았다. 리들리는 다윈이 마키아벨리-홉스-흄-스미스-맬서스를 잇고 스미스는 프리드먼, 다윈은 도킨스를 낳았다고 보았다(리들리 346-348).

40 이 책의 원제목은 『인구의 원리가 미래의 사회 발전에 미치는 영향에 대한 소론-고드윈, 콩도르세, 그리고 그 외 작가들에 대한 고찰을 포함하여 *An Essay on the Principle of Population as It Affects the Future Improvement of Society, with Remarks on the Speculations of M.Godwin, M.Condorcet,and Other Writers*』이다.

41 콩도르세는 18세기 프랑스의 수학자, 철학자로 당대 계몽주의자들과 교류하면서 백과전서파로 백과전서 사업에 참여했으며, 프랑스 아카데미 회원으로서 볼테르전집 간행사업에도 참여했다. 프랑스혁명 시기에는 입법의회, 국민

공회의 의원으로 선출되어 헌법 초안, 교육 개혁안을 작성했지만, 반대파였던 자코뱅의 탄압으로 옥중에서 자살한다.

42 따라서 크로포트킨을 루소와 같은 성선설의 입장으로 보는 리들리의 견해에는 문제가 있다(리들리 13). 리들리가 루소 외에도 고드윈, 펠라기우스, 플라톤을 그렇게 보는 점에도 문제는 있다.

43 18세기 보헤미아에서 등장한 복음주의자들이다. 18세기 경건주의 운동의 영향을 받았다. 보헤미아에서 살던 모라비안들은 1722년에 로마 가톨릭교회의 개신교 탄압을 피해 독일 드레스덴의 니콜라우스 진젠도르프 백작의 영지로 이주했다. 3년 뒤에는 1백 명이나 되는 신도들이 영지로 이주했는데, 진젠도르프 백작 자신도 모라비안들과 기도회를 가질 만큼 그들의 경건주의 운동에 적극적으로 참여했다. 복음주의자들인 모라비안은 남아프리카공화국, 청 제국, 페르시아, 북극 등에서 활발한 해외선교를 벌였고, 존 웨슬리의 감리교 창시에도 영향을 주었다고 알려졌다. 또한 유가공품 제조 등의 노동을 통해 그리스도인의 직업윤리를 실천했다.

44 찰스 다윈, 『종의 기원』, 3장, p.26.

45 Warder Allee & Alfred Emerson, *Principles of Animal Ecology*, 1949; Warder Allee, *Cooperation Among Animals*, Henry Schuman, 1951.

46 Ashley Montagu, Darwin, Competition and Cooperation, Greenwood Press, 1952, pp.74-75.

47 Stephen Jay Gould, Biological Potential vs. Biological Determinism, Arthur L. Caplan ed., *The Sociology Debate*, Harper & Low, 1978, p.349.

48 Mark A. May and Leonard Doob, *Cooperation and Competition*, Social Science Research Council, 1937.

49 에드워드 윌슨, 이병훈 박시룡 옮김, 『사회생물학』, 민음사, 1992.

50 리처드 도킨스, 이용철 옮김, 『이기적인 유전자』, 동아, 1992.

51 킴 스티넬리, 장대익 옮김, 『유전자와 생명의 역사』, 몸과마음, 2002; 이상원, 『이기적 유전자와 사회생물학』, 한울, 2007.

52 가령 스티븐 로우즈, R. C. 르원틴, 레온 J. 카민 지음, 이상원 옮김, 『우리 유전자 안에 없다』, 한울, 1993.

53 현대의 유사한 입장은 피터 싱어, 최정규 옮김, 『다윈의 대답 1, 변하지 않는 인간의 본성은 있는가?』, 이음, 2007.

54 헤이마켓 사건으로 사형을 언도받은 아나키스트 어거스트 스파이스(August Spies)는 그의 재판에서 다음과 같이 말했다. "우리를 목매달음으로써 노동 운동을 짓밟을 수 있다고 생각한다면, 궁핍과 고통 속에서 고된 노동을 하면서도 해방을 고대하는 수백만 임금 노예의 노동운동을 짓밟을 수 있다고 생각한다면, 우릴 처형하라! 당신들은 지금 불꽃 하나를 밟아 끄고 있지만, 여기저기서 당신들 뒤와 앞에서 어디서든 불꽃은 다시 피어오를 것이다. 이것은 지하에서 타오르는 불길이다. 당신들이 밟고 있는 대지 자체가 불타올라 결코 꺼지지 않을 것이다."

55 당시의 러시아 아나키즘 운동에 대해서는 다음 책을 참고하자.
폴 애브리치, 편집부 옮김, 『러시아 아나키스트 1905』, 예문, 1989.

56 크로포트킨이 1890년부터 쓴 글 가운데 단행본만 정리하면 아래와 같다.
1890년 『아나키즘의 도덕 원리』 『사태의 전반적 상황』 『사회주의자 군상, 그 이론과 실천』 『공동체』
1891년 『코뮤니즘적 아나키즘』 『자립적 도덕』 『파리 코뮌』
1892년 『혁명적 연구』 『정치적 권리』 『국가의 붕괴』 『빵의 쟁취』
1893년 『아나키즘과 포학』
1894년 『혁명적 소수파』 『정부의 유토피아』 『새로운 시대』
1896년 『현 체제의 붕괴』 『농업』 『동물계의 상호협력』 『기대의 세기, 1789-1889』 『만인을 위한 행복』 『아나키, 그 철학과 이상』 『불가결의 아나키』
1897년 『역사 속의 국가와 그 역할』 『도크의 대파업』 『국가, 그 역사적 역할』
1898년 『들판, 공장, 작업장』
1899년 『자서전』
1900년 『현대과학과 아나키』 『무엇을 해야 할까?』 『진화의 요인으로서의 상호협력』 『현대국가』 『사법이라는 이름의 복수 조직』
1901년 『최근의 과학』 『상호협력』
1903년 『사회주의와 정치』 『코뮤니즘과 아나키』
1904년 『유라시아의 건조화』 『시베리아의 산계』

1905년 『러시아의 노동자연합』, 『러시아혁명』, 『엘리제 르클뤼』, 『러시아문학의
이상과 현실』, 『노동조합의 발전』, 『러시아혁명과 아나키즘』, 『러시아혁명』, 『러
시아의 아나키즘 운동』

1906년 『농업문제』, 『영원한 코뮤니즘과 착취』, 『대혁명』, 『전면파업』, 『페테르부
르크 회상』, 『탈옥기』, 『페테르바벨 요새와 나의 탈옥』, 『러시아혁명』, 『시베리아
유형』, 『러시아의 감옥, 유형 및 도형』, 『크로포트킨 전집』 7권

1908년 『집산사회의 임금노동』, 『러시아의 테러』, 『자서전 단편』, 『신디칼리즘과
아나키즘』

1909년 『프랑스 대혁명』

1910년 『두뇌노동과 육체노동』

1913년 『노예 생활에서 자유노동과 즐거운 생활로』, 『과격 사회주의 사상의
보급』, 『혁명은 집산주의적인 것이 될까?』, 『아나키즘의 원리』, 『혁명 중의 혁명
사상』

1914년 『전쟁의 종결, 영구평화와 전면 붕괴의 시작』, 『전쟁과 자본주의』

1916년 『우리의 풍부한 유산, 코뮤니즘적 아나키즘』, 『전쟁론』, 『새로운 인터내
셔널』

1917년 『식료선전의 제10의 파도』, 『러시아 시민들에게』, 『파리 코뮌』, 『현 정세
에 대한 편지』, 『질서』, 『독일 개입의 결말』, 『왜 각자 사회주의자가 되어야 하는
가?』, 『혁명정부』, 『서양 노동자들에게 보내는 크로포트킨의 공개장』

1918년 『인사와 강연』, 『강연기록』, 『2권 저작집(제1권 『자서전』, 제2권 『프랑스 대혁
명』)

1919년 『혁명 시 아나키스트의 업무』

1921년 『평등과 도덕』

1922년 『윤리학, 도덕의 기원과 발달』 제1권

57 Malatesta, 'Anarchists have Forgotten their Principles',
Freedom(November 1914).

58 Leon Trotsky, History of the Russian Revolution, trans. Max
Eastman(New York, 1932), vol.I, p.75.

59 알렉산드르 케렌스키는 제정 러시아의 정치가로 러시아혁명 때 트루도비키

의 영수이자 총리를 지냈다. 볼셰비키에 의한 10월혁명 후 핀란드와 영국을 거쳐 프랑스로 망명했고, 1939년 제2차 세계대전이 터지자 나치 독일을 피해 대서양을 건너 미국에 정착한 후 향년 89세로 뉴욕에서 사망한다.

60 그는 처음엔 아나키즘의 사회조직인 자주 관리와 노동에 대해 연설하려 했으나 회의 분위기는 그런 이야기를 용납하지 않을 것 같았기 때문에 포기한다.

61 당시의 아나키즘 운동에 대해서는 폴 애브리치, 편집부 옮김, 『러시아 아나키스트 1917』, 예문, 1989를 참조하라.

62 *The Great French Revolution, 1789-1793*(French original: Paris, 1893; English translation: London, 1909), p.578.

63 당시의 대화에 대한 상세한 언급은 김기섭, 『사회적 경제란 무엇인가?』(들녘, 2018)을 참조하라.

64 *"Letter to the Workers of Western Europe"*, in Kropotkin's Revolutionary Pamphlets. Dover Publications Inc. 1970. p.254.

65 《조국》, 1989년 1호, 27쪽.

66 필명인 바진은 미하일 바쿠닌[巴枯寧, 바쿠닝]의 첫음절과 표트르 크로포트킨[克魯泡特金, 커루파오터진]의 마지막 음절을 합친 것이다. 루쉰, 라오서 등과 함께 중국 현대문학을 대표하는 작가인 그는 15세 때 일어난 5·4운동의 영향을 받았다. 1920년 외국어전문학교에 입학하면서 아나키즘 사상을 접하고, 아나키즘 단체가 발행하는 잡지 ≪반월≫의 편집에 참여했으며, '균사(均社)'라는 조직을 만들어 반봉건 투쟁을 벌였다. 1927년 프랑스로 유학을 떠나 아나키스트들과 교류하며 아나키즘에 더욱 심취하게 되었고, 이후 크로포트킨, 버크만 등의 저작을 번역·소개한다.

67 http://dwardmac.pitzer.edu/Anarchist_Archives/malatesta/ForgottenPrinciples.html#ricordi

68 Emma Goldman, *Living My Life*, Knopf, 1931, 1권, p.168.

69 켄데이스 포크, 이혜선 옮김, 『엠마 골드만』, 한얼미디어, 2008, 424-425쪽.

피포트르 크로포트킨 평전
모든 권력에 반대한 창조인 아나키스트
© 박홍규, 2021

초판 1쇄   2021년 9월 28일

지은이   박홍규
책임편집   이푸른
디자인   닷웨이브 한채린

펴낸이   이은권
펴낸곳   틈새의시간
출판등록   2020년 4월 9일 제406-2020-000037호
주소   경기도 파주시 하늘소로16 105-204
전화   031-939-8552
이메일   gaptimebooks@gmail.com

ISBN   979-11-970325-2-3(03300)

* 책값은 뒤표지에 있습니다. 파본은 구입처에서 바꿔드립니다.
* 이 책 내용의 일부 또는 전부를 재사용하려면
  반드시 저작권자와 틈새의시간 양측의 서면 동의를 받아야 합니다.

이 도서는 한국출판문화산업진흥원의
'2021년 출판콘텐츠 창작 지원 사업'의 일환으로
국민체육진흥기금을 지원받아 제작되었습니다.